谨以此书献给我的父母——易继福先生和郑先玉女士

建设应用技术型高校

组织上转型的路径、困境与对策

易 鹏 著

广西师范大学出版社
·桂林·

图书在版编目（CIP）数据

建设应用技术型高校：组织上转型的路径、困境与对策/易鹏著.—桂林：广西师范大学出版社，2022.8
ISBN 978-7-5598-3320-4

Ⅰ.①建… Ⅱ.①易… Ⅲ.①高等学校—教育改革—研究—中国 Ⅳ.①G649.21

中国版本图书馆CIP数据核字（2020）第198858号

责任编辑　黄丽江
助理编辑　苏秋燕
整体设计　梁雪芬
责任技编　石玉珏

广西师范大学出版社出版发行

（广西桂林市五里店路9号　邮政编码：541004）
（网址：http://www.bbtpress.com）
出版人：黄轩庄
服务电话：0771-2092860
全国新华书店经销
广西壮族自治区地质印刷厂印刷
（广西南宁市建政东路88号　邮政编码：530023）
开本：787 mm × 1 092 mm　1/16
印张：14　　　　　　　字数：260千字
2022年8月第1版　2022年8月第1次印刷
定价：40.00元

如发现印装质量问题，影响阅读，请与出版社发行部门联系调换。

序 言

摆在读者面前的《建设应用技术型高校——组织上转型的路径、困境与对策》一书，主体内容是易鹏的博士学位论文，其从学校毕业后又结合工作实践中的一些思考，历经近5年时间修改完善终成此书稿。

本书研究的起点源自2015年前后国家关于推动地方普通本科高校转型，建设应用技术型高校密集出台的相关政策，目的是要更准确地了解国家政策的执行情况以及影响政策执行的主要因素，同时为未来政策的有效实施提出建议。该研究对于目前我国发展职教本科也有一定的借鉴价值。

组织是实现组织发展目标的有效方式，而组织转型又是实现组织职能拓展和延伸的重要方面。因而，本书把研究组织作为研究应用技术型高校转型现象的切入点。在研究思路上，大致借鉴了伯顿·克拉克的《建立创业型大学：组织上转型的途径》的研究范式。伯顿·克拉克就创业型大学的转型提出"强有力的驾驭中心""不断拓展的发展外围""多元化的资助基地""激活的学术心脏地带"和"整合的创业文化"五大核心转型要素。作者借鉴了伯顿·克拉克的理论，并在大量文献研究基础上，确定了以现代系统理论视域下"卡斯特和罗森茨韦克的系统分析方法"为理论基础，构建出涵盖"组织战略转型""组织领导转型""资源配置转型""组织结构转型""组织流程转型"和"组织文化转型"的六维度组织转型分析框架，并以"组织学习理论""声誉制度理论""新制度主义理论""资源依赖理论"和"松散耦合理论"对组织转型现象加以观察，进而对所选取的案例高校开展转型研究。在案例的选择上，由于作者对研究的期待是能为国家政策的执行提供意见建议，所选择的案例就必须具备代表性，故在兼顾发达与欠发达的区位、先发与后发的转型起点和各具特色的办学历史基础上，最终确定了以贵州工程应用技术学院和上海应用技术大学作为研究案例。

在研究方法方面，除了综合运用传统意义上的质性访谈、现象观察、理论分析等来研究分析出六大转型维度下两所案例高校的共同特征与差异化特征之外，作者认为由于此一共同特征和差异化特征主要源自对学校关键人物访谈内容、文件资料等的研究和归纳，并不能客观呈现出转型中存在的问题，因而作者基于学校各群体对转型情况感知的差异，还采用了雷达图和绩效评估矩阵的统计分析方法来对案例高校的转型路径加以定量实证评估，以客观呈现出学校转型发展的实际现状，并查找和总结出案例高校在转型中所存在的需要改善的问题。

通过研究，作者认为相比于以"提高办学资源获取能力"为目标的创业型大学组织转型、以"激发知识创造"为目标的研究型大学组织转型和以"提高办学层次"为目标的高职院校组织转型，应用技术型高校组织转型主要形成了以"变革人才培养模式"为核心的转型路径。六大转型维度均对人才培养模式变革发挥着影响作用，其中，组织流程聚焦应用技术人才培养实现全方位转型、组织战略转型确定人才培养改革的目标、组织领导转型增进人才培养改革的动力、资源配置转型为人才培养改革提供物质保障、组织结构转型为人才培养改革提供了体制支持、组织文化转型承载了人才培养改革的内涵实质。六大转型维度背后存有影响其转型的不同隐形逻辑，其中制度逻辑影响组织战略、领导、结构、流程与文化的转型，声誉逻辑影响组织流程转型，组织学习逻辑影响组织战略转型，资源依赖逻辑影响资源配置、组织结构转型，松散耦合逻辑影响组织结构转型。

通过梳理案例高校转型存在的问题，作者还研究提出了应用技术型高校组织转型存在问题的"倒金字塔"模式，即六大转型维度的转型现状均处于

序 言

待改善状态，待改善严重程度依次是组织资源配置、组织领导、组织战略、组织流程、组织文化和组织结构，其中组织资源配置是转型难点，资源的获取与分配都不同程度地存在问题，这在欠发达地区高校更为突出；组织领导随转型深入需重点改善，组织激励与领导方式是共性问题；组织战略在转型初期需重点改善，战略内容设定与战略认同是共性问题；组织流程转型现状相对较好，人才培养和学科专业建设是共性问题；组织文化转型体现出特殊性，文化内涵提升要基于各自办学特色；组织结构转型现状最佳，但微观机制是转型难点，治理决策机制是共性问题。因而，对于如何建设应用技术型高校的问题，作者认为，在学校层面要立足区域发展确立学校战略定位、建立与组织转型相匹配的组织领导形式、利用区位优势获取办学资源并确立分配原则、构建与组织目标相一致的权力配置模式、再造人才培养流程并强化"双师双能型"教师队伍建设、加强产教融合并形成突出区位特色与办学传统的专业设置、继承办学传统以推进组织文化转型。在国家层面，要明确应用技术型高校在高等教育体系中的战略地位、完善应用技术型高校办学的国家标准以及完善资源配置体系等。

作为作者在博士学习阶段的导师，我也有必要指出该书需要进一步完善的方向，这主要体现在案例高校较少，经实证分析所得出的转型问题还需要进行深入研究分析。当然，对此类热门政策研究，作为一名"入门级"的年轻学者，在已有研究基础上能尝试在研究方法上开展一定程度的创新，并通过扎根到一线去开展研究，得出了部分有价值的研究结论，总体上值得肯定和鼓励。期望作者能持续保持这一学术态度，在未来的研究中能有更高水平的研究成果。

是为序。

李立国

2022 年 3 月 30 日

于中国人民大学

目 录

第一章 绪 论 ·· 1

第一节 研究缘起 ·· 2

第二节 文献综述 ·· 3
    一、国内外研究现状 ·· 3
    二、文献评述 ·· 15

第三节 研究思路、内容与方法 ··· 17
    一、研究思路 ·· 17
    二、研究内容 ·· 18
    三、研究方法 ·· 20

第四节 研究目的与意义 ·· 22

第二章 背景解读、概念界定与理论基础 ··· 23

第一节 背景解读 ··· 24
    一、应用技术型高校的定位 ·· 24
    二、应用技术型高校发展的国际经验 ··· 26
    三、应用技术型高校建设的国内需要 ··· 28

第二节 概念界定 ··· 29
    一、应用技术型高校 ··· 29
    二、组织转型 ·· 31
    三、应用技术型高校组织转型 ·· 32

第三节　理论基础 …………………………………………… 32
　　　一、应用技术型高校组织转型分析框架 …………………… 32
　　　二、应用技术型高校组织转型要素分析 …………………… 40
　　　三、组织理论视域下的应用技术型高校组织转型 ………… 43

第三章　应用技术型高校组织转型的案例分析 ……………… 49

　　第一节　案例选择依据 ……………………………………… 50
　　　一、兼顾发达与欠发达的区位 ……………………………… 50
　　　二、兼顾"先发"与"后发"的转型起点 ………………… 51
　　　三、兼顾各具特色的办学历史 ……………………………… 52
　　第二节　贵州工程应用技术学院 …………………………… 52
　　　一、组织战略转型 …………………………………………… 53
　　　二、组织领导转型 …………………………………………… 55
　　　三、资源配置转型 …………………………………………… 58
　　　四、组织结构转型 …………………………………………… 62
　　　五、组织流程转型 …………………………………………… 65
　　　六、组织文化转型 …………………………………………… 72
　　　七、小结 ……………………………………………………… 76
　　第三节　上海应用技术大学 ………………………………… 77
　　　一、组织战略转型 …………………………………………… 78
　　　二、组织领导转型 …………………………………………… 82
　　　三、资源配置转型 …………………………………………… 86
　　　四、组织结构转型 …………………………………………… 92
　　　五、组织流程转型 …………………………………………… 96
　　　六、组织文化转型 ……………………………………………109
　　　七、小结 ………………………………………………………112

第四章 应用技术型高校组织转型路径的特征分析 …………115

第一节 组织转型路径的共同特征……………………………116
一、明确战略定位与目标……………………………………116
二、强调组织激励与沟通……………………………………118
三、以产教融合提升办学资源获取能力……………………119
四、形成突出工程与技术特征的组织机构设置……………120
五、构建集权和适度分权相结合的权力配置模式…………121
六、建立以大学章程为基础的治理与决策机制……………122
七、推进人才培养全流程再造………………………………123
八、强化"双师双能型"教师队伍与应用技术型科研团队建设……126
九、以校企合作提升人才培养质量…………………………127
十、积极推进文化转型与理念重构…………………………127

第二节 组织转型路径的差异化特征…………………………129
一、区位因素影响组织战略、资源配置和组织流程的转型差异……129
二、转型时间起点影响组织战略、组织领导、组织结构和组织流程的转型差异……………………………………132
三、办学传统影响组织结构、组织流程和组织文化的转型差异……134

第五章 应用技术型高校组织转型现状的实证分析 …………137

第一节 研究设计………………………………………………138
一、研究流程设计……………………………………………138
二、问卷设计…………………………………………………139
三、问卷调查…………………………………………………140

第二节 研究方法………………………………………………140
一、雷达图分析方法…………………………………………140
二、绩效评估矩阵分析方法…………………………………142

第三节　案例高校组织转型的现状分析 …………………………144
一、对贵州工程应用技术学院的现状分析 ………………………144
二、对上海应用技术大学的现状分析 ……………………………149

第四节　应用技术型高校组织转型困境的"倒金字塔"模式 ………153
一、六大维度的转型现状均处于待改善状态 ……………………153
二、待改善严重程度依次是组织资源配置、领导、战略、流程、文化、结构转型 …………………………………………………………154
三、资源配置是转型难点且获取与分配方面都存在问题，欠发达地区高校尤为突出 ……………………………………………155
四、组织领导随转型深入需重点改善，组织激励与领导方式是共性问题 …………………………………………………………156
五、组织战略在转型初期需重点改善，战略内容设定与战略认同是共性问题 ……………………………………………………156
六、组织流程转型现状相对较好，人才培养和学科专业建设是共性问题 …………………………………………………………157
七、组织文化转型体现出特殊性，文化内涵提升要基于各自办学特色 ……………………………………………………………158
八、组织结构转型现状最佳但微观机制是转型难点，治理决策机制是共性问题 ………………………………………………158

第六章　结　　论 …………………………………………………161

第一节　以组织流程转型为核心的六要素相关关系 ………………162
一、作为转型核心的组织流程与其他要素的关系 ………………163
二、其他五要素的相关关系 ………………………………………165

第二节　以改革人才培养模式为核心的组织转型路径 ……………167
一、以组织流程转型促进人才培养模式改革 ……………………167

二、以组织战略转型确定人才培养改革目标 ·················168
三、以组织领导转型增进人才培养改革的动力 ·················169
四、以资源配置转型提供人才培养改革的物质保障 ·········170
五、以组织结构转型提供人才培养改革的体制支持 ·········171
六、以组织文化转型承载人才培养改革的内涵实质 ·········172

第三节 影响各要素转型路径的理论逻辑 ·····························172
一、影响组织战略转型：组织学习逻辑与制度逻辑 ·········173
二、影响组织领导转型：制度逻辑 ·····································173
三、影响资源配置转型：资源依赖逻辑 ·····························174
四、影响组织结构转型：松散耦合、资源依赖与制度逻辑 ···175
五、影响组织流程转型：声誉逻辑与制度逻辑 ·················176
六、影响组织文化转型：制度逻辑 ·····································177

第四节 应用技术型高校组织转型路径的特性 ·····················178
一、以变革人才培养模式为目标的应用技术型高校组织
转型模式 ···179
二、以提高办学资源获取能力为目标的创业型大学组织
转型模式 ···180
三、以激发知识创造为目标的研究型大学组织转型模式 ·········181
四、以提高办学层次为目标的高职院校组织转型模式 ·············182
五、应用技术高校组织转型模式的特性 ···································183

第七章 建 议 ··187

第一节 学校层面 ··188
一、立足区域发展确立学校战略定位 ·································188
二、建立与组织转型相匹配的组织领导形式 ·····················189
三、利用区位优势获取办学资源并确立分配原则 ···········190

四、构建与组织目标相一致的权力配置模式 ……………… 190

五、再造人才培养流程并强化"双师双能型"教师队伍建设 ……… 192

六、加强产教融合并形成突出区位特色与办学传统的
专业设置 …………………………………………………… 193

七、以继承办学传统推进组织文化转型 …………………… 194

第二节 国家层面 ………………………………………………… 195

一、明确应用技术型高校在高等教育体系中的战略定位 …… 195

二、完善应用技术型高校办学的国家标准 ………………… 196

三、完善资源配置体系 ……………………………………… 197

参考文献 …………………………………………………………… 199

图表索引 …………………………………………………………… 207

续　　记 …………………………………………………………… 209

第一章 绪 论

第一节 研究缘起

近年来,随着国家关于建设应用技术型高校政策的密集出台,特别是在2015年10月,教育部、国家发展改革委和财政部三部委正式发布了《关于引导部分地方普通本科高校向应用型转变的指导意见》,受其影响,关于"建设应用技术大学""转型发展"等议题为社会所广泛关注,可谓一石激起千层浪。理论界加强了对我国地方普通本科高校向应用技术型转型的研究,各地也如火如荼地开展了应用技术型高校建设的探索与实践。

更深层次看,之所以上述议题会被置于国家政策层次,并为理论与实践界所青睐,一方面主要是对我国自实施高等教育大众化政策以来,地方普通高校发展所存在的办学定位不明确、办学特色不鲜明、人才培养结构不合理、制度建设滞后、同质化现象严重、服务区域经济社会发展能力还不强等问题的极大反思。[①]另一方面,也是对进入后金融危机时代,世界经济和产业格局重新回归实体经济、我国人口红利的逐渐缩小、劳动力成本逐渐提高、低端劳动力市场外移、高端制造业回归欧美、产业结构亟待转型升级、需要大量应用技术型人才作为支撑的及时回应。[②]

从世界范围看,近千年来大学曾先后实现了两次转型。19世纪至20世纪中期,以柏林大学的建立为标志,大学完成了从教学型向研究型转变,在组织特性上,除对知识的保存与传承,大学还增加了科学研究职能。20世纪80年代之后,始于美国麻省理工学院对工业发展需求的反应,大学又肩负起了服务经济社会发展之责。在此次转型中,大学组织具备了企业组织的性质,实现了教学、科

[①] 曹晔. 地方本科高校转型发展是应势之举[J]. 河北师范大学学报(教育科学版), 2015(1): 62.

[②] 王春雷. 地方本科高校转型有利于提升职业教育层次[J]. 高校教育管理, 2015(3): 94.

研与促进经济社会发展的统一。[①]一般而言，组织是实现组织目标的有效方式[②]，而组织转型又是实现组织职能拓展和延伸的方式[③]。这在前述大学组织的两次转型中表现明显。因而从组织的角度来对大学转型加以探析，似能取其本质，特别是结合我国地方普通本科高校向应用技术型转型的主题，若能从组织的角度来对相关高校转型情况进行研究，总结经验，将对顺利推进我国地方普通本科高校向应用技术型高校的转型发展提供参考，积累政策依据。

第二节 文献综述

一、国内外研究现状

本书主要从"应用技术型高校"和"高校组织转型"两方面进行理论文献回顾，内容如下。

（一）关于应用技术型高校的研究

在高等教育大众化加快推进背景下，世界各国因科技创新、产业升级、经济增长等的需要，对技术型人才形成更高质量的需求。在20世纪60年代，应用技术型高校作为高等教育的一种类型应运而生，并以不同形式在多个国家和地区落地生根，如技术学院、科技大学等。同时，由于这些应用技术型高校在促进区域经济社会发展方面发挥着越来越重要的作用，国内外学界关于此类高校研究也愈加深入，形成一批重要理论成果。

1. 国内研究现状

通过文献梳理不难发现，国内关于应用技术型高校的研究主要与近年来关于建设应用技术型高校的政策导向有关。2014年以后关于该主题的研究成果呈现出"井喷式"增长。其中，主要集中在如下几方面。

第一，关于应用技术型高校的基本理论问题研究。总体而言，这些理论性问

---

① 任玉珊.大学组织转型研究评述[J].国家教育行政学院学报，2008（9）：32-33.
② 钱平凡.组织转型[M].杭州：浙江人民出版社，1999：133.
③ 任玉珊.大学组织转型研究评述[J].国家教育行政学院学报，2008（9）：36.

题都主要涉及内涵与定位、功能与价值、属性以及建设应用技术型高校的动因、挑战、困境、机遇与未来等方面。在内涵研究方面，学界多聚焦于应用型大学和应用技术型大学的区分研究，如宋新刚（2014）在《关于应用型本科高校转型的思考》中对应用型本科高校和应用技术型高校进行了区分，认为二者实质上的差别，前者归属于普通教育体系，后者归属于职业教育体系；前者以升学为目标，基础科学知识是主要内容，而后者以职业教育为主要目标，以生产劳动和技能为主要教学内容。[①] 胡天佑（2014）在《建设"应用技术大学"的理论问题》中也认为，建设应用技术大学是源于建设应用型大学的理论承袭和本土探索。[②] 在定位研究方面，研究多落脚于应用技术型人才培养并加以阐释。温景文（2015）在《我国应用技术大学定位研究》中就基于人才培养的视角，通过对人才培养类型、课程计划类型、教育类型、高校类型等进行国际比较研究，结合国际惯例及我国现实需求，认为我国应用技术大学应以技术为核心。[③] 在功能与价值研究方面，学者们除对应用技术型大学功能进行整体分析外，认为还应从发掘中国价值的视角去解决建设应用技术大学的本源问题，如刘向兵、陈姚（2015）在《科学传播的框架：中国应用技术型大学功能的再思考》中，通过引入科学传播理论的研究框架，对科学传播过程进行了细致梳理和视角切入，发现应用技术型大学在人才培养、科学研究、社会服务方面，能够实现推动国家创新体系建设、培育应用技能型创新人才，同时对推动现代性社区建构、提升公民科学素养、实现社会公正和谐等有重要意义。[④] 牟延林（2015）在《思考应用技术大学的中国价值》中认为，促进我国应用技术型大学发展的根本在于对其自身价值的重新考量，这需要关切到教育、教育活动的主要参与者以及国家等多个层面，并在此基础上，从规模及结构的逐步优化入手，建立可靠的应用技术大学转型路径。[⑤] 在属性研究方面，研究多集中于本质及高等教育属性。刘文华等（2014）在《论应用技术大学的高等教育属性》中认为，应用技术大学既是职业教育又是高等教育，其高等教育属性在

---

① 宋新刚.关于应用型本科高校转型的思考[J].机械职业教育，2014（12）：03.
② 胡天佑.建设"应用技术大学"的理论问题[J].职教论坛，2014（25）：31-33.
③ 温景文.我国应用技术大学定位研究[J].国家教育行政学院学报，2015（7）：40.
④ 刘向兵，陈姚.科学传播的框架：中国应用技术型大学功能的再思考[J].国家教育行政学院学报，2015（10）：03.
⑤ 牟延林.思考应用技术大学的中国价值[J].中国高教研究，2015（6）：73.

于人才培养、科学研究、校企合作等三方面。① 在关于动因、挑战、机遇与未来等研究方面，孙泽文（2015）在《应用技术大学发展动因与运行机制探寻》中指出，建设应用技术大学既迎合国际背景与态势，又切合我国经济发展与劳动力转型的现实需求，同时还是我国地方本科院校乃至我国高等教育体系未来发展与优化的必经之路。② 但左远志（2015）在《应用技术大学发展：挑战、机遇与对策》中认为，现代职业教育体系中的定位与传统教育观念认识的冲突，工程师社会地位的失落对现代工程教育的冲击，以及转型期各种矛盾和问题等是影响应用技术大学发展的现实挑战。③ 对于未来，曲一帆等在（2014）《中国应用技术大学路向何方——基于英国与芬兰多科技学院不同发展路径的比较研究》中认为，可通过调整高等教育结构、实施高等教育分类改革、完善经费来源和财政拨款体制创新以及实行管办评分离与联动等加强中国应用技术大学建设。④

第二，关于如何建设应用技术型高校的研究。该主题内容一直是应用技术型高校研究的重点，主要涉及师资建设、教学研究、应用技术型人才培养研究、学科专业设置，以及校企合作和产教融合等多方面。宋正恒（2015）在其硕士论文《建设应用技术大学——我国现阶段地方本科院校转型目标研究》中就对如何建设应用技术大学的问题进行了系统性的研究，认为转变理念、强化认同、做好规划、创新模式、培养技能以及加强交流可以作为建设思路，同时还应注意处理好自主管理和政府主导、学科建设和专业建设、转型方向和多样路径之间的关系。⑤ 在研究师资建设方面，成果主要涉及教师队伍结构调整、教师发展路径以及教师分类管理等内容，其中关于双师型教师队伍建设是此方面研究的重点。汪文婷（2015）在其硕士论文《我国应用技术大学双师型师资队伍建设研究》中，就运用人力资源管理、教育学的相关理论并借鉴欧洲应用科技大学师资队伍建设的

---

① 刘文华，夏建国，易丽.论应用技术大学的高等教育属性［J］.中国高教研究，2014（10）：89.
② 孙泽文.应用技术大学发展动因与运行机制探寻［J］.职业技术教育，2015（13）：21-22.
③ 左远志.应用技术大学发展：挑战、机遇与对策［J］.职业技术教育，2015（13）：29-30.
④ 曲一帆，史薇.中国应用技术大学路向何方——基于英国与芬兰多科技学院不同发展路径的比较研究［J］.清华大学教育研究，2014（4）：71，91.
⑤ 宋正恒.建设应用技术大学——我国现阶段地方本科院校转型目标研究.［D］.陕西师范大学，2015.

经验，对我国应用技术大学的"双师型"师资队伍建设提出了相关对策和建议。[①] 在教学研究方面，研究多涉及课程内容、教材编撰、教学模式及教学改革等，如荆楚理工学院教务处（2014）在《高等教育应用技术型本科教学研究》中就对应用技术型高校的教学进行了系统研究，其主要从更微观的视角对应用技术型高校的具体某门课程的教学经验加以总结和研究。[②] 在应用技术型人才培养方面，不仅有基本理论研究、具体实践研究、人才培养质量观研究，还有介绍国外经验的启发式研究。潘懋元（2011）在《应用型人才培养的理论与实践》中聚焦理论研究与实践研究的关系，既对人才培养展开理论探讨，也对应用技术型人才培养的发展历程、国外经验及国内案例等进行了研究。[③] 在学科专业设置研究方面，围绕专业设置市场导向性的问题，郝雪（2015）在《人才市场需求导向的应用技术大学专业设置研究》中以经济学理论和教学理论为基础，分别选取了欧洲五个国家和国内六所应用技术型大学专业设置，通过比较得出结论。[④] 在校企合作和产教融合方面，研究多关注其实现路径与影响因素，主要从具体案例入手进行分析，如王慧英（2015）在《建构新型校企合作模式的逻辑选择与实施策略》中把辽宁省部分民办高校探索"应用技术型大学"建设的逻辑作为示范，总结归纳校企合作的实现困境及原因，提出未来应如何去实现有效校企合作的政策建议。[⑤]

第三，关于应用技术型高校组织的研究。该主题研究成果相对较少，现有研究主要集中于基础组织结构和特征分析，如郑薇薇（2016）在《我国应用技术型大学基础组织结构研究》中认为，应用技术型大学基于服务区域经济社会发展的需要，亟待营造开放的组织文化并建立适应当下环境的基础组织结构，此结构应体现组织管理功能、避免结构性冲突、防止组织功能同质化、保障人才培养核心地位和促进协同创新的特征。[⑥]

第四，关于地方普通本科高校向应用技术型转变的研究。此方面研究主要关注如下几方面。一是关于如何转的问题，主要涉及人才培养模式、师资队伍建

---

① 汪文婷.我国应用技术大学双师型师资队伍建设研究[D].哈尔滨理工大学，2015.
② 荆楚理工学院教务处组.高等教育应用技术型本科教学研究[M].武汉：华中科技大学出版社，2014.
③ 潘懋元.应用型人才培养的理论与实践[M].厦门：厦门大学出版社，2011：25.
④ 郝雪.人才市场需求导向的应用技术大学专业设置研究[D].哈尔滨理工大学，2015.
⑤ 王慧英，黄元维.建构新型校企合作模式的逻辑选择与实施策略——辽宁省部分民办高校探索"应用技术型大学"建设的逻辑示范[J].黑龙江高教研究，2015（1）：16-18.
⑥ 郑薇薇.我国应用技术型大学基础组织结构研究[J].教育与职业，2016（4）：10.

设、治理模式、校企合作以及转型路径等。刘凯（2015）在《新建地方本科院校向应用技术类高校转型的路径研究》中指出，甘肃省新建地方本科院校向应用技术类高校转型的主要方向，包括办学定位与服务面向、专业课程设置、师资队伍建设及管理体制等方面。①王福明（2015）在《地方本科高校转型发展视域下的产学研合作——以泉州师范学院为例》中，通过对地方本科高校产学研合作现状进行探析和归纳，同时以泉州师范学院为例，提出了构建具有地方特色产学研合作的对策，即要明确发展定位，为产学研合作指明方向；加强人才队伍建设，为产学研合作提供人才保障；推进协同创新，为产学研合作奠定基础；完善合作机制，为产学研合作提供载体；地方政府积极推动，促进产学研合作健康有序发展。②二是关于地方本科高校向应用技术型转变的基本理论问题，诸如转型的逻辑、价值、困境以及需要注意的问题等成为研究者所关注的主要对象，如胡程（2015）在《地方本科高校转型发展的内在逻辑与价值诉求》中提出，其转型发展理念是在中国经济社会转型背景下提出来的，其内在逻辑包括：作为战略思维，其目的是长远发展；作为系统工程，关键是全面深化改革；作为升级手段，途径是坚定走以质量提升为核心的内涵式发展道路。而高校的相对独立性、学生的全面发展权和教学的适度平衡点，应成为转型发展必须坚守的价值诉求。③刘刚等（2014）在《地方本科高校转型发展的战略定位思考》中对其定位进行了全面的梳理，认为主要需从发展目标定位、办学层次定位、人才培养定位、办学特色定位、学科专业定位、办学规模定位、服务面向定位、教学定位、师资队伍定位、科学研究定位等十个方面来加以定位。④张应强等（2014）在《关于地方本科高校转型发展若干问题的思考》中认为，推进地方本科高校转型发展，需要全面分析各利益相关者的动机博弈，探讨了以解决大学生就业难为主要目的的转型发展的合理性与可行性，提出可以以分类评估和管理等方式来保障转型的顺利推进。⑤另外，

---

① 刘凯.新建地方本科院校向应用技术类高校转型的路径研究［D］.兰州大学，2015.
② 王福明.地方本科高校转型发展视域下的产学研合作——以泉州师范学院为例［J］.泉州师范学院学报，2015（4）：50.
③ 胡程.地方本科高校转型发展的内在逻辑与价值诉求［J］.池州学院学报，2015（2）：139.
④ 刘刚，林晓忠，高洁云.地方本科高校转型发展的战略定位思考［J］.科技风，2014（22）：225.
⑤ 张应强，蒋华林.关于地方本科高校转型发展若干问题的思考［J］.现代大学教育，2014（6）：01.

在国外借鉴研究方面，龙飞（2015）在《德国应用技术大学（FH）对我国新建本科高校转型的启示》中，通过对德国该类高校的历史发展、模式与特色以及保障体系等方面进行系统梳理，并对我国新建本科高校转型中存在的问题进行研究，提出了新建本科高校转型发展的途径，如完善立法与相关政策配套，加快招生制度改革，同时学校自身也要明确办学定位，努力打造专业特色，重视实践教学以及构建双师型师资队伍等。[1]

第五，关于国内外应用技术高校案例的研究。从具体案例入手，以小见大，以期达到见微知著的目的，具体案例研究是开展应用技术型高校研究的重要方法。关于国外案例研究，对德国的研究最热门，其次是对英国、日本、美国、澳大利亚、瑞士、奥地利、芬兰以及欧洲整体等的研究，同时我国台湾地区应用技术型高校也备受关注。研究主题都涉及发展历程、教学模式、人才培养、治理结构、科研发展、招生制度、办学特色等方面内容。孙敏（2013）在《英国多科技术学院调研报告》（上、中、下）三个报告中，对英国的多科技术学院进行了细致的调研和探讨，从多科技术学院与"二元制"产生的背景与环境、办学体制和管理体制、人才培养模式、专业课程设置、办学质量及标准、经费投入体制及来源、相关法律和制度保障、发展趋势、经验教训及其启示意义等十个方面，全方位剖析了英国多科技术学院的有关情况，对我国应用科技大学的发展具有一定借鉴意义。[2] 付晓培（2015）在《德美两国技术应用型人才培养的课程体系研究——以机械类专业为例》中，从德美两国的课程体系入手，把课程目标、课程内容和课程结构作为三个重点分析要素来对其应用型人才培养课程体系进行探索研究，并总结其特色与经验，为国内应用技术型人才培养课程体系的改革提供合理化建议与对策。[3] 张智（2013）在《奥地利应用技术大学发展研究》中，对奥地利应用技术大学的发展历程、特点、制度设计等进行了系统的梳理和研究。[4] 孙诚等（2014）在《欧洲应用技术大学的发展思路》中综合欧洲各国应用技术型高校发展的特点，认为明确服务区域经济发展的定位、建立以本科和硕士为主的办学层次、加强高

---

[1] 龙飞.德国应用技术大学（FH）对我国新建本科高校转型的启示［D］.西南大学，2015.
[2] 孙敏.英国多科技术学院调研报告［J］.世界教育信息，2013（9）：41.
[3] 付晓培.德美两国技术应用型人才培养的课程体系研究——以机械类专业为例［D］.华东师范大学，2015.
[4] 张智.奥地利应用技术大学发展研究［J］.大学（学术版），2013（9）：47.

标准的教师队伍发展、注重学生多样化需求，强调理论与实践相结合、重视应用性研究发展需要、推动统一的科学评估标准建设这几方面是欧洲应用技术型大学发展的主要思路。① 关于国内案例研究，整体来看，应用技术大学（学院）联盟的成员单位被公认是转型较为成功的高校，如天津职业技术师范大学、浙江科技学院、重庆科技学院、黄淮学院、常熟理工学院、上海电机学院等容易成为研究对象，这其中既有校本研究，也有推广经验式研究。与对国外案例的研究情况类似，其所涉主题和领域也颇为广泛，如对应用技术大学（学院）联盟的研究，案例学校的战略选择、办学质量、师资队伍、学科建设、教育教学、人才培养、产教融合、微观改革实践的研究等都被涵盖之内，如王志军（2014）在《就业质量视域下高校专业设置问题及其审视——基于"应用技术大学（学院）联盟"中34所院校的分析》中，就把联盟中的34所高校作为整体，通过对其就业相关的各项指标进行统计分析，从就业质量的视角探讨了其专业设置的现状。② 李秀娟（2015）在《上海电机学院建设应用技术大学的实践研究》一文中，对上海电机学院办学相关的各个方面加以深入梳理，以此提炼相关转型经验与应对措施。③

2. 国外研究现状

国外关于应用技术型高校的研究，视角新颖、内容微观、对象具体，研究方法偏于实证，研究内容都涉及教学、科研、管理、学生训练计划等，也有关于应用技术型高校与研究型高校的比较研究。Zahedi，Ensieh（2012）在 *Development Center Network Strategic Plan Tehran University of Applied Science and Technology* 中就德黑兰应用技术大学的网络发展中心战略计划进行了介绍，认为战略计划和战略管理可以帮助组织去面对当今流动的、复杂的和变化的环境，还提供了一个确定和解决关键问题的模型，这个模型可以确定组织的优势和劣势，帮助组织利用机会，为解决问题提供指导和路径。④ Vuori，Johanna（2015）在 *Enacting the Common Script: Management Ideas at Finnish Universities of Applied Sciences* 中讨论了芬兰应用技术大学的中层管理工作，通过对15名一线管理者的深入访谈，

---

① 孙诚，杜云英.欧洲应用技术大学的发展思路[J].中国高等教育，2014（12）：60.
② 王志军.就业质量视域下高校专业设置问题及其审视——基于"应用技术大学（学院）联盟"中34所院校的分析[J].黑龙江高教研究，2014（4）：88.
③ 李秀娟.上海电机学院建设应用技术大学的实践研究[D].河北大学，2015.
④ Zahedi，Ensieh. *Development Center Network Strategic Plan Tehran University of Applied Science and Technology* [J].Life Science Journal-ACTA Zhengzhou University Overseas Edition，2012（3）：2234.

探讨了关于合理管理和员工授权的标准化管理理念如何在应用技术大学开展应用的问题。研究结果表明，中层管理者的工作特点是追求理性，积极为每个员工提供个性化的关注并为促进合作而努力。同时，全球管理理念已深刻塑造了中层管理工作，在芬兰的应用技术大学中，他们尝试加强组织间子系统的耦合以及管理者和教学人员的耦合。[①]Strotebeck，Falk（2014）在 *Running with the Pack? The Role of Universities of Applied Science in a German Research Network* 中运用德国教育与研究部1999年至2013年的数据，研究了这10多年传统大学和应用技术大学在德国科研体系中地位的变化。认为自2005年起，虽然应用技术大学研究活动很少被纳入科研体系中，但应用技术大学的公共研究经费开始上涨，研究活动增加，这主要得益于应用技术大学在填补科学研究与直接应用之间的空白所发挥出来的独有优势，且传统大学和应用技术大学在研究方面有互补趋势。[②]Lepori，Benedetto；Kyvik，Svein（2010）在 *The Research Mission of Universities of Applied Sciences and the Future Configuration of Higher Education Systems in Europe* 中，主要就欧洲八个国家应用技术型高校的研究发展及其高等教育体系结构的影响进行了对比分析，认为研究能力的增强和研究范围的扩展呈现出趋同于传统大学的特征，因而可被看作一种学术漂移的情况，推动着整个高等教育系统研究的运行。但文章结论认为，应用技术型高校研究范围的收缩是必由之路，正如芬兰和瑞典等国家，主要将应用技术型高校限定于应用型研究以及与区域的合作研究等方面。[③]Hu，Yanjuan；van der Rijst，Roeland；van Veen，Klaas；Verloop，Nico（2015）在 *The Role of Research in Teaching: A Comparison of Teachers from Research Universities and Those from Universities of Applied Sciences* 中，围绕大学教师所在机构和个人背景如何影响他们的教学信念，以及如何把教学信念应用于研究中这个主题，共选取了分别来自传统大学和应用技术型高校的132名教师，研究结果发现，机构和个人背景因素在个人教学中发挥了重要作用，应用技术高校的教师

---

① Vuori，Johanna. *Enacting the Common Script: Management Ideas at Finnish Universities of Applied Sciences*［J］.Educational Management Administration & Leadership，2015（7）：646.
② Strotebeck，Falk. *Running with the Pack? The Role of Universities of Applied Science in a German Research Network*［J］.Review of Regional Research，2014（10）：139.
③ Lepori，Benedetto；Kyvik，Svein.*The Research Mission of Universities of Applied Sciences and the Future Configuration of Higher Education Systems in Europe*［J］.Higher Education Policy，2010（9）：295.

更倾向于将研究应用于教学。①

（二）关于高校组织转型的研究

高校组织转型既是社会发展所需，也是对组织职能的有益扩充。②如前文已述，在近千年大学发展历程中，随着大学从社会的边缘转至社会的轴心，大学组织曾先后两次历经转型革命，组织职能也分别实现了从知识传授到科学研究再到社会服务的拓展。同时，有关高校组织转型的研究也日渐成为现代高等教育管理研究中的重要视角，为学界所关注。

1. 国内研究现状

国内关于高校组织转型的研究，任玉珊（2008）在《大学组织转型研究评述》中对2008年以前的研究情况进行了系统总结与评述，认为国内主要围绕高校组织转型的要素与途径，对师范院校和地方院校升格、大学合并与综合性大学的转型、重点理工科大学的转型、民办高校的组织转型以及国外大学组织的转型等开展了深入研究，并取得了丰硕成果。在此基础上，她还认为随着经济社会发展对大学组织的新需求不断增加，大学组织也因此进行了适应和调整，因而对大学组织转型研究的内容也不断扩展。③主要表现在以下三个方面。

一是关于职业类高校组织转型的研究。从具体的案例入手，归纳出转型核心要素和途径是该研究的主要范式，如宋俊骥（2015）在其博士论文《高职（专科）院校转型研究——以江西省W学院为例》中，从制度主义出发，通过对历史的梳理，以及对组织场域的探讨，借助对案例的剖析，从理论与实践两个角度，深入分析转型的制度化过程以及存在的困难。周志光等（2013）在《高职院校组织转型：要素和分析框架——以某高职示范校建设为例》中以H省C学院国家示范性高职院校建设为例，通过对大学组织转型相关文献的梳理和高职院校实践经验的归纳，总结出包括组织结构、组织文化等变革核心要素。此外，还从基本理论出发，分析了高职院校的组织转型，并提出转型途径，④如赵莉等（2012）在《基于"社会创业"理论的高职院校组织转型研究》中，基于社会创业理论，认为创

---

① Hu, Yanjuan; van der Rijst, Roeland; van Veen, Klaas; Verloop, Nico. *The Role of Research in Teaching: A Comparison of Teachers from Research Universities and Those from Universities of Applied Sciences* [J]. Higher Education Policy, 2015(12): 535.
② 任玉珊. 大学组织转型研究评述 [J]. 国家教育行政学院学报, 2008(9): 35.
③ 任玉珊. 大学组织转型研究评述 [J]. 国家教育行政学院学报, 2008(9): 33-35.
④ 周志光, 郭建如. 高职院校组织转型：要素和分析框架——以某高职示范校建设为例 [J]. 职业技术教育, 2013(7): 35.

业型高职院校组织转型的路径应集中于组织创新，即微观教学组织的创新、二级管理体制的创新和建立院校董事会（理事会）的运行机制。[①]

二是关于创业型大学组织转型的研究。国内对创业型大学的研究，多数聚焦于国外经验借鉴、国内外比较分析、国内案例研究和基于理论视域下如何建设创业型大学等问题的研究。在国外经验借鉴方面，朱智怡（2013）在《美国创业型大学科研组织的个案研究——从组织行为学的角度》中，以美国麻省理工学院的科研组织为个案，对其科研组织在20世纪初期、中期及后期（至今）不同时期的组织变迁进行探讨，提出其以"创业型"为中心的独特特征，为我国提供了有益的借鉴。[②] 在国内外比较分析方面，陈霞玲（2015）在《创业型大学组织变革路径研究》中，以美国中佛罗里达大学和加州大学戴维斯分校为案例，围绕创业活动和创业组织、行政组织结构设计、跨学科研究组织等进行了深入的分析，并与我国情况进行比对，得出了中美创业型大学组织变革差异性的影响因素，如创业模式、创业目标和价值观、学术创业路径、资源获取方式、外部发展条件等，最终得出推动创业型大学组织变革的建议。[③] 在国内案例研究方面，王军胜（2013）在《创业型大学视角下民办本科高校转型路径研究》中，以黄河科技学院为案例，分析了民办高校向创业型大学转变的有效路径，认为要：转变发展理念，建成强有力的领导核心；依照教育规律及经济规律，开展人才的培养及科研成果的转化；引进尖端人才，激活学术心脏；要构建有特色的创新创业教育体系，加强创新创业人才的培养；通过建立高校、政府及企业之间的紧密关系，促进高校科技成果转化力的提升；通过建立现代大学管理体制，寻求多元化资金来源等，促进民办高校产权的明确。[④] 在基于基本理论来探讨创业型大学的研究方面，高飞（2011）在《组织学视野下的创业型大学转型研究》中，主要基于组织学的视角，聚焦目标转型、结构变革、运行创新、文化转变等内容，对谋求主动适应外部环境以回应市场需求的创业型大学变革进行了研究，认为作为一种全新的发展范式和运作模式，创业型大学必然在组织目标、结构、运作及文化等方面发生相应转

[①] 赵莉，严中华. 基于"社会创业"理论的高职院校组织转型研究[J]. 职教通讯，2012（19）：65.
[②] 朱智怡. 美国创业型大学科研组织的个案研究——从组织行为学的角度[D]. 浙江师范大学，2013.
[③] 陈霞玲. 创业型大学组织变革路径研究[M]. 北京：北京理工大学出版社，2015：01-04.
[④] 王军胜. 创业型大学视角下民办本科高校转型路径研究[D]. 天津大学，2013.

变，即更加强调知识的应用和转化，走开放式的适应性结构，采取跨越式的非线性运作模式和营造出学术资本主义的文化氛围。①

三是关于其他类高校组织转型的研究。学界除了集中对上述几类型高校进行研究外，还对如划转院校、研究型大学、应用工程型大学等进行了探讨，如韩高军等（2011）在《划转院校组织转型研究——以湖北某高校为例》中，以湖北省某所原行业划转高校为例，运用组织社会学的制度理论和案例研究方法，对该校转型过程进行了剖析，提出该校最终形成了自身行业性、地区性的特点，并认为这是该校组织内相关利益群体斗争的结果。②周玲（2009）在《研究型大学的组织变革与转型》中，认为随着知识经济时代的到来，研究型大学组织的转型已经不可避免，创造知识、培养创新人才的艰巨使命要求大学向知识型组织过渡。研究型大学进行新型组织模式的改革与探索是现代教育管理中的重要行动，从政策改进、环境优化等方面，促进科研创新的提升，从而加快转型进程。③任玉珊（2009）在其博士论文《大学组织转型与要素变革——以应用型本科大学为例》中，从大批高等工程专科学校转型为应用型本科院校的现象出发，明确提出高等工程专科学校升格为应用型工程大学必须在组织上进行全面变革，实现组织转型，并归纳出包括领导变革、结构重组等决定成功转型的关键因素。④

2. 国外研究现状

任玉珊（2008）在《大学组织转型研究评述》中提出，研究高校组织转型领域具有影响力的学者主要有伯顿·克拉克、詹姆斯·杜德斯达、布瑞特和克拉克贝尔，他们的研究方向主要集中于组织转型途径（要素）研究、组织转型的过程研究、职能转变与大学组织转型研究以及创业型大学研究等方面。⑤具体而言，在大学组织转型途径（要素）和创业型大学研究方面，当以伯顿·克拉克（2007）的《建立创业型大学：组织上转型的途径》为代表，其采取深度访谈的形式，并结合文本研究方法，以几所创业型大学为例，归纳出强势的指挥中心、活跃的

---

① 高飞.组织学视野下的创业型大学转型研究[J].现代教育管理，2011(9)：32.
② 韩高军，郭建如.划转院校组织转型研究——以湖北某高校为例[J].教育学术月刊，2011(5)：03.
③ 周玲.研究型大学的组织变革与转型[J].现代教育管理，2009(11)：25.
④ 任玉珊.大学组织转型与要素变革——以应用型本科大学为例[D].北京：北京大学，2009：10.
⑤ 任玉珊.大学组织转型研究评述[J].国家教育行政学院学报，2008(9)：31-33.

学术力量等组织转型重要要素。① 在大学组织转型的过程研究方面，主要以詹姆斯·杜德斯达的(2005)《21世纪的大学》② 和(2006)《英国公立大学的未来》③ 为代表，提出了环境对大学组织转型的重要作用，并认为这种作用具有双向性，即组织转型也可以对未来环境的变化起到一定指引作用。同时，还认为大学组织转型的推进是一个细致与烦琐的过程，需要对其进行缜密规划。在大学的职能转变与大学组织转型研究方面，Steven Brint, Jerome Karabel（1989）在 *The Diverted Dream：Community Colleges and the Promise of Educational Opportunity in America, 1900-1985* 中，对85年间美国社区学院的转型过程进行深入探讨，提出这些社区学院通过对教育目标的转变向职业教育、进而向社区教育转型的路径，最终实现自身的持续生存与发展。④

从其他国际文献来看，高校组织向学习型组织转型以及通过其他视角来探讨高校组织转型，如领导或管理、公共部门改革等，也是国外学者关注的对象。其中，在向学习型组织转型的研究方面，如 Gorczycka（2005）在 *Changes at the University in Transition Period as an Example of Transformation into a Learning and Developing Organization* 中以波兰的 Częstochowa 技术大学管理学院为例，探讨了在波兰加入欧盟的转型期，波兰高校向学习型与发展型组织转型变革中所发生的变化，这主要体现在教师的结构、研究领域、学术人员和学术研究等方面，同时还提出劳动力市场的转变对所有大学都有很重要的影响。⑤ Manlow（2010）在 *Inventing the Future：Using Social Media to Transform a University from a Teaching Organization to a Learning Organization* 中认为，随着全球竞争的加剧，许多企业组织已经成功转型为学习型组织，同样对于那些未来成功的21世纪大学也必将

---

① 伯顿·克拉克.建立创业型大学：组织上转型的途径［M］.王承绪，译.北京：人民教育出版社，2007：158.
② 詹姆斯·杜德斯达.21世纪的大学［M］.刘彤，译.北京：北京大学出版社，2005：29-31.
③ 詹姆斯·杜德斯达、弗瑞斯·沃马克.美国公立大学的未来［M］.刘济良，译.北京：北京大学出版社，2006.
④ Steven Brint, Jerome Karabel. *The Diverted Dream：Community Colleges and the Promise of Educational Opportunity in America*, 1900—1985［M］.New York Oxford：Oxford University Press, 1989.
⑤ Gorczycka. *Changes at the University in Transition Period as an Example of Transformation into a Learning and Developing Organization*［J］.Knowledge-Based Economy：Management of Creation & Development, 2005（3）：139.

选择跨越时间和地理的界限来不断满足未来几代人的需求。其中，学科的融合、跨学科组织的出现，以及多学科的学术交流和课程开发，将成为学习型组织建立的重要动机。同时，新媒体凭借其瞬间且快速传播的能力，将成为一种低成本效益的方式，使得大学成为一个真正的学习型组织。① 在其他研究方面，Ulukan，Cemil（2005）在 *Transformation of University Organizations：Leadership and Managerial Implications* 中，通过回顾高等教育的独特性和根本性转变，探讨了组织变革的必要性和对于组织管理的意义，认为技术和全球化正在迫使高等教育机构发生变革，应该要理解在高等教育领域领导和管理最新作用的发展。② De Boer（2007）在 *Public Sector Reform in DUTCH Higher Education：The Organizational Transformation of the University* 中从公共部门改革的视角出发，探讨了荷兰高校的组织转型问题，认为在过去的几十年里，传统的以国家为中心的治理安排已经遭到批判，其日渐由多元参与的治理模式所取代，高等教育是公共部门的一个子部门，也应向多方共治转变。③

二、文献评述

总体来看，国内外学界关于应用技术型高校组织转型研究的主题，可谓成果丰硕。主要有如下三个表现。首先，研究覆盖面广，主题细化，内容丰富，如关于应用技术型高校的研究，既涉及基本理论问题的研究，也涉及如何建设应用技术型高校的具体实践研究，更有关于国内外具体案例的剖析和研究；关于高校组织转型的研究，民办高校、职业高校、创业型大学以及其他高校如划转院校、研究型大学组织转型等均有涉及。其次，多以具体案例为研究对象，方法科学，结论自洽，结合具体的案例来对某一问题加以分析和探讨，以期达到以小见大、见微知著的目的，这无论在应用技术型高校研究还是在高校组织转型研究中，都比较多见。如前文所述，通过以上海电机学院为研究对象，从其办学的各个方面如背景、教学情况等进行分析，提出了我国地方本科院校转型的可行性与相关建议

---

① Manlow. *Inventing the Future：Using Social Media to Transform a University from a Teaching Organization to a Learning Organization*［J］.Journal of Interactive Learning Research，2010（21）：179.
② Ulukan，Cemil. *Transformation of University Organizations：Leadership and Managerial Implications*［J］.Online Submission，2005（11）：75.
③ De Boer. *Public Sector Reform in DUTCH Higher Education：The Organizational Transformation of the University*［J］.Public Administration，2007（3）：27.

等。再次，国外研究视角新颖，思路开阔，处于研究的前沿，可为国内借鉴。在应用技术型高校研究领域，国外研究所涉主题往往视角新颖而具体，如教学、管理、学生训练计划等都包含在内。在高校组织转型领域，国外研究成果已日渐趋于体系化，始终处于学术前沿，如从转型要素（途径）研究、转型过程研究、职能转变研究、创业型大学转型研究、学习型组织转型研究，以及通过其他视角如领导或管理、公共部门改革等方面来探讨高校组织转型等都被涵盖在内。这些都为未来持续深入研究打下了坚实的理论基础。

但同时，关于应用技术型高校组织转型研究的主题仍存有诸多不足，亟待完善，为本书研究留下空间。一是系统研究缺乏，成果分布不均衡。从系统性研究成果来看，关于应用技术型高校的研究，主要集中于几篇硕士论文，博士论文和专著基本没有。从不均衡的角度来看，其研究成果多数分布于如何建设应用技术型高校这一实践性的主题层面，对于理论性问题的研究成果较少。与之类似，这在相关高校组织转型的研究中也有同样表现，即多数成果主要聚焦于创业型大学组织转型研究，对其他类高校的组织转型研究相对较少。二是直接关于应用技术型高校组织问题的研究成果缺乏，除了少有的一两篇期刊论文，硕士、博士论文和专著基本上没有。虽然在高校组织转型领域，国内外都涌现了一批优秀的研究成果，但关于应用技术型高校组织转型的研究，基本还未涉及。同时，尽管向应用技术型高校转型始终处于热点，然而多数也主要是从人才培养、教育教学、课程设置、师资队伍建设以及产教融合几方面加以研究，能结合组织特征，特别是在组织转型方面开展研究的，成果较少，亟待丰富。三是在研究方法上，单案例研究较多，多案例研究缺乏。在对文献进行梳理的过程中，不难发现，无论是期刊文章或是博士、硕士论文，试图运用具体的单个案例来进行剖析研究，已成为本领域之下的常态化的方式方法，但是能通过多案例研究的形式，对研究命题加以分析，最终提出具普适性、规律性结论的研究成果不多，因而这也需要在后续研究中进行尝试，并加以完善。同时，能运用定量的分析方法，对组织转型问题进行客观分析的基本没有。四是国外研究虽然视角新颖，内容具体丰富，但有关我国应用技术型高校组织转型的主题，基本上未得到关注，这意味着我国学者在未来的研究道路上更应基于中国客观实情，进一步加强对应用技术型高校组织转型的研究。

第三节 研究思路、内容与方法

一、研究思路

本书主要围绕我国地方普通本科高校在建设应用技术大学的过程中如何实现组织上的转型而展开研究。总体而言，研究内容重点分为两个部分，一是通过质性研究方法对案例高校在建设应用技术型高校的过程中组织上转型的路径加以研究和总结，二是通过定量研究方法对案例高校组织上转型的现状加以评估，找出存在的问题，进而在此基础上得出有利于地方普通本科高校向应用技术类转型的可操作性结论与建议。

具体研究思路如图1所示，首先是在理论文献回顾的基础上，通过对核心概念"应用技术型高校""组织转型"和"应用技术型高校组织转型"的界定，在全国范围内选取向应用技术类转型的典型地方普通本科高校2所，然后再选择合适的组织理论并形成分析框架，分别对2所案例高校综合运用质性访谈、文献分析等方法进行组织上转型路径的研究，并以此为基础总结出各案例高校所呈现的转型路径共同特征和差异化特征。同时，由于案例高校转型路径的研究结论主要来自对各学校关键人物的访谈、文件资料的整理和归纳，转型路径之下的具体执行情况却并不能客观呈现。因此，为弥补前者不足，本书还通过定量的分析方法，在强调学校各群体对转型路径具体落地情况感知的基础上，对各案例高校的转型路径加以评估，以客观呈现出案例高校在转型发展方面的实际现状，并总结分析出案例高校在转型中所存在的问题。在评估过程中，主要通过对上述案例分析中各高校转型实践内容的萃取，辅以对专家的咨询，设计出针对不同高校的实证分析问卷，进而对案例高校开展第二次回访和对学校各群体的抽样调查。同时，对于问卷的确定，主要通过对收集到的数据开展信度分析并予以确定，最终对抽样所得数据开展描述性统计分析、雷达图分析、绩效评估矩阵分析等，并结合转型路径的特征分析，形成结论与建议。

图1　研究架构图

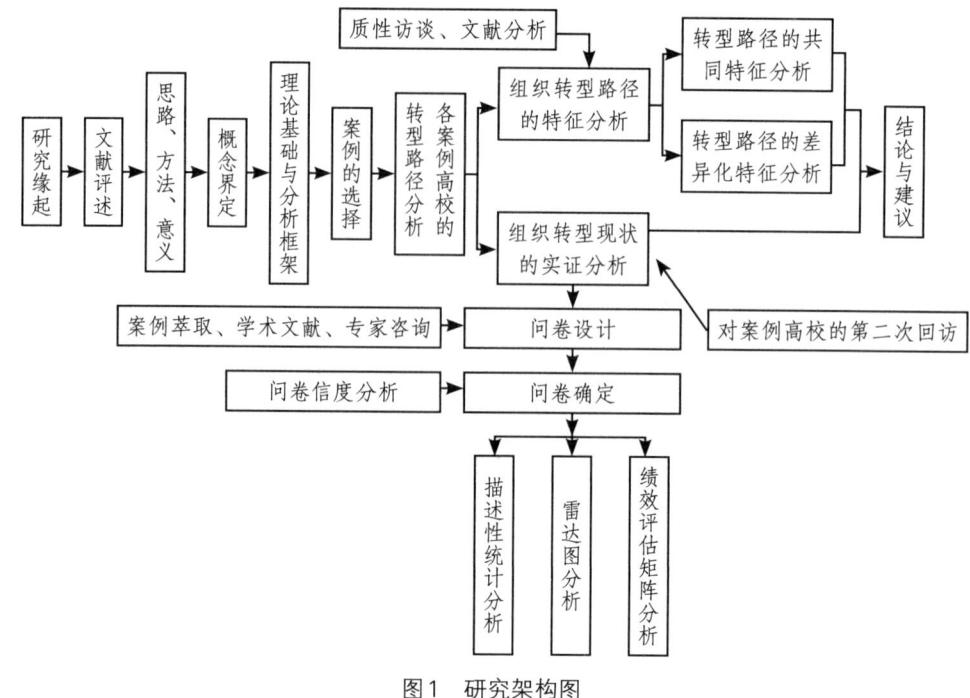

二、研究内容

（一）核心内容

由上述研究架构可知，通过选取具有代表性的地方普通高校的转型案例，来总结和分析我国地方普通本科高校向应用技术类转型过程中组织上的路径，并对我国地方普通高校向应用技术类转型在组织上的现状表现加以评估，找出转型过程中存在的问题，最终形成有利于我国地方普通本科高校向应用技术类转型的可操作化结论与建议，这就是本书的核心内容和重点。

在转型路径研究方面，主要通过基础性理论对组织转型分析框架进行建构，以明确我国地方普通高校向应用技术类转型在组织分析上的具体要素和方向，并通过对专家的咨询，以确定各要素之下的访谈提纲，然后通过质性访谈、文献分析等对两所案例高校进行实地考察和研究。在访谈过程中，将针对不同的对象进行集体座谈、讨论和个体访谈。访谈对象主要涉及校领导、中层管理人员、教师、普通行政人员及学生等；文献分析主要涉及对学校的年度工作总结、教学工作和科技工作会议材料、教代会和党代会的材料以及学校内部改革文件等。通过对上述研究资料的整理和总结，最终确定各案例高校转型发展路径的共同特征，以及各学校所代表相关类型高校的差异化特征。

在对转型现状的实证评估方面，本书将主要采用问卷调查的方法，通过定量分析试图以客观的数据来展现转型的现状，找出问题与不足。具体做法是，在通过对案例高校分析的基础上，萃取出各案例高校在转型实践中的具体做法，再辅以文献分析和专家咨询，确定能评估测量各案例高校组织转型现状的调查问卷，然后通过信度分析，最终确定调查问卷。在问卷确定后，再次回访各案例高校，发放调查问卷。为满足样本容量的要求，各学校被调查样本容量要占到总样本容量的10%[①]。由于在高校组织转型过程中，在校教职工是最直接的参与者，对于学校转型中所呈现的变化过程有着更为直接的体验和感受，所以被调查对象主要为学校的教职工群体，其中不乏校领导群体、二级单位主管群体、一线教师群体、一线行政职员群体等。通过回收数据加以定量分析，即通过描述性统计分析对数据收集情况进行整体总结和分析，通过雷达图分析来评估各要素维度转型情况，通过绩效评估矩阵分析来更微观地评估高校组织转型的现状，最终总结出各案例高校转型现状特征与存在的问题。

最后，在综合前述两部分研究成果基础上，形成本书的最终结论，以及利于地方普通本科高校向应用技术类转型的可操作化建议。

（二）各章节内容安排

围绕研究的核心内容及目标，本书各章节内容主要安排如下。

第一章为绪论，其主要包括研究缘起，文献综述，研究思路、内容与方法，研究目的与意义等。

第二章为背景解读、概念界定和理论基础。在背景解读中，主要指出我国当下提出建设应用技术型高校的经济社会发展环境，主要涉及应用技术型高校在高等教育分类体系中的定位；应用技术型高校在国外的发展历史，在经济社会发展中所起到的作用；我国当前建设应用技术型高校的社会背景等。概念界定主要聚焦本书主题，分别对什么是"应用技术型高校"、什么是"组织转型"和什么是"应用技术型高校的组织转型"进行界定。理论基础主要为具体的案例分析提供分析框架，以分析框架为基础展现出各案例高校的组织转型路径。这部分主要概述了本书所选择理论基础的学术史的考察、在现代组织分析中的应用、理论基础的介绍以及组织转型分析框架或模型的建构等。此外，理论基础部分还通过组织行为学和管理学的相关理论来对组织分析框架下的具体要素加以内涵分析，以及

[①] 根据各学校教职工的数量，本书选取100至150的样本数，达到了总样本数的10%以上。

运用相关组织理论来观察具体组织转型现象等。

第三章为应用技术型高校组织转型的案例分析。在本章中，根据案例选择的依据，选出了2个具有典型性的案例。以第二章中的组织转型分析框架为基础，通过实地调研，包括质性访谈、文献分析等对各案例高校加以剖析，展现出各高校组织转型要素之下的具体表现和实现路径。

第四章为应用技术型高校组织转型路径的特征分析。本章主要对第三章中各案例高校组织转型路径内容加以总结，进而勾勒出地方普通本科高校向应用技术型转型过程中所表现出的共同特征。同时，本章还将以案例选择的依据作为区分，来探讨各案例高校所代表不同类型高校在转型过程中各自的主要特点，以期对此类高校在未来实现转型时起到一定的指导意义。

第五章为应用技术型高校组织转型现状的实证分析。在本章中，主要通过问卷的设计和数据的获取，通过对各学校的转型现状来加以雷达图分析、绩效评估矩阵分析等，既分析得出转型的现状特征，又能找出转型中所存在的问题。

第六章为结论。在综合上述各章节研究内容的基础上，总结形成组织转型六要素相关关系、应用技术型高校组织转型路径，以及通过与其他类型高校组织转型相对比形成应用技术型高校组织转型路径特异性的结论。

第七章为建议，主要以所得结论为基础，试图从学校与国家层面为未来我国地方普通本科高校向应用技术类转型提供可操作性的对策与建议。

三、研究方法

（一）质性访谈法

"质的研究十分强调研究者在自然情境中与被研究者互动，在原始资料积累的基础上，建构研究的结果或者理论。"[①]由于我国应用技术型高校的转型不只是单一的教育现象，其涉及政治、经济、文化以及社会等多方面的发展因素，因而本书采用了质性的研究方法，这样能够系统收集和分析有关我国应用技术型高校转型的原始资料，深入、细致、系统地了解我国应用技术型高校转型发展的情况。

在具体的研究过程中，本书主要选取了访谈的方法来作为收集原始资料的重要工具。首先是关于访谈提纲的设计，主要以相关组织理论为支撑，形成能分析应用技术型高校组织转型的要素和方向，又通过对专家咨询、文献查找来设计出

---

① 陈向明.质的研究方法与社会科学研究[M].北京：教育科学出版社，2000：23.

能够全面剖析应用技术型高校组织转型的访谈提纲；其次是关于访谈过程，由于学校的各群体，如校领导、相关部门负责人、教师、行政人员以及学生等都是学校转型发展的亲历者和见证者，因而在对不同群体设计不同访谈题项基础上，通过面对面交流、打电话或者发邮件等沟通形式，对案例高校的各群体开展深度访谈；再次是关于研究结论，通过对案例高校各群体访谈内容的整理，努力抽取出学校在转型发展中的明显特征，找出各案例高校的共性特征和差异化特征，最终形成应用技术型高校组织转型的路径。

（二）文献分析法

文献分析法一般是指通过对文献资料的搜集、鉴别与整理，加以研究分析，形成对研究对象的科学认识。要探讨我国应用技术型高校组织转型的特征，必然会涉及对相关应用技术型高校转型政策文本的解读，同时在分析个案时，也会涉及案例高校在各个时期的主要政策解读，如与高校转型相关的会议纪要、学校文件等。此外，任何一项研究都需从以往研究出发，寻求突破，因而本书通过详细地梳理了以往研究成果，开展理论文献回顾，以确定本书的研究重点和整体思路，力求创新与突破。

（三）问卷调查法

由于经质性访谈法和文献分析法所得到的各案例高校的转型路径主要来自对学校关键人物的访谈、文献资料等方面的整理和归纳，对于路径之下的具体执行情况却不能客观呈现，因而为弥补前述研究之不足，就需要在基于学校各群体对转型路径具体落地情况感知的基础上，开展问卷调查，试图通过定量的方法进行实证评估，以客观呈现出学校在转型发展方面的实际现状，同时查找和总结出案例高校在转型中所存在的待改善的问题。

具体到问卷调查过程，首先是关于调查问卷的设计，主要在对各案例高校转型路径的分析基础上，萃取出各案例高校在转型实践中的具体做法，再辅以文献分析和专家咨询来确定能评估测量各案例高校组织转型现状的调查问卷，还通过SPSS统计软件来开展信度分析，最终确定调查问卷。其次是关于调查问卷的发放，在确定调查问卷后，再次回访各案例高校，发放调查问卷。由于在高校组织转型过程中，在校教职工是最直接的参与者，对于学校转型中所呈现的变化过程有着更为直接的体验和感受，因此被调查对象主要为学校的教职工群体，其中不乏校领导群体、二级单位主管群体、一线教师群体、一线行政职员群体等。再次是关于问卷数据的处理与研究结论的得出，通过回收数据，加以定量分析，即通过描述性统计分析对数据收集情况进行整体总结和分析，再利用 Excel 来开展雷达图和绩效评估矩阵的统计分析，即分别从宏观层面评估各要素维度的转型情况，以及从微观层面来评估各案例高校具体组织转型题项的运行现状等，最终综合各案例高校的实际表现，总结和归纳出我国地方普通本科高校向应用技术类转型的现状特征与存在的问题。

第四节　研究目的与意义

本书以相关组织理论为理论基础，综合运用质性访谈和文献分析等方法，对我国应用技术型高校组织转型的问题加以研究，以期描绘和总结出我国当下地方普通本科高校向应用技术类转型过程中的路径与特征，同时还通过问卷调查对转型现状进行实证分析，加以诊断和评估，以期为未来我国其他高校向应用技术类转型提供有益的参考与借鉴。总体而言，主要体现为三方面的意义。

一是在理论应用方面。为描绘和勾勒出我国当前应用技术型高校组织转型的路径与特征，在本书中将以合适的组织理论为基础，构建出能解释应用技术型高校组织转型路径的分析框架，这或将是相关组织理论在应用技术型高校组织分析中的一次大胆尝试，也将成为本书在理论应用方面的一大创新，具有重要意义。

二是在方法应用方面。本书将主要采用质性访谈法、文献分析法和问卷调查法等来对我国应用技术型高校组织转型的问题加以分析和研究。其中关于开展问卷调查时相关定量分析的运用，特别是运用雷达图分析法和绩效评估矩阵分析方法对案例高校进行诊断和评估在组织转型的研究中可谓首次，是本书在方法应用方面的一大创新，其对未来关于组织转型的研究具有启发性意义。

三是在知识内容方面。建设应用技术型高校，引导一批地方普通本科高校向应用技术类转型，这既是当下我国高等教育发展实际中所面临的重要任务，也是理论研究者所面临的重大课题。本书从组织转型的角度来对我国应用技术型高校的组织转型加以研究，通过总结案例高校的转型路径和对转型现状的评估，将对未来我国应用技术型高校建设具有较强的指导意义，还将为夯实应用技术型高校研究的知识体系打下重要基础。

第二章 背景解读、概念界定与理论基础

第一节　背景解读

一、应用技术型高校的定位

伴随着经济社会的迅猛发展，产业界对人才的要求更高并趋于多样化，这就导致了对培养人才类型需求的多样化，同时也推动着高等教育机构的分类。1973年，美国卡内基教学促进基金会率先对高校做出分类（简称"卡内基分类"），随后联合国教科文组织也于1976年颁布了国际教育标准分类（简称"国际分类"）。虽然40年来，更多国家或地区结合社会发展需求和高等教育特征又陆续提出了新的分类框架，如"欧洲分类"等，但"卡内基分类"和"国际分类"作为世界最早的两部高等教育分类标准，不只对后续分类产生着影响，且对当下的高等教育分类仍具有较强的解释力。通过对各时期这两大分类不同内容的演变过程及主要特征分析，可窥探出各类型高等教育机构在高等教育体系格局中不断变革的内在逻辑。

总体上看，世界高等教育分类标准主要历经了由"单一粗放"到"多维分类"的变迁。作为对当时社会经济发展环境及高等教育发展水平的回应性产物，卡内基分类和国际分类也不可避免地存在着维度单一、标准粗放等问题。至20世纪80年代，经济社会及高等教育状况均发生了较大的改变，各类新型服务业以及高新技术产业诞生，并呈现出压缩传统制造业发展空间的趋势。多种应用技术专业逐步从中等职业教育覆盖至本科教育阶段，如美国本科教育阶段中的短期教育项目，以及德国双元制职业教育向高等教育领域的延展等，均让面向职业领域的应用技术教育实现了向上移动。[①] 这表现在高等教育分类体系的调整上，如1994年

---

① 曹燕南，张男星. 欧美高等教育的分类体系变迁及启示[J]. 大学（学术版），2013（11）：57.

的第四版"卡内基分类",对文理学科及应用技术学科进行了明晰的划分,原指学士层级的文理学院更名为学士型学院,这是对职业技术教育、应用技术学科重视程度的提升,[1]极大地促进了本科院校对应用型课程的开设。无独有偶,1997年第二版"国际分类"在第一版二层级划分的基础上进行了具体的细化,如图2所示,以课程类型为依据,进一步细分为理论型(5A)和实用型(5B)两类,这一补充标准的设定进一步细化了本科层级高等教育的分类,说明本科院校的功能日益分化,职业技术教育的职能在本科阶段得到彰显。两类改革走向的不谋而合,体现出了世界范围内应用技术教育的重要性,更体现了应用技术型高校在高等教育体系中的地位得到提升。

进入21世纪,服务业在全球迅猛发展,尤其在欧美发达国家,逐步占据主导地位,表现在对高等教育的影响上,一方面,新兴服务业所带来的大量的劳动力需求,促进了高等教育在数量、规模上的提升;另一方面,这一新型经济增长方式提出了对人才专门化与差异化的需求,促使高等教育机构种类趋于丰富,高等教育普及化与多样化的时代到来。表现在高等教育分类上,即呈现出了"多维分类"的新趋势,高等教育机构的分类更加精密,多元分类框架逐步建立。值得注意的是,无论高等教育分类如何多元化,在"卡内基分类"和"国际分类"中,关于职业课程和专业课程在高等教育各层级的强调,依然足以反映出当代高等教育系统内应用技术教育地位的提升。

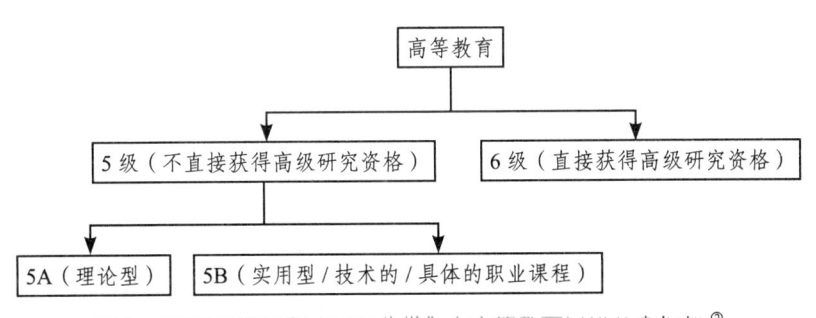

图2 1997年第二版"国际分类"中高等教育层级分类框架[2]

---

[1] Carnegie Foundation for the Advancement of Teaching. *The Carnegie Classification of Institutions of Higher Education, 2000 edition* [EB/OL]. [2016-06-13]. http://classificaitions.carnegiefoundation.org/resources/.

[2] United Nations Educational, Scientific and Cultural Organization. *International Standard Classification of Education* [R].UNESCO Institute for Statistics, 1997.

二、应用技术型高校发展的国际经验

自20世纪60年代中期开始,受到经济社会发展水平的影响,如城镇化率的不断提升,人均GDP的不断提高,三大产业内部结构调整,农业、工业比重不断降低,服务业比重稳步提升等,使得城市社会化生产规模不断扩大,产业结构得到调整,生产生活方式发生变化,人才培养结构亟须变革,因而应用技术型高校在欧洲国家兴起。经过近60年的发展,应用技术大学作为一种与普通大学并行、以专业教育为主导和面向职业领域的一类学校,已经成为高等教育体系不可或缺的重要内容,其汇集培养高层次应用型人才、推动应用研发创新、促进就业与区域发展、终身学习等功能,无论在实践界还是学术界都被认为是国家竞争力不断提升的秘密武器。

据历年《全球竞争力报告》(以下简称《报告》)显示,在欧洲几个应用技术型高校建设较为成功的国家,如荷兰、奥地利、芬兰及德国等,就明显表现出强大的国家竞争力,特别是在创新要素驱动国家发展方面,表现更为突出。如,荷兰在应用技术大学已经成为荷兰高等教育体系重要组成部分的背景下,实现了创新要素驱动下的经济增长,是35个创新要素驱动的经济体之一。自2008年经济危机后,荷兰的全球竞争力呈现出稳步提高态势。2013年,在35个经济体中,荷兰的12个竞争力支柱已经稳居优势位置,而其中多个支柱均与教育尤其是应用技术型教育存在极为紧密的联系。[①]对于奥地利,《报告》将其归入创新驱动阶段的发达国家之列,在2012—2013年度的《报告》中,其竞争力已位列全球第16位,比上年度提高3位。其中,位于"高等教育与培训"支柱下的"研究与培训服务的可获得性"排名世界第3位,获得了极高的评价;在"创新"支柱下的"大学与企业合作科研"排名第13位,这明显与应用技术型教育体系的建设紧密关联。[②]芬兰一直被认为是创新能力与竞争能力一流的国家,根据2012—2013年的《报告》显示,在144个经济体竞争力的排名中,芬兰处于第3位。芬兰的应用技术大学旨在培养理论与实践相结合、具有综合素质和国际视野的技术技能人才,其不只提高了国民受教育水平,更重要的是对其就业率发挥着直接影响作用。根据2010年的数据,与欧盟国家平均水平相比,芬兰整体就业率高出平均值约4%,

---

[①] 中国教育科学研究院课题组.欧洲应用技术大学国别研究报告[R].(2013-12-10).
[②] 中国教育科学研究院课题组.欧洲应用技术大学国别研究报告[R].(2013-12-10).

而整体失业率也低于平均值。① 在欧洲国家中，关于应用技术型高校促进国家竞争力提升的例子，最耳熟能详的莫过于德国。德国的应用技术大学是于20世纪60年代经济转型升级时期在原有的工程技术类学校基础上建立起来的，在其后的发展过程中，由于社会需求的变化，德国应用技术大学对自身的办学定位以及专业设置等方面也进行了优化调整。到今天，德国的应用技术大学在高层次应用型人才的培养方面已颇为成熟，占据了领先地位，源源不断地为社会相关领域输送人才。同时，在此过程中，德国高等教育的内涵也得到不断扩展，质量实现稳步提升，为国家发展提供了所需的人力资源和稳固的国家竞争力。②

应用技术型高校在欧洲国家竞争力提升过程中扮演如此重要的角色，一般认为，这主要得益于应用技术型高校的如下特征。一是有明确服务区域经济发展的办学定位。针对经济社会发展的需求，借助与产业界的联结，培养学生的实践能力和技术创新能力。③ 二是确立了应用技术型人才培养目标。应用技术型高校在人才培养的过程一般为学生设定三项基本目标，也可归纳为三类基本能力，即现实问题的解决能力、科研项目的技术创新能力、新技能的学习与掌握能力。这也就决定了应用技术型高校所培养的人才，必然能以理论知识与专业技能服务于社会发展。三是注重应用性科研。应用技术大学积极承担起开展应用性科研的重任，为中小企业提供相关服务，形成校企共赢的良好合作关系。中小企业在应用性研究中获益与发展的同时，也能为高校学生提供良好的实践或就业机会，甚至得到来自企业的经费资助。④ 四是为终身学习提供便利。以欧洲应用技术大学为例，欧洲应用技术大学的创建主要有新建、升格和改造这三种设置方式。其创办之初就具有学士学位授予权，后又获得硕士学位授予权。目前欧洲应用技术大学以本科学士学位为主，占到了94.4%，但也有应用技术大学与研究型大学联合培养博士的模式，这就畅通了终身学习的渠道，满足了经济社会发展对高素质人才的迫切需求。⑤

---

① 李建忠.芬兰应用技术大学办学特色与经验［J］.大学（学术版），2014（2）：71.
② 中国教育科学研究院课题组.欧洲应用技术大学国别研究报告［R］.（2013-12-10）.
③ 张有龙，赵爱荣.德国应用科技大学办学特色分析［J］.中国职业技术教育，2007（5）：58-59.
④ 孙诚，杜云英.欧洲应用技术大学的发展思路［J］.中国高等教育，2014（12）：62.
⑤ 孙诚，杜云英.欧洲应用技术大学的发展思路［J］.中国高等教育，2014（12）：61.

三、应用技术型高校建设的国内需要

在信息技术深度融入各个领域背景下，我国高新技术产业发展已然超过了劳动密集型产业，经济增长对技术、知识等要素的投入更加依赖。2013年我国服务业生产总值已超过第二产业，尤其以电子商务、生物医药等产业发展迅猛。[①] 这无疑对未来支撑产业发展的高技术人才提出更高的需求。而据有关研究数据显示，在当前我国电子信息产业中，技师、高级技师却仅占到技术工人的3.2%，远远低于发达国家30%左右的平均值。[②] 因此，若不根据产业转型加紧调整和优化人才培养结构，特别是加强应用技术型人才培养，势必将影响我国产业整体转型的进程，进而不利于我国经济的高质量发展。

同时，建设应用技术型高校也是完善和优化我国高等结构体系的重要途径。从知识生产看，基础学科与应用学科存在着差异，前者致力于对新领域、新规律的探索，通过理论构建的方式推动科技突破，后者则注重理论与成果的实际应用，探寻方法与技术上的创新，服务经济社会一线生产，二者同等重要。因此，在高等教育体系中二者理应包容并存。然而，就目前我国的情况来看，特别是与发达国家相比，我国高等教育结构存在严重失衡问题，主要表现为应用技术型高等教育体系发育不足，本应沿着应用技术型发展道路的地方普通本科高校却多数效仿研究型大学办学模式，一味求大求全，追求精英教育模式，终致千校一面。这就导致了我国高等教育发展无论是在高等教育层次结构还是科类结构方面都存在缺陷，致使各种规格、类型人才的总量与社会实际需求存在错位，这从"就业难""招工荒"现象便可见一斑。因此，推动部分地方普通本科高校向应用技术型高校转型，是适应经济社会发展需要，优化我国高等教育结构体系的现实选择。

---

① 孙泽文，刘文帆.地方本科院校向应用技术大学转型研究[J].教育与职业，2015(5)：15.

② 张兄武，许庆豫.关于地方本科院校转型发展的思考[J].中国高教研究，2014(10)：94.

第二节　概念界定

一、应用技术型高校

应用技术型高校，在英语中称"Universities of Applied Sciences"，德语中称"Fachhochschule"，虽然在各国叫法不一，但主要指20世纪60年代以来，欧洲国家如德国、瑞士、奥地利、荷兰及芬兰等，因经济社会发展、产业转型升级和科技进步对高层次技术技能人才提出新需求而设立的一种高等教育类型。就其具体概念界定而言，学界主要有两种研究取向，一类是基于欧洲国家应用技术型高校发展情况进行研究，而另外一类则是结合中国经济社会及高等教育发展实际加以研究阐释。

在研究欧洲国家而得出具体概念方面，如我国教育科学研究院课题组就对欧洲应用技术型高校进行了国别研究，并对各国概念进行了系统总结，认为应用技术型高校是"一种与普通大学并行、以专业教育为主导和面向工作生活的类型教育，是高等教育体系的必要组成部分，肩负培养高层次应用型人才、开展应用研发创新、服务就业和区域发展及促进终身学习等多重使命"[①]。王宝玺就什么是欧洲的应用技术型高校的命题对瑞士圣加仑大学迪尔特·欧拉教授进行了专访，欧拉教授认为应用技术型高校"不同于美国的社区学院，也不同于中国的高职高专……应用科技大学侧重于职业学位，如工程、商业和卫生等专业……最大的特点是实践应用取向，注重应用性研究与开发，'为职业实践而进行科学教育'"[②]。李婉也通过对包括德国、英国等欧洲九国应用技术型高校进行了深入研究，总结出了办学特征，主要特点是办学政策与时俱进；专业设置具有鲜明应用性和职业性导向；招生方式灵活，机会均等，生源广泛，可供继续深造；重视与各级教育的衔接；重视实践教学环节；重视师资结构，采取专任和从企业兼聘相结合。[③]

在结合中国实际得出具体概念的研究方面，首先关于应用型高校与应用技术型高校的概念区分，胡天佑认为，我国十余年建设"应用型大学"的理论与实

[①] 中国教育科学研究院课题组.欧洲应用技术大学国别研究报告[R].(2013-12-10).
[②] 王宝玺，迪尔特·欧拉.什么是欧洲应用科技大学——瑞士圣加仑大学迪尔特·欧拉教授访谈录[J].高校教育管理，2015，9(4): 2.
[③] 李婉.欧洲应用技术大学国别研究分析及借鉴[J].职业教育研究，2014(12): 173.

践是推进建设"应用技术大学"的第一个理论来源。[①]侯长林认为"应用型大学不等于应用技术大学",应用型大学是高等教育大众化的产物,是区别研究型大学的一种新的大学类型,其主要任务是为经济社会发展培养本科层次的应用型人才,包括创业型大学、技术本科、教学服务型大学等。而应用技术大学则属于应用型大学的一种类型,其重点强调技术的积累、研发和传承。技术积累不足或技术特征不明显的地方本科院校,即使宣称定位在应用技术大学,也算不上真正的应用技术大学。[②]其次,关于应用技术型高校概念与特征的解析,如教育部原副部长鲁昕就提出,"应用技术大学指的是以职业技术教育为核心……在培养模式上,淡化学科,强化专业,培养技术技能型人才"[③]的高校。马陆亭认为"'技术'是这类大学关注的核心,包括技术人才培养、技术开发、技术应用等。另一个关键词是'应用',实际上就是实用,上得了手,懂基本原理,有职业素养"[④]。侯长林等人认为,应用技术大学至少应包括两方面特征,即办学要以科学知识和技术成果的应用为导向;人才培养要以培养高级技术型人才为目标。[⑤]孟庆国认为,应用技术型高校办学定位应直接面向市场和经济社会发展,与企业界、职业界建立紧密的联系;能培养具备独立从事职业活动能力的高级技术人才;入学生源要具备一定的实践认知能力;专业设置要突出工程和技术,服务实体经济,体现地方和行业特色;课程体系要体现区域特色,强调实践;师资队伍既要有较高的理论基础,还要有较强的实践能力;校企合作应成为应用技术型高校的重要办学特色;实践教学要突出技术的应用与创新能力的开发。[⑥]

综合上述,本书认为应用技术型高校作为应用型本科高校的一种类型,是指那些具备一定的技术积累或技术特征,办学方向突出工程与技术领域,注重技术人才培养、技术研发、技术应用,并紧密联系企业行业,主动为区域经济社会发展培养高级技术人才的一类高校。其中,有一定的技术背景和技术积累、专业设置突出工程与技术、课程体系重视区域特色并强调实践、强调校企合作、注重双

---

① 胡天佑.建设"应用技术大学"的理论问题[J].职教论坛,2014(25):31.
② 侯长林.应用型大学不等于应用技术大学[N].人民日报,2015-8-13(18).
③ 方泽强,谢笑天.应用技术大学建设的系统思维[J].职业技术教育,2015(4):9.
④ 马陆亭.应用技术大学建设的若干思考[J].中国高等教育,2014(10):13.
⑤ 侯长林,罗静,叶丹.应用型大学视域下新建本科院校办学定位选择[J].教育研究,2015(4):62.
⑥ 孟庆国.应用技术大学办学现实性与特色分析[J].职业技术教育,2014,35(10):7-10.

师型教师队伍建设等是该类型学校的主要特征。

二、组织转型

组织（英译 Organization）主要有两种词性的解释：一种做动词使用，主要指安排分散的人或事务，使之具有一定的系统性或整体性；一种做名词使用，表现为静态的实体，是指在共同目标的驱使下，人们联合一起共同协作的社会团体。而在本书中，明显指后一种。转型（英译 Transformation）一般解释为社会经济结构、文化形态、价值观念、生活方式等发生的转变或转换产品的型号、构造。因此，将"组织"与"转型"相结合，从词义上直观理解，即是指组织从一种形态向另外一种新的形态转变所发生涉及结构、文化、价值、方式等方面的变化。

一般而言，社会科学偏于用比较的范式来探寻研究对象的本质。也就是说，若能从整个组织研究的学术图谱中挑选出一至两个相近的概念，与组织转型进行对比分析，将能在已有词义概念基础上对组织转型的概念有更加深入和精准的理解。这主要可体现在三个方面。一是关于组织转型与组织变革。任玉珊认为组织变革是内部单个或一些要素、组织局部或整体的转变，而只有当变革牵涉到组织所有方面，进展到整体的层次时，才可称之为转型，转型是对行为或能力的改善。① 二是关于组织转型与组织发展。美国学者弗伦奇和贝尔等人认为组织发展是一套产生于行为科学，并在现实中得到了检验的、非常有力的概念和技术手段，组织发展的关切点在于其内部人员动力，及时发现与处理问题。组织发展应包含特定的原则、理论以及相关干预技术，它向人们展示如何实施有计划的变革并获得成功。而组织转型则是对组织发展的进一步延伸，是在组织的各个方面包括结构、文化、环境等开展变革。组织转型也常常被认为是"第二代组织发展理论"，是对今天组织所面临持续性变革和适应性需要的非常强烈的回应。② 三是在已有研究对组织转型的界定方面，如贝克哈德指出，组织在性质、形式上的变革是组织转型；莱维和莫瑞将组织转型看作是一种整体与彻底的变革，其中核心流程、意识、创新等问题是关键；巴图克则指出组织转型是跳跃性的，主要体现在组织的自我认知上，此外会带动组织战略、规范等方面的改变；威廉姆·金认为组织转型就是通过改变组织中大多数人的行为，来奇迹般地提高整个组织绩效

---

① 任玉珊.应用型工程大学的组织转型[J].高等工程教育研究，2010（6）：150.
② 温德尔·L.弗伦奇，小塞西尔·H.贝尔，罗伯特·A.扎瓦茨基.组织发展与转型——有效的变革管理[M].阎海峰，秦一琼，等，译.北京：机械工业出版社，2006：20.

的有计划的变革。①

综合来看，本书认为组织转型至少包括四个方面的要素：一是面对持续变革和适应性的需要；二是涉及组织要素如战略、领导、结构、流程、文化等方面的变化；三是强调在组织的整体层次和各方面彻底的转变；四是改善组织存在的问题，增进组织的有效性。因此，组织转型可界定为组织由于面临外界环境持续性变化，为增强自身的适应性和有效性，改善组织存在的问题，而采取的一种在组织整体层次上并涉及组织要素，如战略、领导、结构、流程、文化等方面彻底的转变。

三、应用技术型高校组织转型

以上述"应用技术型高校"和"组织转型"的概念界定为基础，结合我国建设应用技术型高校的社会背景，本书认为"应用技术型高校组织转型"是指由于地方普通本科高校在发展过程中存在着发展方向摇摆不定、办学定位不明确、办学特色不鲜明、人才培养结构不合理、制度建设滞后、同质化现象严重、服务区域经济社会发展能力还不强等问题，同时还由于学校面临外部办学环境的持续变化，即随着新工业革命的来临，中国正处于产业转型发展的关键期和机遇期，进而对人才无论是在数量、层次还是结构方面都提出了多样化的需求等，高校为增强自身发展的适应性和有效性，改善组织存在的问题，所采取的一种在组织整体层次上并涉及组织要素，如战略、领导、结构、流程、文化等方面彻底的转变，进而最终实现学校具备一定的技术积累或技术特征，办学方向突出工程与技术领域，注重技术人才培养、技术研发、技术应用，并紧密联系企业行业，能主动为区域经济社会发展培养高级技术人才的办学目标。

第三节 理论基础

一、应用技术型高校组织转型分析框架

高校组织是一个系统，且具有开放性，因而用系统分析方法来研究高校组织

---

① 任玉珊.大学组织转型与要素变革——以应用型本科大学为例[D].北京：北京大学，2009：24.

具有适用性。

（一）现代系统理论的学术史考察

系统思想由来已久，可追溯至古代社会的生产实践，如在古代中国的《周易》《尚书》中，就载明了五行、八卦等系统。但就现代系统理论而言，则主要发端于20世纪初。1912年，俄国哲学家亚历山大·波格丹诺夫构建的组织形态学理论为系统理论奠定了基础。1926年，南非律师斯马茨指出宇宙协同作用，即有机体的作用力大于各部分之和。此观点被认为是一般系统理论的一次尝试。但比较完整地提出"开放系统"的概念，并将其引入社会学分析之中，则是美国生物化学家亨德森，他着重指出社会系统的动态性与开放性，并认为有机平衡不可或缺。当环境变动造成系统不平衡时，会导致返回原状的应激反应出现，系统由此才会持续地存在下去，而这种有机平衡正是开放系统的重要特征。此观点在当时产生了相当大的影响，如帕森斯的社会学功能主义、梅奥的管理学行为主义，以及巴纳德直接把组织看作一种开放系统的观点等都是受其影响。然而，虽然亨德森的开放系统观形成了与以往传统的系统观根本不同的看法，但却并未正式形成一般系统理论，后来这一任务主要由美国的理论生物学家伯塔朗菲加以完成。[1]

伯塔朗菲在20世纪20年代末提出有机体系统理论，常被认为是一般系统理论的萌芽。1937年，伯塔朗菲在芝加哥大学的一次讨论中首次提出"一般系统理论"的概念，但并未对什么是系统进行界定，直到1972年才给出了"系统"的定义，即处于一定相互关系中并与环境发生关系的各组成要素总集。[2] 这期间，伯塔朗菲持续为一般系统理论的建立而努力。1945年，他发表了《关于一般系统论》一文，标志着一般系统论的正式形成。1954年美国成立了"一般系统学会"（后改名为"一般系统研究会"），并出版《一般系统年鉴》。1968年，伯塔朗菲又出版《一般系统论的基础、发展和应用》一书，全面阐述了一般系统理论的思想，以颇具指导性的理论体系促进系统科学的进一步发展。该书也常被西方学者称作是一般系统理论的经典著作。受伯塔朗菲的影响，维纳在其基础上发展出了控制论；桑农和韦弗提出了信息论的概念；博尔丁以伯塔朗菲的思想为依据将信息论和控制论结合起来；比利时物理学家普里戈金提出的耗散结构理论、法国数学家

---

[1] 钱平凡.组织转型[M].杭州：浙江人民出版社，1999：87-88.
[2] L.V. 贝塔朗菲.普通系统论的历史和现状[M]//中国社会科学院情报研究所.科学学译文集.北京：科学出版社，1980：315.

托姆提出的突变理论、德国学者哈肯提出的协同论等都可以看作是对伯塔朗菲一般系统理论的发展。正如丹尼尔·雷恩所说："伯塔朗菲的努力是一件拼版玩具的第一块拼版，其他人在接着拼下去。"①

（二）系统分析方法在现代组织分析中的应用

伯塔朗菲的一般系统理论，自建立之初就在组织分析中广泛应用，美国著名系统论哲学家拉兹洛曾形象地比喻说"现代系统论赋予人们一种透视的眼光，使得人们得以用这种眼光来考察自然界、世界、宇宙"②。"可以说，系统方法已成为现代组织分析的根本方法，它也是现代组织分析与传统组织理论的分界点。"③

在论及运用系统方法开展现代组织分析的源头时，卡斯特和罗森茨韦克认为"切斯特·巴纳德是第一批运用系统方法进行组织分析的管理学家之一"④。至今，关于系统方法在组织分析中的应用主要有三大流派，即巴纳德的"社会系统学派"、特里斯特的"社会技术系统学派"以及卡斯特和罗森茨韦克的"权变系统学派"。特里斯特的"社会技术系统学派"由社会系统学派衍生而来，主要强调技术系统在组织中的重要地位，但其方法并无特色，常被认为是"巴纳德学派"的补充。所以一般又可划分为两种，即"巴纳德的分析方法"和"卡斯特和罗森茨韦克的分析方法"⑤。

关于两种分析方法，对比来看，巴纳德把组织定义为由人（两个或两个以上）组成的协作系统，该系统主要包括协作意愿、共同目标以及信息联系这三个基本的要素；卡斯特和罗森茨韦克则把组织看作是由多个子系统组成的一个整体系统，同时，组织系统又被看作是环境系统的子系统，其从环境系统中吸收能源、信息和材料，转换后又向外部环境输出。因此，这两种系统分析方法是完全不一样的，巴纳德主要从组织系统的构成要素入手，试图通过要素来把握组织的本质，而卡斯特和罗森茨韦克则从组织系统构成的子系统开始，试图通过解剖式研究来展现和把握整个组织图景。同时，也有学者认为，巴纳德的分析方法太过于

---

① 丹尼尔·雷恩.管理思想的演变［M］.孙耀君，等，译.北京：中国社会科学出版社，1986：519.
② 陈其荣.自然辩证法导论——自然论、科学论和方法论的新综合［M］.上海：复旦大学出版社，1995：46.
③ 钱平凡.组织转型［M］.杭州：浙江人民出版社，1999：94.
④ 弗莱蒙特·E.卡斯特，詹姆斯·E.罗森茨韦克.组织与管理——系统方法与权变方法［M］.傅严，李柱流，等，译.北京：中国社会科学出版社，2000：136.
⑤ 钱平凡.组织转型［M］.杭州：浙江人民出版社，1999：95.

强调人的作用,甚至把物质手段的部分从组织系统中排除出去,其总结出的组织三要素离开了组织技术的支撑,存有以部分代替之嫌,并不能把握好组织系统的本质。①而卡斯特和罗森茨韦克的分析方法则把大系统分成若干子系统,对组织加以解剖分析,虽然宏观,却有效避免了巴纳德的分析方法在组织分析中所可能出现的部分代替整体的问题。同时,从不同的子系统来研究整个组织系统,对于更全面地理解组织系统有重要意义。因此,结合对我国应用技术型高校组织转型路径开展研究的主题,要总结出转型路径并对现状加以深入评估,势必要对我国应用技术型高校的组织状态进行更全面把握,在这个意义上,卡斯特和罗森茨韦克的分析方法显得更为合适。

(三)卡斯特和罗森茨韦克的系统分析方法

如上所述,卡斯特和罗森茨韦克系统分析方法的最大特点是把组织看作是由多个子系统组成一个整体系统,通过解剖子系统来把握组织的本质。在实际研究过程中,卡斯特和罗森茨韦克在开展组织分析时又主要提出了两种分析范式。第一种如图3所示,卡斯特和罗森茨韦克指出,在外界环境超系统的影响下,分系统中以组织目标与价值分系统较为重要。社会文化环境往往是组织的很多价值观的重要来源,因此,作为社会分系统的组织必须达到由外界系统所决定的目标。技术分系统是指完成工作任务时所应用的知识与相关技术,这往往由组织任务决定,且伴随特殊活动而发生变化。社会心理分系统则由相互作用的个人和群体所组成。它包括个体的行为与动机、地位与作用,以及群体动力影响等。结构分系统主要指组织工作任务分工和协作的方式,具体可通过组织图、职位与程序等说明。管理分系统与整个组织相关联,它使组织与其外部环境发生联系。②

---

① 钱平凡.组织转型[M].杭州:浙江人民出版社,1999:99.
② 弗莱蒙特·E.卡斯特,詹姆斯·E.罗森茨韦克.组织与管理——系统方法与权变方法[M].傅严,李柱流,等,译.北京:中国社会科学出版社,2000:141.

图3 卡斯特和罗森茨韦克的组织系统示意图

第二种如图4所示，这种分析方法主要把组织看作一个实际运作的系统，将组织系统分为作业子系统/层次、协调子系统/层次和战略子系统/层次。其中，作业子系统关系到经济及技术的合理性，并以降低不确定性为目标，最大限度减少不必要的反应，以维持作业的高效性。组织战略子系统主要接受来自外界环境输入方面最大的不确定性，要求相关管理者以相对开放的系统观进行应对。而协调子系统则是在作业层和战略层之间开展活动，并对二者加以协调，通过技术合理性，把环境的不确定性转变成作业子系统所必需输入的信息。也就是说，战略子系统、协调子系统主要用于缓冲来自环境方面的影响。[①]

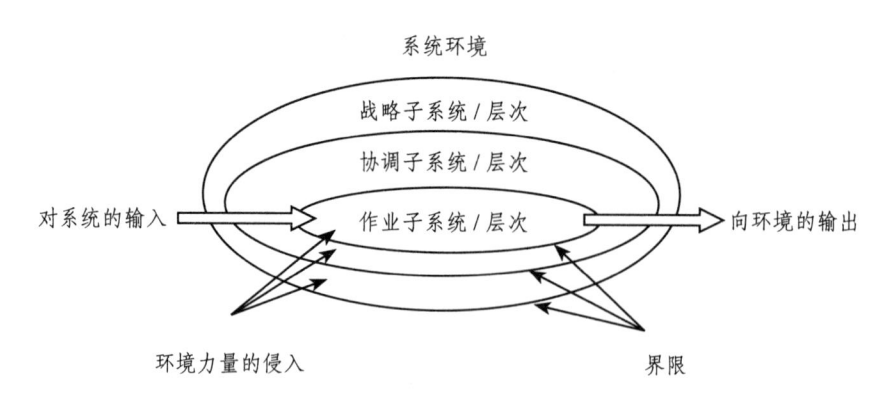

图4 由战略、协调和作业子系统组合而成的组织

---

① 弗莱蒙特·E.卡斯特，詹姆斯·E.罗森茨韦克.组织与管理——系统方法与权变方法[M].傅严，李柱流，等，译.北京：中国社会科学出版社，2000：162.

总结来看，虽然上述两种范式给人们提供了认识组织的不同视角，但就方法论而言，本质上都主要源于功能主义的分析方法，即强调系统的优先性，系统中的各子系统均有各自的功能且相互关联，最终整合成完整的有机体。① 在本书中，要探讨我国应用技术型高校组织转型路径及其现状，就要求既能把握好整个高校的组织全貌，又能对其实际运作加以了解和分析。因此，本书将主要选取第一种组织分析的范式为主，第二种组织分析范式作为补充，以实现既能研究把握高校组织运行现状，又能总结分析转型特征的目标。

（四）组织转型分析框架的建构

基于功能主义的系统分析实质，即每个系统都是由各部分经良好整合而成的结构，并形成有机整体，因而，要研究组织整体的转型，可主要从组织各分系统入手，在研究各分系统转型基础上，实现研究组织整体转型的目的。

关于组织目标与价值分系统转型，卡斯特和罗森茨韦克的系统分析方法认为组织系统的目标是分层次的，总目标终究要被转变成越来越具体的作业目标。战略层将组织的活动与环境系统相关联，其目标具有广泛性，并且在手段应用上有着最大限度灵活性。协调层则把这一广泛目标具体化至各职能活动之中。作业层是从事实际工作任务，这些任务通常是非常具体的、短期的、可衡量的，② 因而组织的战略转型对于组织目标分析系统转型影响深远。价值观是个体对所期待事务的观念，其暗含的价值标准影响个体的行动选择。③ 所谓组织价值系统即组织的价值观，可被认为是相关组织各类型价值观的有机整合。一般来说，组织的价值系统不仅仅是由组织内部决定的，而且还是由更广泛的社会文化规范所决定。④ 而组织文化规范作为社会文化规范的一个单元，在一定程度上被认为是社会文化在组织上的具体呈现和反映，这就意味着，组织文化规范可被认为是社会文化规范影响组织价值系统的中介，也就是说，社会文化规范对组织价值系统的影响要通过组织文化，才能发挥作用。因此，强调组织文化的重塑，对推进组织价值系

---

① 钱平凡.组织转型[M].杭州：浙江人民出版社，1999：102.
② 弗莱蒙特·E.卡斯特，詹姆斯·E.罗森茨韦克.组织与管理——系统方法与权变方法[M].傅严，李柱流，等，译.北京：中国社会科学出版社，2000：226.
③ 弗莱蒙特·E.卡斯特，詹姆斯·E.罗森茨韦克.组织与管理——系统方法与权变方法[M].傅严，李柱流，等，译.北京：中国社会科学出版社，2000：215.
④ 弗莱蒙特·E.卡斯特，詹姆斯·E.罗森茨韦克.组织与管理——系统方法与权变方法[M].傅严，李柱流，等，译.北京：中国社会科学出版社，2000：28.

统的转型将发挥至关重要的作用。

关于组织技术分系统转型，卡斯特和罗森茨韦克的系统分析方法认为技术分系统主要由技术和知识两个部分组成。一般而言，现代组织理论的发展已经从关注技术、知识主要演化为关注组织的流程，即活动、技术、知识及其组合。换句话说，活动是组织的基础，技术、知识是活动执行中的转化方式，活动与技术、知识的结合便形成了流程。[①]因此，强调对流程的再造，将是对组织技术分系统最为彻底的转型。

关于组织结构分系统转型，卡斯特和罗森茨韦克的系统分析方法认为组织结构是一个组织内各构成部分或各个部分所确定关系的形式，[②]从正规意义上说，结构可以通过组织图、工作说明、程序等说明。而组织结构重组，即是从动态意义上考察结构的重新设计和组合。[③]也就是说，组织结构重组一旦发生，整个组织结构分系统势必发生相应改变。

关于组织社会心理分系统转型，卡斯特和罗森茨韦克的分析方法认为组织中的社会心理系统由社会关系中的人所构成，虽然影响组织总"气氛"的变量众多，但文化建立起了一个总的格局，技术和结构能影响组织的总"气氛"，人的态度和工作情绪也同样发挥作用。[④]如此来看，在以文化为总格局的前提下，文化俨然已成为影响组织总系统和社会心理分系统的首要变量。因此，若要实现对组织社会心理分系统的转型，重塑组织文化尤为重要。

关于组织管理分系统转型，卡斯特和罗森茨韦克的分析方法认为，在管理分系统中，管理计划是管理分系统的首要方面。在管理实际中，计划是预先制订的行动方案，特别是在战略层制订的综合性计划要为组织底层的决策提供框架范围，[⑤]因而强调战略转型可通过发挥管理系统计划职能进而推动管理分系统的转

[①] 任玉珊.大学组织转型与要素变革——以应用型本科大学为例[D].北京：北京大学，2009：56.
[②] 弗莱蒙特·E.卡斯特，詹姆斯·E.罗森茨韦克.组织与管理——系统方法与权变方法[M].傅严，李柱流，等，译.北京：中国社会科学出版社，2000：283.
[③] 任玉珊.大学组织转型与要素变革——以应用型本科大学为例[D].北京：北京大学，2009：56.
[④] 弗莱蒙特·E.卡斯特，詹姆斯·E.罗森茨韦克.组织与管理——系统方法与权变方法[M].傅严，李柱流，等，译.北京：中国社会科学出版社，2000：335.
[⑤] 弗莱蒙特·E.卡斯特，詹姆斯·E.罗森茨韦克.组织与管理——系统方法与权变方法[M].傅严，李柱流，等，译.北京：中国社会科学出版社，2000：621.

型。另外，管理决策是管理分系统的关键组成部分。在组织决策的实际中，通常比较关注在实现战略转变为成功业绩过程中领导所发挥的作用，如图5所展示的关于影响战略与管理者适当搭配的相关变量评价结构，也就是说，通过领导影响决策成为架起战略与业绩的通路，同时领导人若有能力挖掘组织潜力，可以弥补在战略、行动计划、资源和组织设计等方面的不足，[①]因此，强调组织的领导转型主要是通过影响管理系统的决策职能而发挥作用。此外，在管理分系统中，资源的配置也常居于重要位置，因为其既涉及管理任务，要通过合理配置组织资源来实现任务绩效，同时还涉及组织计划，任何一个计划过程都应包含可行性分析，以保证实施计划行动时资源到位。[②]因此，强调组织资源配置的转型，将会对管理分系统带来强有力的影响。

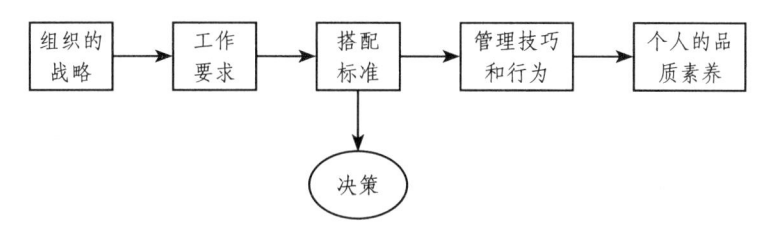

图5 关于战略—管理者搭配的框架结构

综上所述，以卡斯特和罗森茨韦克的分析方法为理论基础，所推导出的转型要素，即如图6中的"组织转型分析框架"所示，在目标与价值分系统的转型方面，战略转型、文化转型可为转型要素；在组织技术分系统的转型方面，组织流程转型可为转型要素；在组织结构分系统的转型方面，组织结构转型可为转型要素；在社会心理分系统的转型方面，组织文化转型可为转型要素；在组织管理分系统的转型方面，组织战略、组织领导、资源配置可为转型要素。

需要强调的是，由于卡斯特和罗森茨韦克系统分析的本质主要源于功能主义的分析方法。其强调系统中子系统的自我调节功能，并通过与其他子系统功能间的联结整合，最终成为有机整体。[③]因此，这也就意味着上述组织分析的五大系统总是交织相融、密不可分，同时这也就决定了促使这些分系统转型的要素也是

---

① 弗莱蒙特·E.卡斯特，詹姆斯·E.罗森茨韦克.组织与管理——系统方法与权变方法[M].傅严，李柱流，等，译.北京：中国社会科学出版社，2000：608.
② 弗莱蒙特·E.卡斯特，詹姆斯·E.罗森茨韦克.组织与管理——系统方法与权变方法[M].傅严，李柱流，等，译.北京：中国社会科学出版社，2000：607.
③ 钱平凡.组织转型[M].杭州：浙江人民出版社，1999：102.

相互关联，紧密联系，且各要素不可能独立发挥作用，即每一个转型要素都是必要的，只有所有的转型要素联合或者整合起来对转型的成功才是充分的。[①] 此外，还由于组织转型总是面临着复杂多变的内外部环境，因而本书以卡斯特和罗森茨韦克的系统分析方法为基础所推导出影响组织转型的六个要素，应是组织转型中所需要考虑的不能缺少的要素，是组织转型完成的基石，是最小化的组织转型要素，是组织转型过程中必须完成的工作。

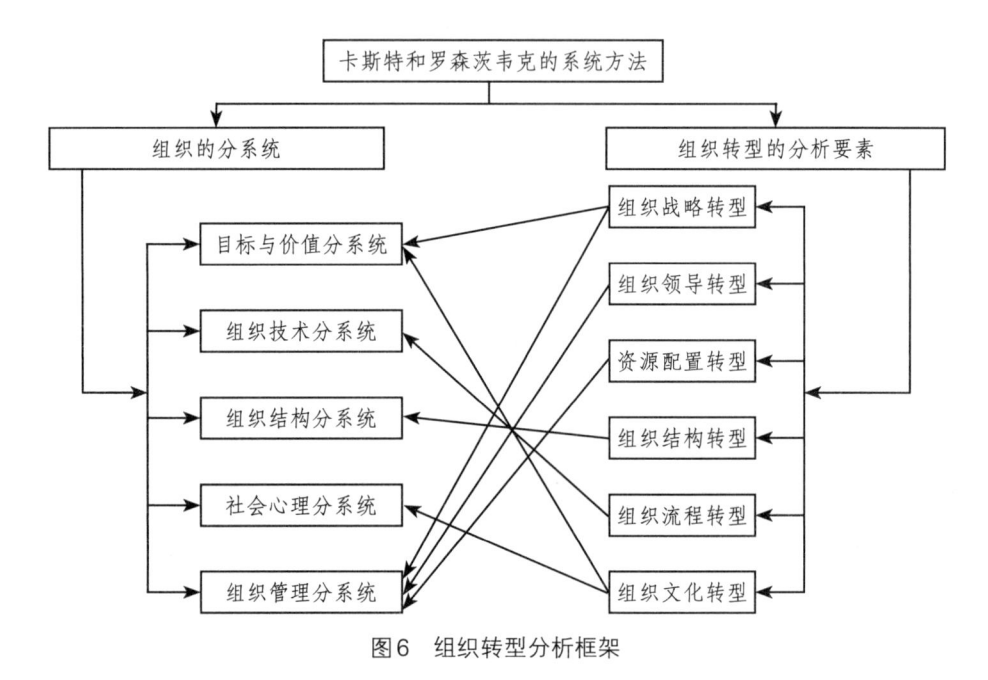

图6 组织转型分析框架

二、应用技术型高校组织转型要素分析

结合本书关于"应用技术型高校组织转型研究"的主题，高校组织作为一种组织类型，经上文研究推导出的六方面转型要素明显具备适用性。也就是说，这些最小化的要素可被认为是地方普通本科高校向应用技术型高校转变时在组织转型方面必须完成的工作，也可谓是探讨地方普通本科高校向应用技术型转变路径的方向。

（一）关于组织战略转型

在管理学中，组织战略是指组织为适应未来环境变化，谋划出具有纲领性、

[①] 任玉珊.大学组织转型与要素变革——以应用型本科大学为例[D].北京：北京大学，2009：58.

长远性、系统性的目标，并制订行动规划，作为具体行动计划的依据。[①]同时从战略管理的角度，战略的规划、实施和评估构成其内容的主要三个方面。[②]因此，关于组织的战略转型，就主要涉及组织战略规划内容的变化，以及能确保这些规划内容能得以执行和实施的手段、途径等。在强调组织状态从"非应用技术型"向"应用技术型"转型的背景下，如涉及学校办学定位、发展目标和愿景的变化，以及学校所采取的相关确保新定位、目标、愿景得以执行和实施的措施及评估手段等，皆可为组织战略转型的主要内涵。

（二）关于组织领导转型

组织行为学常把组织领导界定为一种能影响一个群体实现愿景或目标的能力，并认为领导应以应对变化为重，明确组织发展方向，通过沟通、激励等方式促进组织愿景的达成。[③]由此来看，开发未来愿景、确定方向、交流与激励、实现目标等都属于组织领导的重要步骤和过程。因此，关于组织的领导转型，就是要求组织能重新形成一种力量，围绕着组织愿景和目标的转变，通过转变交流方式与激励手段等达成组织目标，实现组织领导转型的过程。因此，在强调组织状态的"非应用技术型"向"应用技术型"转变的背景下，围绕着向应用技术型高校转型的组织目标，其组织领导转型就主要涉及学校主要领导或校领导集体分别在重构权力体系并形成力量、转变交流方式以及重新采取的激励手段等内容。

（三）关于资源配置转型

管理学上一般把资源视为社会经济活动中人力、物力和财力的总和。相对于人们的需求而言，资源总是表现出相对稀缺性，因而资源配置的含义就主要是指对相对稀缺的资源在各种不同用途上加以比较做出选择。但在实际研究中，资源配置常蕴含着两层含义，即调集组织内外部各种可用的资源和优化配置现有资源并创造性地激活其效能。[④]因此，关于组织的资源配置转型，就是指在组织目标转变的过程中，在资源获取和配置形式方面所呈现出转型和变化。在强调组织状

---

① MBA智库百科.组织战略[EB/OL].[2016-07-18].http://wiki.mbalib.com/wiki/组织战略.
② 刘献君.论高校战略管理[J].高等教育研究,2006,27(2):1.
③ 斯蒂芬·P.罗宾斯,蒂莫西·A.贾奇.组织行为学：第12版[M].李原,孙健敏,译.北京：中国人民大学出版社,2008:339.
④ 任玉珊.大学组织转型与要素变革——以应用型本科大学为例[D].北京：北京大学,2009:62.

态从"非应用技术型"向"应用技术型"转型的背景下，围绕着向应用技术型高校转型的组织目标，如在师资、办学经费、科研经费的获取数量和途径的变化，以及在资源的分配方面，资源重点集中于哪些领域，如用于教学、科研、师资队伍建设、社会服务等方面的资源分配变化等皆为其内涵。

（四）关于组织结构转型

组织行为学把组织结构界定为对工作任务进行正式分解、组合和协调的方式，并认为管理者需从命令链、工作专门化、部门化、跨度控制、集权与分权、正规化等六大关键因素出发，进行组织结构的设计。[1]具体而言，命令链即职权路线，从高层贯穿至基层，明确具体工作的主管者；工作专门化用来描述把组织中的工作任务进一步划分为单独工作单元的程度；部门化是指对工作单元进行合并；跨度控制涉及组织设置的层级和管理者的数量；集权与分权分别指组织决策权集中于一点的程度和较低层级人员参与决策的自主权的程度；正规化是指在组织内部，工作实行标准化的程度。[2]因此，关于组织结构转型，就是要求在组织目标转变过程中，在组织结构的六大关键因素方面所发生的不同程度的变化。在强调组织状态的"非应用技术型"向"应用技术型"转型的背景下，围绕向应用技术型高校转型的组织目标，如由于高校工作任务和目标的变化所产生的各行政部门、科研院所、教学单位或后勤单位等工作任务的新调整，由于校内各单位和部门职能的转变而形成新工作任务的整合，学校一线教师或行政人员与校、院领导之间开展交流时所涉层级的变化，学校所设机关部处和院系数量的调整以及学校领导分管部门数量的变化，学校重构权力分配体系哪些权力置于校部层面，而哪些权力又下放至学院，校内工作人员对工作内容、工作时间、工作手段自主决定程度的变化等皆为其内涵。

（五）关于组织流程转型

现代组织理论常把组织流程界定为包括活动、技术、知识及其组合，认为活动是组织的基础，技术、知识是活动执行中的转化方式，活动与技术、知识的

---

[1] 斯蒂芬·P.罗宾斯，蒂莫西·A.贾奇.组织行为学：第12版[M].李原，孙健敏，译.北京：中国人民大学出版社，2008：461.

[2] 斯蒂芬·P.罗宾斯，蒂莫西·A.贾奇.组织行为学：第12版[M].李原，孙健敏，译.北京：中国人民大学出版社，2008：461-467.

结合便形成了流程。① 因此，关于组织流程转型，就是要求在组织目标的转变过程中，涉及组织流程中的活动、技术、知识及其组合所发生的转型和变化。在强调组织状态的"非应用技术型"向"应用技术型"转型的背景下，围绕着向应用技术型高校转型的组织目标，如高校内部在行政管理方面理念、技术或手段的革新，在人才培养方面模式或方案的变化，在科学研究和社会服务方面理念与发展规划的转变等皆为其内涵。

（六）关于组织文化转型

在组织行为学中，组织文化是体现组织特点，并使之与其他组织相区别的重要内容，并认为"创新与冒险、注意细节、结果取向、人际取向、团队取向、进取心和稳定性"这七项特征综合起来构成了组织文化的本质。② 关于组织文化的内容，组织行为学还认为，行为准则，如组织使用的语言、仪式性做法；群体规范和主导性价值观；正式的哲学，如处理组织与利益相关者之间关系的意识形态；游戏规则，如在组织中生存和学习的游戏规则；组织气候，如组织内部的风气与情感；技巧、思维习惯与共享的意思；一致性符号，如体现在组织的建筑物、文件以及组织其他的物质层面等，这些都是组织文化内容的主要方面。③ 因此，关于组织文化转型，就要求在组织目标转型的过程中，涉及构成组织文化本质的上述七项主要特征和组织文化的主要内容都应在不同程度上发生转变。在强调组织状态从"非应用技术型"向"应用技术型"转型的背景下，围绕着应用技术型高校转型的组织目标，其组织文化转型主要指学校共享的整体氛围和价值观在创新与冒险、注意细节、结果取向、人际取向、团队取向、进取心和稳定性以及组织的行为准则、正式的哲学、组织气候和一致性符号等方面的改变。

三、组织理论视域下的应用技术型高校组织转型

从组织理论的功能来看，其旨在解决组织如何有效运作的问题，特别是面对

---

① 任玉珊.大学组织转型与要素变革——以应用型本科大学为例[D].北京：北京大学，2009：56.
② 斯蒂芬·P.罗宾斯，蒂莫西·A.贾奇.组织行为学：第12版[M].李原，孙健敏，译.北京：中国人民大学出版社，2008：490.
③ 胡宇辰，蔡文著，杨建锋等编著.组织行为学[M].上海：复旦大学出版社，2012：319.

纷繁芜杂的组织现象，也常需要使用不同的组织理论来解释组织行为。[①] 大学组织作为一种组织类型，无论是关于日常管理还是关于转型问题，实质上都是有科学理论作为支撑，有计划、有准备的活动。[②] 结合应用技术型高校组织转型的主题，本书认为，"组织学习理论""声誉制度理论""新制度主义理论""资源依赖理论"和"松散耦合理论"是众多组织理论中可有效指导应用技术型高校组织转型的主要理论。

（一）组织学习理论与应用技术型高校组织转型

20世纪70年代中期，由美国学者阿吉瑞斯和舍恩最初提出"组织学习"的概念，指出组织学习是发现错误，并通过重新构建组织的"使用理论"而加以改正的过程，因此，阿吉瑞斯也被誉为"组织学习"之父。在此后的时间里，由于越来越多的研究者通过不同的视角来对"组织学习"加以研究和界定，因而关于组织学习的概念也就日趋丰富。但通过整理和总结国内外研究结论，组织的认识、知识和信息通过学习得以增强，并获得改善组织行为的能力；组织是开放的，环境是组织必须学习、适应或控制的重要因素；组织在与环境的互动中，从过去的经历中学习，并解释今天、预测未来；组织通过学习主动改善自我等[③]被认为是组织学习理论的基本思想。关于组织学习理论的新发展，主要得益于美国学者彼得·圣吉关于"学习型组织"管理理念的提出，其认为组织要成为学习型组织就必须进行"五项修炼"，即"自我超越、改善心智模式、建立共同愿景、团队学习、系统思考"。这作为组织学习理论的核心思想与学习方法，标志着组织学习理论进入了新的发展阶段，因而"组织学习理论"也常被称为"学习型组织理论"。

在地方普通高校向应用技术型高校转型的过程中，仅凭组织封闭式的探索，而拒绝与环境或其他组织的交流，在没有一个成功的范例或转型的"航标"指引下，其转型终究会陷入迷失的境地。故必须开展组织学习，各学校通过主动走出校外乃至国外，通过与同类型院校开展沟通和交流，探讨在组织层面所发生的变化，参考和借鉴学校在转型发展方面的有益经验，并应用于自身组织转型的实践，进而达成成功转型的目的。也就是说，在"组织学习理论"的视域下，关于

---

① 刘延平. 多维审视下的组织理论[M]. 北京：清华大学出版社，2007：05-15.
② 任玉珊. 大学组织转型与要素变革——以应用型本科大学为例[D]. 北京：北京大学，2009：37.
③ 任玉珊. 大学组织转型与要素变革——以应用型本科大学为例[D]. 北京：北京大学，2009：42.

应用技术型高校的组织转型，就是要求组织不断提高组织的学习能力，充分发挥组织学习机制在转型中的作用，并让自身成为学习型组织的过程。

（二）声誉制度理论与应用技术型高校组织转型

声誉现象作为一种普遍和重要的社会现象，在经济学研究中受到重视。早在亚当·斯密的经济学中，声誉就被视为保证契约诚实执行的重要机制。到20世纪70年代末，美国经济学者尤金·法玛首次将声誉的概念引入经济学领域。[①] 发展至今，声誉俨然已经成为经济学教材中的一个基本分析概念。当然，声誉制度作为一种社会现象和社会制度，对其研究除了有经济学上的逻辑，也存在社会学研究上的逻辑。总结当前关于声誉现象的研究结论来看，主要形成了三种不同的理论逻辑。一是经济学解释的逻辑，认为声誉由组织内部的自我努力所决定，这是主要以组织的过去表现为声誉基础。二是社会网络理论逻辑，主要依托于组织关系来研究声誉问题，认为组织在关系网中的地位是声誉基础。三是制度学派的理论逻辑，将社会承认视为声誉基础，重视组织行为广泛的社会接受程度。[②]

从地方普通本科高校向应用技术型高校转型的政策背景来看，之所以国家要引导部分地方普通高校向应用技术类转型，其主要原因就在于当前地方普通高校的发展正面临着声誉危机，一方面基于声誉理论社会学解释，其社会认可度不高，在全国高等教育体系中的地位较低；另一方面是基于声誉理论的经济学解释，学校自身努力也还不够，无论是办学水平还是人才培养质量都不能满足行业、企业的需求等。也就是说，在"声誉制度理论"的视域下，关于应用技术型高校组织转型的问题，主要是着眼于如何解决地方普通高校办学声誉危机的问题。

（三）新制度主义理论与应用技术型高校组织转型

新制度主义理论主要起源于20世纪70年代，其代表人物为迈耶、卢旺和斯格特等，其兴起主要为规避个体主义研究范式未能有效正视研究对象之间的复杂关系，忽视了社会生活中制度的重要地位与影响，强调从反映事物相互关系的制度入手研究社会现象。较之于旧制度主义，新制度主义指出文化认识、规范等是构成制度的重要要素，不同的制度之间因这些要素及相互之间关系的不同而存在差异，并使制度结构本身具有了模式化和再生性的特点；制度对人们的行为有着支持与约束两重作用，使组织形成意义与秩序；合法性机制对于组织的生存和发

---

① 李延喜，吴笛，肖峰雷，姚宏. 声誉理论研究述评[J]. 管理评论，2010（10）：3.
② 周雪光. 组织社会学十讲[M]. 北京：社会科学文献出版社，2009：283.

展具有重要意义。①新制度理论家对于组织研究独一无二的贡献就在于他们对于组织环境的重新界定，即组织不仅是在一定的技术环境中运作，而且在一定的制度环境中生存。为寻求更好的生存和发展，良好的技术环境在促进组织高效运作的同时，制度环境对其合法性的保障也同样重要。

在地方普通高校实现向应用技术型高校转型的过程中，总存在着一个由众多制度要素构成的制度环境并影响制约着组织层面的转型，这就包括学校自身的办学历史，如曾经的办学定位、专业结构、校园文化等，还包括来自校外宏观社会结构，如国家的制度安排、区域的经济社会发展状况等。而这些要素的影响，并非使组织转型的发生趋于效率至上的理性安排，而更多是一种"合法性"意义上的遵循。因此，在"新制度主义理论"的视域下，关于应用技术型高校组织转型的问题，其实就是要注重制度环境与相关组织转型现象之间的关系，也就是说，需要人们意识到组织转型的发生并不是完全遵从理性，追求效率，而是重视历史、规范和价值观，特别是关键行动者价值观念的改变等制度要素的变化和作用。

（四）资源依赖理论与应用技术型高校组织转型

资源依赖理论最早由美国学者菲佛和萨兰基克于1978年提出，经20世纪90年代的迅速发展，资源依赖理论在目前已经成为企业组织理论的主要理论之一。该理论主要源于四个基本假设：生存是组织关切的核心问题；资源是对生存的重要保障；资源往往来源于与环境中因素的互动；这些因素往往涉及其他组织，因此，生存要基于对与其他组织关系的控制能力。②也就是说，作为该理论的最基本观点，任何组织都必须依靠外部环境提供的资源而生存。当然，资源依赖理论除了强调组织资源本身、资源的外部获取及资源使用的重要性，其还强调决策过程中组织内部权力分配的重要性。③

在办学资源捉襟见肘的情境下，加之大学组织本身就是一个典型的资源依赖型的组织，引入该理论来开展组织转型问题研究就更显适切性。具体而言，就是需要对组织转型过程中关于办学资源的获取、优化配置与利用效率提高，以及因资源而引起组织内部权力分配等问题予以关注。

---

① 佚名.新制度理论与教育研究[J].北京大学教育评论，2007，5(1)：1.
② 马迎贤.资源依赖理论的发展和贡献评析[J].甘肃社会科学，2005(1)：117.
③ 杰弗里·菲佛，杰勒尔德·R.萨兰基克.组织的外部控制——对组织资源依赖的分析[M].闫蕊，译.北京：东方出版社，2006：265.

（五）松散耦合理论与应用技术型高校的组织转型

"松散耦合"的概念源自行为科学，在20世纪70年代经美国学者维克开创性地引入组织管理领域，目前已成为组织研究中的重要概念。维克认为，教育组织是一种松散的耦合系统，其中各要素之间存在既相互反应又相对分离的特点。松散耦合意味着相互依赖程度最低的诸因素之间存在不紧密或不频繁的联系，[①]松散耦合系统并非意味着组织本身存在不足，而是形成对环境变化的一种应对方法，在保证自身的合法性与标准化基础上，可以因环境的变化灵活行动。[②]当然，耦合除了作为"松散"的形式存在，"去耦合"和"紧密耦合"也是耦合形式的另外两个方面，一般而言，当自主的单元不互相响应的时候，这个系统是去耦合的，而当子单元的自主性受到限制，责任得到强化，却又是紧密耦合的状态。关于三种耦合形式可如表1所示。[③]

表1　耦合形式

耦合类型	自治的程度	反应程度
松散耦合	自治的单元	跨单元响应
去耦合	自治的单元	缺乏单元响应
紧密耦合	缺乏自主性	执行响应、控制

高等教育组织是典型的松散耦合特征的系统。美国学者伯恩鲍姆在通过对比企业组织和高校组织的基础上得出大学组织松散耦合的结论，具体体现于"目标的模糊性""控制的二重性""权力的非制度性"和"层级的混乱性"等。[④]因此，在应用技术型高校组织转型的过程中，也自然要受制于大学组织松散耦合的特性，自觉接受松散耦合理论的指导，特别是如相关组织结构调整、权力结构配置等是受松散耦合影响的主要方面。但又由于耦合还存在着其他的形式，在应用技术型高校实施组织转型的过程中，是否在部分和整体又会趋于紧密耦合或去耦合的特征，也需要被纳入理论视野。

[①] 王仓，唐新林.松散耦合视角下的高校组织结构效率研究——以学工系统为例［J］.中国成人教育，2016（20）：56.
[②] 李会军，席酉民，葛京.松散耦合研究对协同创新的启示［J］.科学学与科学技术管理，2015（12）：110.
[③] Bess.J.L.&Dee，J.R.，*Understanding College and University Organization*：*Theories for Effective policy and Pracitice*［M］.Sterling，VA：Stylus，2008，VI：225.
[④] 邓光平.如何识读现代大学组织特性——罗伯特·伯恩鲍姆的大学组织结构观［J］.复旦教育论坛，2005，3（2）：64-65.

第三章　应用技术型高校组织转型的案例分析

第一节 案例选择依据

在本书中,想通过对案例高校的研究来整体勾勒出我国地方普通高校向应用技术类转型的路径与现状,就要求案例的选择应具有代表性。一方面,综合所有案例研究而得出的结论应能展现出当前我国地方普通本科高校向应用技术型高校转型的全貌;另一方面,单个案例研究也应能代表地方普通本科高校向应用技术型高校转型的某一类型。基于此,在本书中选取贵州工程应用技术学院和上海应用技术大学作为案例高校,主要有如下依据。

一、兼顾发达与欠发达的区位

根据系统论的观点,高等学校作为一个独立的组织系统,其运作与发展必然需要与其所处的区位发生相关物质、信息和能量的交换,这在我国地方普通本科高校向应用技术型高校转变的过程中又表现得更为明显。这是因为作为应用技术型高校主要特征的产教融合、校企合作,本质上就是一个不断与学校所处区位发生物质、信息和能量的交换过程。也就是说,不同的区位特征,如产业发展水平、资源禀赋状况、人文自然环境等,都将决定地方高校在寻求转型发展过程中开展校企合作和产教融合的模式与水平。

从本书案例高校所处的区位来看,贵州工程应用技术学院位于贵州省毕节市,是我国唯一"开发扶贫、生态建设"的试验区,属于典型的西部欠发达地区,而上海应用技术大学,地处上海市,作为国家中心城市、超大城市,长期居于我国经济、交通、科技、工业、金融、贸易、会展和航运中心的重要位置,属于东部发达地区的典型。也就是说,若把贵州工程应用技术学院作为欠发达地区普通高校实现转型发展的代表,而把上海应用技术大学作为发达地区普通高校走应用技术型建设之路的代表,在区位层次上,基本上就代表了我国地方普通高校在实现转型发展上的两种基本类型,通过总结两校转型的共同点,可在一定程度上呈现我国地方普通本科高校向应用技术型高校转型的宏观趋势，而两校在转型过程中的各自特点，又可分别代表欠发达与发达地区普通本科高校向应用技术型高校转型的不同路径。

二、兼顾"先发"与"后发"的转型起点

尽管关于引导部分普通本科高校向应用技术类转型的政策是在2015年才经国家正式文件提出，但在近十几年里，特别是伴随着我国高等教育大众化甚至是普及化的来临和高等教育规模的不断扩大，高等教育资源配置日益捉襟见肘，单一依赖政府财政性经费投入已经明显不能满足各高校不断发展的需要，一批洞察力敏锐、先觉性强的地方普通本科学校开始主动把自身发展和所处区域发展紧密联系起来，试图在服务区域经济社会的发展过程中获取更多的办学资源，探索走应用技术型发展之路。当然，绝大部分地方普通本科高校还是依然坚持走综合性、学术型的办学路子，把不断升格和使学校变得更大更全作为其办学目标，不断偏离与地方经济社会发展的轨道。因而，在这个意义上，一些在早期已经开展相关"应用技术型"探索的"先发高校"，在明确要走转型发展之路后，由于已经积累了一定的办学经验和积淀，其在转型的起点和路径上，与一直坚持走综合性和学术型发展道路的"后发高校"相比，会呈现出一定的优势和差异。也就是说，在研究我国地方普通高校向应用技术型转变的过程中，兼顾"先发"与"后发"的转型起点，是必不可少的要素之一。

在本书中，所选择的案例高校上海应用技术大学，明显可作为"先发转型"的典型。虽然该校也是在近些年因国家政策的密集出台，才正式提出转型发展的目标，但早在2000年该校由三所专科学校合校之日起，在近二十年的办学历程中，该校始终坚持走应用技术型发展道路，通过借鉴德国的办学理念，开展了一系列如应用技术型人才培养、应用型科研和主动服务区域经济社会发展的探索与实践，取得了颇丰的成绩。贵州工程应用技术学院则是"后发转型"的代表，在国家引导一批地方普通高校向应用技术型转变的大背景下，该校于2013年才提出要实现转型发展的目标，通过加强与"先发转型"高校的交流和学习，并结合自身的办学历史和特点，积极开展一系列有利于应用技术型高校建设的探索，试图在新一轮应用技术大学建设的潮流中，奋力前行，以确立自身在贵州省乃至全国高等教育系统中的地位。总的来看，这两所学校具有一定代表性，通过对这两所学校的研究，既能把握地方普通本科高校向应用技术型转变的总体特点，也能了解"先发转型"与"后发转型"这两类高校的各自转型特征。

三、兼顾各具特色的办学历史

一般而言,组织的发展往往会因为历史的积淀因素在下一步变革中形成一定的路径依赖。同样,地方普通本科高校作为众多组织的一种,在向应用技术型转变过程中,来自学校办学历史的差异,如学校转型前人才的培养定位、专业的设置及院系的结构等都会对转型的成效产生一定影响。

本书所选择的案例——上海应用技术大学和贵州工程应用技术学院就属于两类在办学历史上各具特色和存在明显差异的学校。上海应用技术大学的前身"上海应用技术学院",是在2000年经由上海轻工业高等专科学校、上海冶金高等专科学校和上海化工高等专科学校三校合并而成,其发展一直秉承着工程类高等专科学校的办学传统。贵州工程应用技术学院的前身"毕节学院",是在2005年由毕节师范高等专科学校与毕节教育学院合并组建,其主要继承了师范类高等专科学校的办学遗风。同时,通观处于转型大潮中并致力于在转型发展道路上勇夺潮头的地方普通高校,就整体办学历程来看,不难发现,是否具备"师范属性"的办学积淀,可作为其中一个主要的划分维度。也就是说,对这两案例的选取是基于我国地方普通本科高校向应用技术型转型在办学历史上的整体界分,综合两案例研究成果形成的结论可在一定程度上体现全局,独立案例研究可探讨不同办学历史对某一类型高校在转型中产生的差异化影响。

第二节 贵州工程应用技术学院
——以服务毕节试验区为根脉的应用技术型高校

在贵州工程应用技术学院(以下简称"贵工程")的发展历史上,先后主要历经了两次大的转型,第一次转型发生在2005年前后,此次转型主要涉及办学目标由专科教育向本科教育转变;第二次转型,目前尚在继续,也是本书将重点研究的主题,主要发生在2014年前后,涉及学校办学由传统师范类向多科类、学术型向应用型、封闭向开放的转型。[①] 如果把第一次转型视为学校的外延式发展,

---

① 贵州工程应用技术学院.贵州工程应用技术学院2014年工作总结[Z].由贵州工程应用技术学院提供,2016-08-05.

那第二次转型则主要聚焦于学校办学质量的内涵提升。事实上，早在2010年时，时任教育部部长袁贵仁在毕节学院"创先争优"座谈会上就指出，"服务毕节试验区是毕节学院根脉所系，我们应当和试验区共发展、共进步，服务好试验区建设，我们的学校就会枝繁叶茂，如果脱离了这个服务，就不会有生机，不会有活力"[①]，而这又通常被认为是贵工程开展第二次转型的政策滥觞。此后，随着国家关于引导地方本科高校向应用技术型转变的文件相继出台，以及围绕贵州省"两加一推"主基调、"四化同步"主战略和毕节试验区产业结构调整与发展需要等，贵工程采取了愈加主动的姿态，在推动转型的道路上，如火如荼。例如，2014年学校申请成为首批应用技术大学（学院）联盟成员，并于同年由原校名"毕节学院"更名为"贵州工程应用技术学院"；2015年被贵州省确定为普通高校向应用型高校转型发展的试点学校；等等。具体来看，贵工程在转型发展的过程中，涉及学校战略、领导、结构、资源配置、流程、文化六大方面的转型，主要内容如下。

一、组织战略转型

（一）明确服务定位，构建目标体系

"服务毕节试验区是毕节学院根脉所系"[②]，这句话在当下的贵工程为众师生所传唱，已成为未来贵工程在发展道路上的使命根髓。正如贵工程党委书记所述："像我们这样的大学，我们把它叫作多科性、地方性、应用型，这三者是密不可分的。应用型也是在多科性和地方性前提下的应用型，它首先是要满足前面的两个'性'字，才能落脚到这个'型'上"[③]。由此可见，在服务地方的定位上，贵工程的思路是明确的。从2013年起，"贵工程就按照教育部对新建地方本科院校发展的要求，针对贵州高等教育总量不足、结构不合理的现状，以深入调研分析为基础，仔细考量地方经济社会发展需要和学校现状，做出由传统师范类院校向应用技术大学转型发展的战略决策，即由传统师范类向多科类、学术型向应用型、封闭向开放的转型。在贵州新建的地方本科院校中，率先实现转型发展"[④]，

---

① 贵州工程应用技术学院.教育部袁贵仁部长在毕节学院"创先争优"座谈会上的讲话，2010年8月4日下午［Z］.由贵州工程应用技术学院提供，2016-06-25.
② 贵州工程应用技术学院.教育部袁贵仁部长在毕节学院"创先争优"座谈会上的讲话，2010年8月4日下午［Z］.由贵州工程应用技术学院提供，2016-06-25.
③ 资料来源：贵州工程应用技术学院党委书记访谈内容，2016-08-10.
④ 贵州工程应用技术学院.贵州工程应用技术学院2014年工作总结［Z］.由贵州工程应用技术学院提供，2016-08-05.

并明确提出要把学校建成区域经济社会发展需要的应用技术人才培养培训基地、科技研发基地、文化传承基地、咨询服务基地。办学特色要着力体现在培养卓越教师、卓越工程师的双师型人才方面，努力成为同类院校中水平较高、特色鲜明的应用技术型大学。[①]

在学校的整体战略目标得以清晰架构之后，贵工程又把"坚持试点带动、需求导向、开放办学、特色发展"[②]作为转型的总原则，对转型发展工作实施目标化管理、项目化推进、精准化实施，并明确提出了"九大转型发展工程"，即"治理体系及治理能力建设工程""人事分配制度改革工程""应用型专业体系建设工程""'双师双能型'教师队伍建设工程""科技创新服务工程""'12224'应用型人才培养模式改革工程""创新创业能力提升工程""产教融合平台建设工程"和"人才培养'立交桥'工程"。以这些建设工程为基础，进而形成以下目标体系办学定位明确、目标清晰，学科专业渐趋合理；人才培养模式更加完善，高层次应用型人才培养质量显著提升；"双师双能型"教师队伍建设成效凸显；服务地方经济社会发展能力显著增强，以产教融合、校企合作、工学结合为主体的开放办学格局全面形成；治理体系建设科学规范执行有力，办学特色更加彰显，率先在贵州省高校获批硕士学位授予权，率先在贵州高校构建高层次应用技术人才培养"立交桥"，率先在贵州高校实现全面转型发展；把学校建成国内有一定影响、省内一流、特色鲜明的高水平应用技术大学的发展目标等。[③]

（二）明目扩胸，强化战略认同

当学校提出要实现转型时，贵工程校内出现了对战略目标不理解、思想上存在障碍的现象。在贵工程部处机关负责人座谈会上，就有相关人员提出，"应该说在贵州省提出转型之后，很多人都没有概念，怎么转的问题一直是大家比较纠结的问题，而且对于转型发展的内涵，很多人都不理解，觉得我们培养教师本身就是应用型的"[④]，因而为促使新形成的组织战略和发展目标能得到校内的广泛认

---

① 贵州工程应用技术学院. 贵州工程应用技术学院2013年工作总结［Z］. 由贵州工程应用技术学院提供，2016-08-10.
② 贵州工程应用技术学院. 贵州工程应用技术学院转型发展试点方案［Z］. 由贵州工程应用技术学院提供，2016-08-06.
③ 贵州工程应用技术学院. 贵州工程应用技术学院转型发展试点方案［Z］. 由贵州工程应用技术学院提供，2016-08-06.
④ 资料来源：贵州工程应用技术学院部处机关负责人座谈会材料，2016-08-10.

同，便于执行与实施，贵工程明确提出了要实行"明目扩胸"的策略。具体而言，正如该校党委书记所述，"我们主要通过三种方式来统一思想，就是外出参观考察、校内相互学习和开展培训"①。

在外出考察方面，学校的主要领导多次率相关部门、学院负责人到江苏理工学院、常熟理工学院、上海应用技术大学、合肥学院、重庆科技学院等有关高校进行考察，并积极参加全国应用技术大学（学院）联盟年会等。在外出考察过程中，学校还特意安排人文社科院系负责人参加，并提出应用文科的概念来强化各学科群体对学校向应用技术型转变的认同。在校内相互学习方面，主要是组织校内各院系负责人相互参观实习实训设施，以及组织教代会代表到毕节职业技术学院、毕节职教城去参观，互通有无。在培训方面，通过开展每年一次的中层干部集中培训，以及开展"校领导说办学、二级学院院长说教学、专业负责人说专业、老师说课程、学生说学习"的"五说活动"和教育思想、教育观念大讨论活动等来不断解放思想，增强全校干部职工对应用技术型高校建设的思维感知。同时，还邀请省外专家，如朱士中、牟延林、黄达人、姜大源等进行座谈，这样就给学校干部职工引入了对转型发展的经验认识并增强了对学校未来成功转型的信心。

当然，在强化战略认同方面，学校也有部分教师表示，贵工程还"做得还不够，特别在外出考察方面，主要还是校级层面和部分二级学院领导层有机会出去，在教师层面，特别是一线教师，他们真正出去学习的机会还是比较少的，多数还是二手资料和信息"②。学校教师也很期待，在未来随着转型的不断深入，这些诉求将会得到逐步落实和解决。

二、组织领导转型

"在转型前后，我们校领导的决策力和执行力得到很大的提升，以前一个工作可能要拖上一两周，但现在是任务布置下来，就得马上去做"③。学校领导的领导力不断提升，成为贵工程在转型过程中的一大特点。之所以会呈现如此状态，主要得益于如下几点。

---

① 资料来源：贵州工程应用技术学院党委书记访谈内容，2016-08-10.
② 资料来源：贵州工程应用技术学院部处机关负责人座谈会材料，2016-08-11.
③ 资料来源：贵州工程应用技术学院部处机关负责人座谈会材料，2016-08-11.

（一）统一领导班子对转型的认知

贵工程清晰地认识到，领导班子思想的高度统一和对转型态度的一致性认知对于学校的转型发展起到关键性作用，特别是书记和校长之间配合的默契程度又是学校执行能力提升过程中的重要因素。"如果两个人的想法不一致，会让学校员工不知道该干什么，或者说他不知道该听谁的"[①]。好在贵工程在推动转型发展的过程中，形成了一套"思想统一"并对转型发展具有"义无反顾"精神的领导班子。该校的党委书记是生态工程专家也是管理专家，常年在省外高校学习，曾赴美国专修管理学，具有开阔的视野。他一直在贵工程工作，从一个普通教师一步步成长为学校主要领导，在学校合并成为毕节学院之前，曾任毕节师专副校长，主导了学校从合并到升本，以及向应用技术型转型等工作，他对学校就像对自己的小孩一样，极具情感。该校校长是贵州大学原副校长，20世纪80年代，他就读于贵州化工学校，后分配到贵州大学的一个实验工厂，几年后考入南京化工大学攻读硕士学位，后获得了博士学位。正由于这一段特殊的成长经历和学习背景，使其对应用技术型人才的培养以及对类似贵工程这样的高校该如何去做，有着独到的见解。当一位具备开阔视野的领导和一位对具体办学有独到见地的领导碰到一起时，两人就"一拍即合"，全校上下都认为这两位领导的组合是"绝配"。在开展动员转型培训时，党委书记从宏观出发，点到为止，校长则从微观入手，讲转型的来龙去脉。党委书记评价说："很多同事就问，我们俩是不是事先沟通过，感觉我们两个所做的讲座，完全像是预先设计好的一样，其实我们都很忙，根本就没有，只是角色定位明确罢了"[②]。也正是由于两位领导工作过程中的"绝配"，使得各分管领域的副校长们对于学校的转型发展也"义无反顾"。该校分管教学的副校长就曾多次在全校教学工作大会上提到："只要是我管教学一天，我将义无反顾地这么推下去。我都50岁了，我的观点都这么走，你们也应该这么走，尤其年轻老师，你们观念应该更加开放。"[③]

（二）成立顶层综合协调小组

为强化领导和协调学校转型发展工作、扎实推动学校的各项转型工作，贵工程在校部层面专门成立学校"转型发展领导小组"和"转型发展工程项目组"，

---

① 资料来源：贵州工程应用技术学院党委书记访谈内容，2016-08-11.
② 资料来源：贵州工程应用技术学院党委书记访谈内容，2016-08-12.
③ 资料来源：贵州工程应用技术学院教学副校长访谈内容，2016-08-12.

为学校转型工作的顺利实施提供坚实的组织保障。

"转型发展领导小组"由校党委书记、校长为组长,其他校领导为副组长,相关部门为成员,全面负责转型发展工作,下设办公室,简称"转型办"。转型办负责组织、协调、处理转型工作日常事务,起草全校转型工作方案,协调各项目组、各单位开展转型工作,督促各阶段主要转型工作任务的落实,及时了解校内外转型动态,为学校转型领导小组决策提供依据。"转型发展工程项目组"具体负责各项转型发展工程的方案设计、行动计划制订、论证,相关工作的组织实施与协调指导,以保障转型发展工程项目顺利实施。项目牵头部门主要负责人为项目总协调员,并选派项目牵头部门的一名工作人员为项目总联络员。在工程项目组组长主持下,由项目牵头部门制订详细实施方案,并协商确定各实施计划的牵头主持部门和主持人。

此外,在二级学院层面,各教学单位成立由党总支书记、院长担任组长的转型发展工作组,全面负责本单位的转型发展工作。按照学校要求,在学校转型发展领导小组的领导和转型办的指导下,制订本单位转型发展工作实施方案,并按照学校要求组织开展工作。同时,各教学单位转型发展工作组的组成人员名单需报送学校转型办备案。

(三) 强调组织激励与沟通

在贵工程部处机关负责人座谈会上,形成了一种普遍的共识,即"我们现在的工作不只是'白+黑'、'5+2',而是'非常6+1'了,现在要求执行力提高,工作压力比以前大了很多,但是我们都觉得为了学校的转型发展,为了大家能有这么一个干事创业的平台,也就不计较那些了"[1]。对此,学校党委书记坦言,这主要是激励的结果。从物质激励的角度,学校推动民生工程建设,加强人才房、公租房建设,基本上达到只要职工想要房子,都能人手一套的要求。此外,学校主要领导还公开承诺,学校教职工的工资每年都会有所增长,为保证增长的可持续性,把每年增长比例控制在10%之内。在2015年时,甚至还一次性把绩效奖金从1.3万元提高到了2.4万元,超过了原定10%的标准,这样就给教职工对未来的工资带来了进一步增长的期望。但是贵工程领导也认识到,办大学需要的更多是情怀,一味地用物质来激励会容易诱导教师员工钻到"钱眼里",因而精神激励也成为贵工程在组织激励方面的主要方向。首先,引导全体教职工形成正确的

---

[1] 资料来源:贵州工程应用技术学院部处机关负责人座谈会材料,2016-08-12.

价值观认知，增强他们对转型的信心。学校会定期邀请国内关于转型发展研究的专家到学校开展讲座，通过这些专家的宣讲，教职工越来越觉得学校转型发展在未来很有前途，同时也对自身未来职业生涯的发展充满了信心。其次，通过设立贡献奖来激励大家对转型工作的积极性，以此体现每一个人在自己岗位上所做的工作都能得到合理的精神回报和评价，同时还对做得优秀的干部在提拔时予以优先考虑。此外，学校还鼓励教师提升学历，只要在校教职工愿意读博士的，学校都不做限制，并积极帮助推荐。

除了组织上的激励，校领导还强调，与学校教职员工的持续沟通也要成为不断提升组织领导力和执行能力的重要途径之一。教学副校长提到，"我们现在每一项改革都是痛苦的，因为不好才要改革嘛，这个过程中也有老师不理解、中层干部不理解，他们有意见，转变不过来，遇到这种情况，往往是一次沟通不行，就来第二次，第二次不行来第三次，一直讲到他们觉得正确为止"[①]。为保证转型发展过程中的有效沟通，学校建立了领导班子成员分别联系二级学院机制，如党委书记有生态学科背景，就主要联系生态工程学院。通过这种机制，校领导可以开展定期调研，发挥定点帮扶的作用，把遇到的问题及时解决。同时，在遇到比较棘手的难题时，现场办公就成了沟通的主要方式，以此来增加解决问题的针对性。

此外，除了上述的领导班子统一思想、成立协调小组、加强组织保障、强调组织激励与沟通等之外，学校还采取进一步强化考核制度，特别是把学校中层干部的任务考核与薪酬相挂钩，这对于学校中层干部执行能力的提升，也起到了重要的推动作用。

三、资源配置转型

（一）借力发展，拓展办学资源获取途径

贵工程地处贵州省毕节市，属经济欠发达地区，这一区位条件在一定程度上决定了学校办学资源必然相对紧张。从转型前的资源获取类型看，办学资源主要来自政府财政拨款和学费。因而，试图通过借力发展、积极拓展资源获取渠道、加大对办学资源的整合就成了学校努力的重要方向。

在借力发展过程中，各大民主党派中央和中央统战部的帮扶成为贵工程获得

---

① 资料来源：贵州工程应用技术学院教学副校长访谈内容，2016-08-12.

政策资源的重要途径。贵工程瞄准毕节试验区"扶贫开发,生态建设"的重要机遇,充分利用试验区良好的政治资源优势,积极加强与各民主党派的联系,到目前为止,已经有7个民主党派在学校设立支部,如民进、农工、民盟、民建、致公、民革等,"民主党派的优势了不得了,它是接'天线'的,一个小小的贵工程的支部,就可以直通民主党派中央。它能带来很多的资源,比如专家、教授、项目、资金等,民主党派的能量很大,可用神通广大来形容,最近我们能加强和天津中德应用技术学院的联系,还有邀请知名职业教育专家来学校讲课等都是统一战线的效果"[1]。除了民主党派的帮扶外,与贵工程结成对口支援的高校,如西南大学、中国矿业大学也是学校借力发展的力量。这些对口支援高校,在加强校校合作、学科专业建设、师资帮扶、人才培养以及共同结成横向科研团队等都起到重要作用。

贵工程树立开放办学思维,借力校企合作、校地合作,盘活资源获取渠道。贵工程认识到,要加强应用技术型高校建设,推动转型发展,强调校企合作是关键,正如学校党委书记提到:"我觉得应用技术大学的一个非常重要特征就是产教融合和校企合作,如果没有,你说这是应用技术型大学,那都是假的"[2]。贵工程先后与大唐电信集团、重庆大正物业有限公司、杭州喜马拉雅科技有限公司,以及本土的毕节荣达路桥和洪山国际酒店签订了校企合作协议。学校党委书记认为:"其实校企合作带来的资源是很丰富的,现在学校一些中层干部还没有意识到这个问题,以为现金才是资源。我的观点是,在寻求校企合作的过程中,不要去挑肥拣瘦,只要可能和学校合作,只要能在学校进行硬件投入、资金投入,就可以合作。"[3] 也正是这种思路,学校在与大唐公司合作的过程中,大唐公司不仅与学校共同出资近1000万元(大唐出资570多万元,学校出资360多万元),联合修建了移动通信原理等四个专业实验室,还把企业文化引入了课堂,与学校共同制订《计算机科学与技术专业(移动通信3G/4G方向)本科人才培养方案》。对于通过DCNE(大唐移动网络工程师认证)职业资格认证的毕业生,大唐公司负责推荐就业,这既确保学生就业质量,又增添学校办学声誉。

在校地合作方面,学校一改之前"科研闭门造车,写几篇学术论文就算了"[4]的现象,转向紧扣以服务毕节试验区为主线,采取以科研服务地方的校地合作模

---

[1] 资料来源:贵州工程应用技术学院党委副书记访谈内容,2016-08-13.
[2] 资料来源:贵州工程应用技术学院党委书记访谈内容,2016-08-13.
[3] 资料来源:贵州工程应用技术学院党委书记访谈内容,2016-08-13.
[4] 资料来源:贵州工程应用技术学院科研副校长访谈内容,2016-08-13.

式，如围绕"十三五"期间决战贫困的目标，学校跟毕节市政府进行合作，通过平台开发、硬件建设、建设大数据平台等，成立数据指挥中心，又如烟草秸秆焚烧项目、草海科考项目、半夏中药材根腐病问题研究等，都是贵工程紧密围绕毕节区域发展所进行的服务性科研活动。以科研服务支撑校地合作，不仅使学校的科研经费得到稳步增长，还逐步扩大学校在区域范围内的影响，使学校赢得广泛声誉，这样也在一定程度上加强了与当地政府、行业、企业的联系，为进一步获得来自地方政府、行业、企业的人、财、物投入打下了基础。同时，这也让学校科研活动有了问题意识的来源，激活了学校的应用型科研氛围。正如学校分管科研副校长所述："我们以前的科研经费总量才几百万，去年的到账经费是500万元，今年我们要求到1000万元，目前掌握的情况，半年的时间已经完成了本年度的经费。我们的目标是，未来五年内科研经费总量要达到1个亿"[①]。图7为贵工程2013至2015年科研经费总量的变化情况。

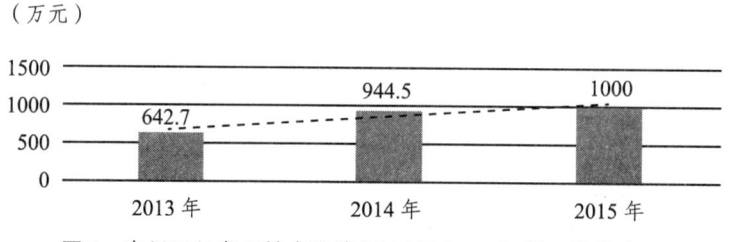

图7 贵州工程应用技术学院2013至2015年科研经费总量

数据来源：根据《贵州工程应用技术学院2013至2015年工作总结》整理。

（二）把握主线，设置资源分配的优先级

面对资源有限的情况，为提升资源利用效率，贵工程把"两师""四能"作为人才培养主线，设置了突显以服务能力为核心的资源分配优先级，也就是"要让资源分配回归到我们的主业上来"[②]。其中，"两师"是指培养出为地方工业化、城镇化、信息化和农业现代化发展服务的一线工程师和服务地方基础教育发展的一线教师。"四能"是要把学生培养成为具备专业能力、实践能力、应用能力和创新能力的高层次应用型人才。

在此背景下，加强实训中心建设就成为学校资源分配的一个优先级。因为无论是工程师的培养还是教师的培养，"首先就应满足最基本的实验室训练需求"。

---

① 资料来源：贵州工程应用技术学院科研副校长访谈内容，2016-08-13.
② 资料来源：贵州工程应用技术学院党委书记访谈内容，2016-08-13.

对于工程师的培养，学校进一步加强了对工程技术专业和工程实训中心的建设力度。比如，在机械工程学院，学校于2013年至2014年投入将近1600万元来建设工程实训中心，建成后又追加投入400余万元；在采矿和土建两个实训中心的建设方面，学校分别投入1000多万元，目前尚在建设中。关于教师的培养，如"学校目前跟西南大学合建的教师训练中心，无论是现在还是将来，都应该是贵州省最好的一个中心，建成以后，会是最大的一个研究中心"[①]。此外，学校还会对原有的实验室加以整合，如把教学实验室发展成为工程实验室、把理论实验室调整为科研需要的实验室以及语音实验室、公共教育平台等。

关于校企合作、产教融合的项目是学校进行资源分配的另一个优先级。贵工程学校党委书记也多次提到的类似"校企合作是应用技术高校的一个最基本的特征，如果没有这个特征，我觉得它不叫应用技术大学"[②]的表述。这样的观念和思路最终使学生在校企合作、产教融合中受益，学生成为具备专业能力、实践能力、应用能力和创新能力的高层次应用型人才。学校党委书记特别提到，"校企合作项目一定是优先的，这也是资源分配很重要的一个导向，这对于应用型人才培养很重要，因为在经济发展领域，企业一直是走在学校前面的，我们很多课程是落后于企业需要的，不合作根本就不知道企业需要什么。在校企合作中，有时候好不容易争取到一个合作伙伴，别人投入了资源，而你自己的资源不跟进，未来合作就不好开展，所以也理应将其作为优先事项"[③]。

学校在职称评定和人事竞聘制度改革方面，也主要向有利于应用技术型人才培养倾斜，如在评教授时，原则上需要博士学位学历，但若是双师型教师，学历范围可以放宽；在人事竞聘的改革中，符合转型发展的双师型教师优先聘用。加强学科调整，关停不符合转型发展需要的学科专业，多出来的编制就为新建设学科留下空间，同时对于新开学科的教师，为其提供职称上升的通道。

需要提及的是，贵工程虽然设有资源分配的优先级，但总体是在学校内部竞争机制下进行的，正如学校党委书记提到的，"比如说今年某单位办了一个项目，然后我们通过争取中央财政支持，或者学校拿出来的钱，这笔钱同意用在这几个项目上，当然就去做，但必须是做完了一个项目才能够继续做下一个项

---

① 资料来源：贵州工程应用技术学院党委书记访谈内容，2016-08-13.
② 资料来源：贵州工程应用技术学院党委书记访谈内容，2016-08-13.
③ 资料来源：贵州工程应用技术学院党委书记访谈内容，2016-08-13.

目。如果做得慢，下一个项目就会相应受到影响"①，而这也是面对办学资源紧张不得不采取的办法。

四、组织结构转型

（一）优化治理结构，构建共享决策模式

为配合转型发展，贵工程实施了治理体系及治理能力建设工程。其目标是建立学校与社会合作办学、合作管理新模式，构建行业企业全方位、全过程参与到学校管理、人才培养、科学研究等方面的机制，形成与转型发展、应用技术大学建设相适应的制度体系，提升治理能力。具体而言，一是加强治理体系建设，建立贵工程理事会，规范决策程序，搭建地方、行业参与学校治理的平台，还邀请企业行业专家参与学术委员会、教授委员会、专业指导委员会参与学校的专业建设、课程设置、人才培养和绩效评价等。二是强化制度体系构建，基于转型发展的目标导向和问题导向，以学校章程为龙头，完善学校职能部门职责，改革工作考核机制，增强学校各部门、各学院自我转型发展的内生动力。三是努力提升治理能力，通过强调科学管理、民主管理、依法管理，不断增强管理效能。②

在治理决策上，"越来越民主、参与、共享"③成为一线教师和行政人员的共识。在校部层面，校党委常委会集体领导，民主决策；院系层面，严格执行党政联席会制度。以院系层面为例，院系决策会根据"事大""事小"而定。在小事方面，如"某个地方仪器设备坏了，要花几百块钱维修，那这个事情就是分管的院领导自行负责即可，不用过多讨论"④。但在大事方面，如岗位的聘用，学院层面会设立一个岗位聘用小组，小组的组成不仅有院领导，还会有教师代表，通过集体打分来最后决定；在设置专业时，"往往会是几个教研室的教师先商议，提出来给专业负责人，专业负责人向分管教学副院长汇报，然后提交党政联席会商议，其间会充分听取普通教师的意见"⑤。

---

① 资料来源：贵州工程应用技术学院党委书记访谈内容，2016-08-13.
② 贵州工程应用技术学院.贵州工程应用技术学院转型发展试点方案［Z］.由贵州工程应用技术学院提供，2016-08-14.
③ 资料来源：贵州工程应用技术学院一线教师代表和行政人员访谈内容，2016-08-14.
④ 资料来源：贵州工程应用技术学院部处机关和院系负责人访谈内容，2016-08-14.
⑤ 资料来源：贵州工程应用技术学院部处机关和院系负责人访谈内容，2016-08-14.

（二）保持适度分权，强调管理重心下移

强调管理重心下移，保持集权与分权的适度结合，激发二级学院办学潜能，是贵工程在转型发展中的重要主题之一。正如学校党委书记认为："学校层面要做的是宏观协调、监督评估，对于具体事项的执行，能不干涉就尽量不干涉。如果不会分权，整个组织就会陷于瘫痪，权力越集中，下级积极性就越低，所以能保持适度分权就非常重要。"[①] 从人、财、物三个角度来看，在人事方面放权是贵工程充分放权的典型。在符合学校整体发展规划的情况下，二级学院对于教师的招聘有着充分的自主权。"在进人方面，原来是校领导去看看就完了，但现在的最终决定权在学院，学院会根据自身的专业设置情况，上报需要的人才，然后学校再组织集中招聘"[②]，"学校搞人事制度改革，聘谁不聘谁，由学院说了算，校级层面只管总的编制"[③]。在财权方面，它是集权与分权适度结合的典型。为激发二级学院的积极性，贵工程赋予二级学院主管领导签字权，也就是说在办学经费一次性下拨给学院之后，学院怎么去安排经费的花销，由学院自己说了算。在物权方面，主要表现在仪器设备购置、实训中心建设等方面。由于贵工程在转型发展中依然面临资源紧张的现实，总体上物权仍属于学校集权管理事项。以仪器设备采购为例，学校每年会在总经费中拿出一部分作为购置经费，由各个二级学院申报，学校设立一个委员会，委员会根据学校发展的轻重缓急予以购置，故最终决定权仍主要在学校层面的委员会。当然，涉及学术事项，如学位审核、学业评量等，学校会充分尊重专家、教师的意见，实行分权管理。需要重点说明的是，上述关于人、财、物的集权与分权的归类是基于对贵工程发展历程中各项权力配比动态调整情况的观察结果，当贵工程办学还处于专科学校的时期，学校曾一度高度集权，最明显的是在财权方面，如二级院系申请经费需要层层报批，系主任签完字，交由分管校领导签字，而且分管校长的签字权限仅在2000元之内。也正是受这一思维定式的影响，当前贵工程多数二级学院主管领导对于权力的认知还存在着强烈的路径依赖，正如学校党委书记所说，"学校已经明确地意识到管理重心要下移，权力要下放。但现在关键的问题是我们二级学院的院长不会主动去思考怎么运用当前学校下放的权力，本来很多事情可以自己做的，由于他们还

---

① 资料来源：贵州工程应用技术学院党委书记访谈内容，2016-08-14.
② 资料来源：贵州工程应用技术学院部处机关和院系负责人访谈内容，2016-08-14.
③ 资料来源：贵州工程应用技术学院党委书记访谈内容，2016-08-14.

没有进入这个角色,他们还在一直等"①,"权力的下放将是我们学校发展的一个趋势,但现在应该够了,等他们都完全适应了,学校未来还会考虑进一步放权,这需要一个过程"②。

(三)适应转型需要,实施校内机构调整

为适应学校转型发展的需要,贵工程对校部层面的机构设置进行了调整,通过撤除、新增等方式,革新校部机关的设置和职能划分。在机构撤销方面,"因为学校处级岗位和编制有限,但为了转型发展,又必须新建立一些学院,所以学校就通过撤掉一些部处编制来填补到新建立的学院里去"③,如学校撤除了招生就业处,将招生职能划转至教务处,将负责就业工作的事务转至学生处。在机构的新增调整方面,学校为了满足转型发展的需要,在原高教所基础上成立了"两块牌子、一套人马"的质量监控与评估中心,专门负责教学质量保障;为成功申报专业学位硕士点,学校成立了学位办;为加强教师队伍建设,学校新成立了教师工作处;为加强实验室和实训中心能力建设与统筹,学校成立了实验与设备管理处等。学校还调整了教务处的内部机构设置,进一步明确校、院、教研室教学管理的职责与权限。

为进一步实现人才培养结构战略性调整和高等学校办学特色,强化"两师"人才培养,增强服务地区经济发展的能力,学校加强学科专业及院系调整。在学科专业建设方面,贵工程加强学科专业建设,并积极申报新专业,2013年有工程管理、建筑学两个本科专业获批招生。同时,根据毕节试验区经济社会发展需要,学校还启动了化学工程与工艺、网络工程、水利水电工程、机械电子工程、绘画等5个本科专业的申报工作,同时关停了历史学、思想政治教育等专业。在二级学院调整方面,贵工程将原来的美术学院、音乐学院合并组建为艺术学院,将原来的资源与安全工程学院调整为机械工程学院、矿业工程学院,将建筑工程学院更名为土木建筑工程学院,将化学与化学工程学院更名为化学工程学院,将体育与健康科学学院更名为体育学院等,并在原来数学与计算机科学学院、物理科学与技术学院的基础上,通过专业调整,组建了理学院和信息工程学院等。调整前后的二级学院对比情况,具体如图8所示。

---

① 资料来源:贵州工程应用技术学院党委书记访谈内容,2016-08-14.
② 资料来源:贵州工程应用技术学院党委书记访谈内容,2016-08-14.
③ 资料来源:贵州工程应用技术学院部处机关和院系负责人访谈内容,2016-08-14.

调整前	调整后
人文学院	人文学院
马克思主义学院	马克思主义教学部
经济与管理学院	经济与管理学院
教育科学学院	师范学院
外国语学院	外国语学院
化学与化学工程学院	化学工程学院
地理与生命科学学院	生态工程学院
资源与安全工程学院	机械工程学院、矿业工程学院
建筑工程学院	土木建筑工程学院
体育与健康科学学院	体育学院
继续教育学院	继续教育学院
数学与计算机科学学院 物理科学与技术学院	理学院、信息工程学院
音乐学院 美术学院	艺术学院
国际教育学院	

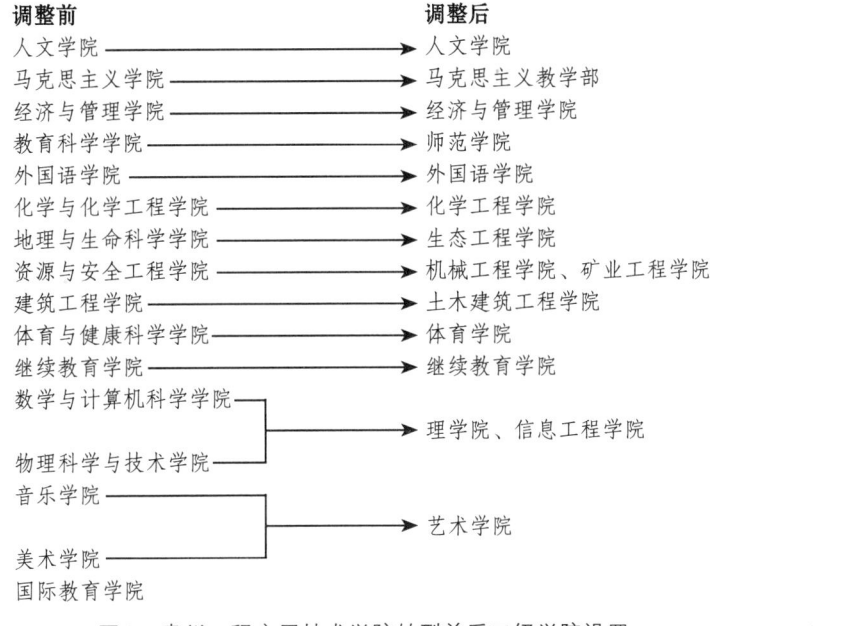

图8 贵州工程应用技术学院转型前后二级学院设置

五、组织流程转型

（一）优化专业结构，构建专业群对接产业链"257"模式

贵工程围绕地方产业结构、经济社会发展的实际需要，推出了"应用型专业体系建设工程"，努力建立紧密对接产业链的专业体系。学校在既尊重自身办学历史，又尊重高等教育服务经济社会发展的基础上，把培养"一线教师"和"一线工程师"的"两师"人才培养作为办学定位。其中，一线教师的培养主要为地方教育服务，而一线工程师则又主要服务于毕节市的工业化、城镇化、信息化等方面。

在"一线教师"培养方面，主要形成了面向地方基础教育、职业教育、特殊教育的师范类专业群，其涉及中文、数学、物理、化学、生物、体育、外语、艺术等专业。在"一线工程师"培养方面，主要根据地方产业发展需要来进行人才培养。在服务工业化方面，毕节作为一个矿产资源富集的地区，煤储量约占据整个贵州省的50%。因此，贵工程就围绕矿藏的开采设置了矿业类、机械类专业集群来服务整个产业链的发展。其中，如采矿工程、矿山测绘和地质勘探、机械和机电专业分属于产业链的核心专业、上游专业和下游专业。但若仅限于煤矿的开采，其工业化进程会明显止步于粗放型发展阶段，从长远来看，这对地方经济发展不利,因而要求必须拉长整个产业链,进行煤化工。对此,学校又在化学学科基础上,设置了化学工程、化学工艺等专业,形成了化工类专业群。在服务信息化方面,贵工程为更好地服务于地方信息化和大数据产业发展,学校把计算机科学与技术作为核心专业,并联合以核心专业为基础的软件工程、物联网工程,以及信息科学与管理专业等形成了信息类专业群。在服务城镇化方面,在全国新型城镇化大背景下,贵工程为更好地服务毕节市城镇化发展需要,设置了以土木建筑为核心专业的建筑类专业群。此外,为服务于地方文化、艺术产业的发展,贵工程还开设了人文艺术类专业群。贵工程"257"专业结构模式如图9所示。

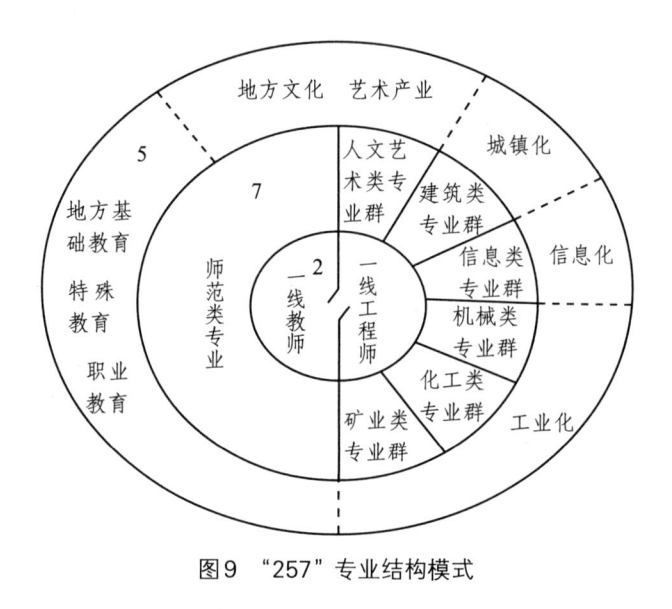

图9 "257"专业结构模式

(二)构建人才培养立交,形成"12224"应用型人才培养模式

在实现专业结构优化的基础上,贵工程持续把人才培养立交的构建和应用型人才培养目标的实现作为努力的方向。在构建人才培养立交方面,贵工程专门推出了"人才培养'立交桥'工程",其主要包括两个方面的内容:一是加强学校与中高职、企业行业的对接联系。在加强学校与中高职的对接方面,学校加强与中职、高职院校的合作,构建教育集团,拓展面向中职、专科层次高职毕业生的招生新渠道,并建立与中等职业教育、高等职业教育和专科层次职业教育的衔接机制,建立课程前置、学分积累和转换制度,打通从中职、专科、本科的上升通道。在加强与企业行业的联系方面,学校努力建立开放办学型模式,为行业企业的人才培养、继续教育和职业能力提升提供途径,打造职业教育与就业的"旋转门",建立"学习—就业—再学习"的人才培养新机制。二是开展专业硕士学位

研究生教育。学校主要通过与支援高校的合作交流，联合培养专业学位硕士研究生，探索以职业需求为导向、以实践能力培养为重点、以产学结合为途径的硕士专业学位研究生培养模式，积累研究生教育、管理等方面经验。2014年，学校与西南大学签订了联合培养全日制专业学位研究生协议。同时，学校还加强自身学科建设，强化应用导向，凝练学科特色，建设学科队伍，提高学科建设水平，进一步推进教育学、化学工程与技术、生态学、矿业工程、计算机科学与技术这五个拟建专业硕士学位点建设力度，做好硕士点建设工作。

在应用型人才培养模式建设方面，贵工程通过通识课程模块化改革、专业核心课程模块化改革、学分制改革以及"F＋S"（F指形成性评价，S指终结性评价）课程考试制度改革，日渐形成"12224"应用型人才培养模式。其中，"1"指"一个对接"，即专业对接产业，也就是说学校专业的设置一定要有行业和产业作为支撑，专业建设的标准一定要和行业的标准相统一，"只有这样，人才培养才会形成明确的标准，否则培养出去的学生对行业来说是无用的"[①]。第一个"2"指"两师"，即学校的人才培养要定位于一线教师和一线工程师的培养；第二个"2"指"双证书"，即要求学生毕业时不仅要能获得代表学历学位的毕业证、学位证，还应该获得代表职业技能的职业资格证书。"比如学会计的，在毕业的时候就需要获得会计师证；而学习语文师范专业的，就需要获得语文教师资格证。这就是人才培养能直接对接行业产业的体现"[②]。第三个"2"指"双模块"，主要指根据高层次应用型人才的能力素质要求，构建视野拓展模块、专业教育模块、实践教育模块、创新创业模块四个课程结构模块，同时还构建基于岗位能力需求的课程内容模块，最终形成课程结构模块和课程内容模块的"双模块"的课程体系。"4"主要指培养学生的四种能力，即专业能力、实践能力、应用能力以及创新能力。对于专业能力，贵工程把该能力不只定位于专业基础理论研究的能力，还更多的是强调一种专业知识的应用能力。一般来讲，"专业能力这一块，学校在专业构建上面会高于高职、高专，低于'211''985'的水平，这就是构建的基础"[③]。实践能力主要是指要培养学生类似于高职高专学生的技能，也就是强调学生的动手能力，学生能够操作设备，不仅仅是实验室设备，还应包括工业设备。应用能力主要强调能解决问题的专业能力和实践能力，是一种综合性的能力。创新能力主

---

① 资料来源：贵州工程应用技术学院教学副校长访谈内容，2016-08-21.
② 资料来源：贵州工程应用技术学院教学副校长访谈内容，2016-08-21.
③ 资料来源：贵州工程应用技术学院部处机关和院系负责人访谈内容，2016-08-21.

要指技术创新和集成创新，也就是培养能探索出一种别人没有用过但能提高效率方法的能力。贵工程"12224"人才培养模式如图10所示。

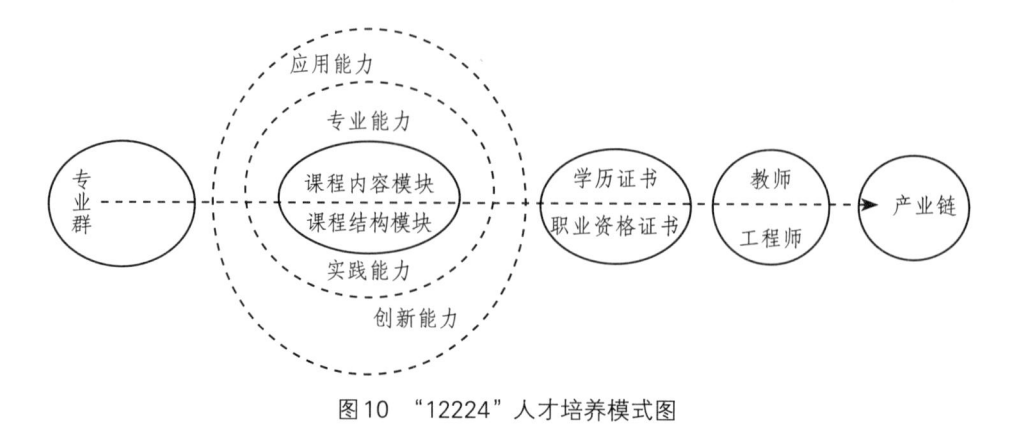

图10 "12224"人才培养模式图

（三）实施人事分配制度改革，建设"双师双能型"教师队伍

为配合学校的转型发展，贵工程实施了"人事分配制度改革工程"和"双师双能型"教师队伍建设工程，以不断提高教师的教学质量和水平。在人事分配制度改革工程中，学校重点把人事聘用制度改革和分配制度改革作为工程建设的主要内容。在人事聘用制度改革方面，学校将"全部教师卧倒重来"[①]，根据岗位职能、任务和性质，重新核定学校人员编制类别和数量；2015年，学校制定了《贵州工程应用技术学院岗位聘用管理办法》，与新到岗教师签订聘用合同，明确权利、义务和责任；学校建立了围绕能力提升、职责履行、绩效达成的人才评价指标体系，优化了师资测评。对转型发展中的"双师双能型"教师优先聘用，不符合转型发展目标定位的学科停办，把编制预留，为转型后新开的学科留下发展空间并提供职称的上升通道。在分配制度改革方面，学校主要通过建立以岗位津贴和业绩津贴为主要内容的绩效奖励分配方案和以能力业绩为导向，以岗位职责为基础，建立按劳分配、优劳优酬、绩效优先、兼顾公平的绩效分配激励机制，完善分配制度。

在"双师双能型"教师队伍建设方面，当前贵工程"双师双能型"教师约占专任教师数量的23.78%。学校为提高应用型人才培养的质量，进一步调整和优化教师结构，实施了"双师双能型"教师队伍建设工程，并于2015年先后出台了《贵州工程应用技术学院"双师双能型"教师认定及管理办法》和《贵州工程应用技

---

① 资料来源：贵州工程应用技术学院行政副校长访谈内容，2016-08-21.

术学院师资队伍建设工程实施方案》，提出未来五年内全校"双师双能型"教师占专任教师比例要达到50%的目标。就"师资队伍建设工程"的实施来看，主要包括如下四点：一是实施"双百"计划，主要通过"请进来"和"走出去"的方式，聘请100名企业优秀专业技术人才、管理人才和高技能人才作为专业带头人，担任专兼职教师，选送100人以上教师到基层接受培训、挂职工作和实践锻炼。非师范专业每年选送教师到行业企业顶岗训练，以此来提升教师在专业教育方面的课程教学水平、专业实践及研究能力。全校承担教师教育类课程的中青年教师，应在五年内全员陆续到中小学、幼儿园、特殊教育学校、职业技术学校等从事至少半年的教学工作。在"请进来"方面，得益于毕节市政府的强力支持，贵工程打破了从企业到事业单位身份转变的制度壁垒，正逐步解决企业和学校之间关于职称衔接的问题。二是努力提升教师教学能力，这主要包括落实教师分类培训制度，通过新进教师岗前培训项目、英语教师国外培训项目、骨干教师校外研修项目、教育部网络培训项目等促进教师了解相关学科专业发展前沿、提升教学能力；落实青年教师导师制，开展青年教师"三定"工作，即定导师、定任务、定方向；建立名师工作坊制度，通过"老带新"帮助青年教师站稳讲台；抓实教师集体备课制，以教研室为单位，以课程为抓手，组织开展"集体备课"教研活动，加快培养青年教师。三是加强教学团队建设，贵工程通过聘请有关部门和行业企业的专家、高层管理者和高技能人才担任兼职教师，培养、引进、打造省级以上专业教学团队和创新团队，规定每个二级学院至少要打造一支由核心教授引领的有一定凝聚力和战斗力的教学团队，同时还确立了未来五年内要建成2—5个省级教学团队的愿景。四是加强高层次领军型人才队伍建设，贵工程主要通过柔性引进和本土培养的方式确定到2020年要通过创造条件，引进2—4个国内有影响力的知名学者和团队；在本土人才培养方面，学校把青年人才及团队培养作为努力方向，确定要培养3—5名省级教学名师、4—6名省管专家、2—3个省内有一定影响力的人才团队的目标。[1]

---

[1] 贵州工程应用技术学院. 贵州工程应用技术学院转型发展试点方案［Z］. 由贵州工程应用技术学院提供，2016-08-22.

（四）大力推进产教融合，形成"四合作""五引入"的育人模式

贵工程领导坚定地把"产教融合""校企合作"作为推进学校转型发展的主要抓手，并在多场合表示"校企合作是应用技术高校的一个最基本的特征，如果没有这个特征，我觉得它不叫应用技术大学"[①]，并推出了"产教融合平台建设工程"。在该建设工程中，主要立足于应用型人才培养的目标，注重校内实践平台建设和校外平台建设模式改革，如加大对实验室、实习实训教学平台的投入，加强与地方中小学、企业事业单位的合作等。在此背景下，学校逐步形成了"'四合作''五引入'合作育人模式"。所谓"'四合作''五引入'合作育人模式"，"四合作"是指学校与行业企业开展合作办学、合作育人、合作就业和合作发展。"五引入"是指引入职业资格标准完善专业人才培养规格，引入行业标准完善专业建设，引入企业核心技术标准完善专业核心课程，引入企业专家组建应用型教学科研团队，引入行业企业参与人才培养全过程。目前，学校与重庆大正物业、北京的大唐电信、杭州的喜马拉雅、贵州鲁中矿业以及毕节市内的洪山国际酒店、荣达路桥、兴国实业等公司签订了校企合作机制，同时还与毕节市人民政府开展了校政合作。以学校与大唐电信的合作为例，两单位共建的实验室设在贵工程信息学院。双方一起共同制订《计算机科学与技术专业（移动通信3G/4G方向）本科人才培养方案》，方案分别从培养目标及要求、学时、课程安排等做出了详细的规定。双方互派老师，并确定15名工程师作为专业授课教师。学生在学业的最后一年前往大唐电信带薪实习，表现优秀即可留用。再如学校在与荣达路桥合作方面，学校与荣达路桥分别合办了本科和专科两个层次的"荣达班"。

虽然学校大力推进产教融合和校企合作，但受限于毕节市薄弱的工业基础，学校目前在寻找校企合作的对象方面，主要还是走出区域外围，试图通过与域外的企业进行"'四合作''五引入'"形式来达到育人目的。对此，学校正筹划向贵安新区寻找产教融合的对象企业。贵安新区作为以大数据产业为基础的国家级新区，将来势必会引入更多的企业入驻，学校正盯紧这一区域的企业。与它们的合作既可以满足立足毕节并服务贵州的需要，又有地理上的距离优势，还有利于在走向域外的合作过程中减少交易成本。

（五）积极开展实践教育和创新创业教育，完善教学质量评价体系

作为学校"产教融合平台建设工程"的一部分，立足应用型人才培养目标，

---

① 资料来源：贵州工程应用技术学院党委书记访谈内容，2016-08-13.

学校积极开展了实践教育教学，培养学生专业能力、实践能力、应用能力和创新能力。通过构建课程实验、技能实训、专项实习、综合实践的实践课程模块，搭建实验教学平台、工程与职业训练平台、创新创业训练平台、校内校外实习基地平台以及深入推进产教融合、校企合作、智慧校园建设等，努力实现校内校园、校外校园、网络校园相结合，形成由"四能力""四模块""四平台"和"三校园"构成的"4443"实践育人体系，如图11所示。

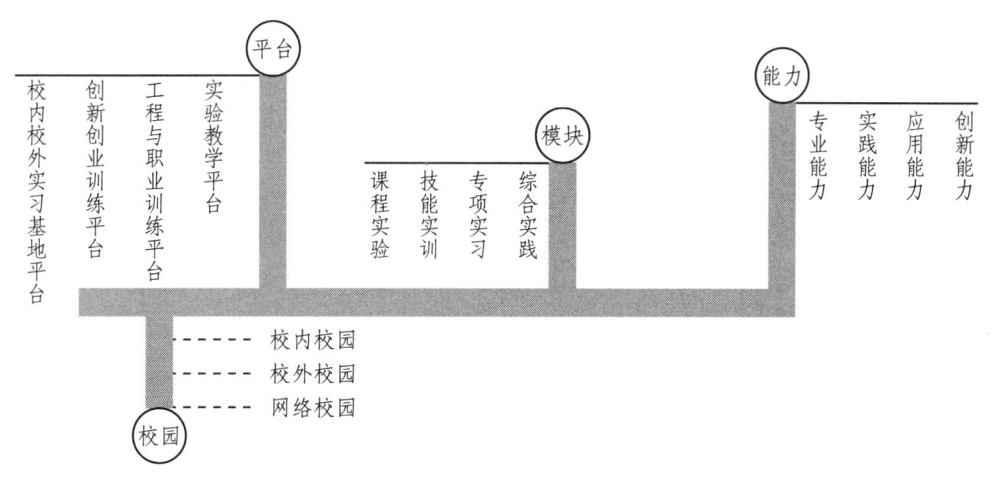

图11 "4443"实践育人体系图

学校还加强创新创业教育，推出了"创新创业能力提升工程"。该工程以提升学生的创新精神、创业意识和创业能力，大学生就业观念的改变和拓宽就业渠道为目标，主要从创新创业课程的建设、创新创业实践的强化及创新创业教育师资的建设着手，努力构建"12345"创新创业教育体系。"12345"，即建立1个学院：创新创业学院；搭建2个平台：学校层次的众创空间平台和各学院层次的创客空间平台；实施3项制度：学生在校期间至少参加1项创新创业项目制度，学分积累和转换制度，学业导师制度；贯穿4个阶段：按照学制设计大学四年不间断的创新创业教育，大学一年级强调创新创业知识教育，大学二年级侧重创新创业技能培训，大学三年级侧重创新创业实践，大学四年级侧重创业训练及项目孵化；坚持5个融入：课程体系融入创新创业，专业课程融入创新创业，通识课程融入创新创业，教学过程融入创新创业，第二课堂融入创新创业。

为保障教育教学效果，进一步提升教育教学质量，贵工程对教学保障体系、教学质量的评价体系进行了优化。在改革中，学校打造了"1+2+3+X"的教学质量评价体系，即1个质量报告，这要求对本科教学的基本状态进行常态监控，并形成年度性的教学质量报告；2项主体评价，即对教师教学质量和学生发展水平开展评价；3个评估层次，要求从院、专业到课程3个层次来展开评估；多样化评估（X），即针对学校教学改革和教学建设中的关键或薄弱环节开展多项定向评估。

关于组织流程转型，贵工程还开展了其他多项改革，如为了学校提升管理效率、集中力量谋转型发展，学校开展了后勤社会化改革，实现了学校由办后勤向管后勤的转变。学校与重庆大正物业管理有限公司签订协议，由其来提供全校的物业管理服务，改变以前学校后勤处既要管理后勤工人又要管理保安的局面，现在学校只需发挥监督职能即可，[①]从而把学校的管理从一些与"主业"无关的繁杂琐事中抽离出来。学校推出了科技创新服务工程，强调学校科研工作开展主要围绕地方产业结构调整和转型升级，重点公关煤化工、大数据应用、特色生物资源利用和现代山地高效农业等关键技术问题。同时，还发挥学校多学科优势，围绕"开发扶贫、生态建设、人口控制"三大主题，强化"毕节试验区研究院""毕节循环经济研究院"的功能，在校教师去攻读博士学位时，也要求博士论文选题尽量与毕节经济社会发展相联系，努力为地方经济社会发展提供理论和智力支撑。

六、组织文化转型

（一）逐渐形成了进取心强、注重团队构建的组织氛围

走进贵工程，很容易地就能从校领导到中层干部、一线教师职工以及学生身上感受到他们强烈的进取心。校党委书记多次在大会上强调，"未来五年，学校要建成一所省内一流、国内有一定影响的高水平的应用技术大学"[②]，并在毕业典礼上叮嘱毕业生走向工作岗位后一定常备进取心。学校中层干部对于上班时间的"白＋黑""5＋2""非常6＋1"都达成了基本共识，且从他们的言谈、表情，特别是从那嘴角露出来的一丝喜悦来看，他们对这种工作的节奏并非抱怨，而是一种满足，并强调"大家既然都有了这样一个干事创业的平台，也就不计较那些了，这都是咱们的工作"[③]。在交流中，信息工程学院的院长就表达，"五年后，我们信息工程学院要做贵州省最好的IT，我们的学生一定要是最好的，至少在编程、程

---

① 资料来源：贵州工程应用技术学院党委书记访谈内容，2016-08-23.
② 资料来源：贵州工程应用技术学院党委书记访谈内容，2016-08-15.
③ 资料来源：贵州工程应用技术学院机关部处及院系负责人访谈内容，2016-08-15.

序设计、软件应用上不说在贵州省是第一，但至少要在一流梯队"①。当一位来自东北沈阳的老师被问到，如果有机会考博士会不会考上了就不回来、会不会选择第二次择业时，她坦言以学校目前的发展势头，很舍不得离开，而且不久在人事制度改革之后，她就可以从行政岗位转到教师岗位，对未来的工作充满了期待。学校大三的学生正在实训工程中心忙碌着毕业设计，说学校要求提高了，老师要求也越来越严，毕业设计不能像以前的师兄师姐那样应付了事了，但他们觉得确实从中学到了不少东西。

在学校的转型发展过程中，与上述不同群体间强烈进取精神的"自形成"不同，贵工程注重团队精神组织氛围的建构，是"他形成"的结果。因为在面对办学资源紧张、办学实力尚微的情况下，贵工程强调实行分散资源的整合，注重团队化建设，这也是学校为争取后发赶超、成功转型不得不采取的举措，特别是在科学研究方面，学校分管科研的副校长就明确表示："为避免在科研项目申报中力量过于薄弱，缺乏竞争力，就要一改过去单打独斗的局面，转为以学科为方向，组成科研团队来开展科学研究。"②目前，学校就涌现出了诸如"贵州省普通高等学校土著鱼类资源保护与开发创新团队""喀斯特地区蕨类植物多样性保育与利用创新团队""草海科考团队"等一些团队，也正因为这一个个科创团队的构建与建设，才使得学校团队精神组织氛围愈加浓厚。

（二）以实物载体引领工科院校风貌，探索建设"服务＋务实"的组织文化

当初次走进贵工程的大门，那由四根红色并极富张力的粗柱子构架而成的左右两个小门，用灰色花岗岩包裹起来的大门值班室，以及大门墙上的金属LOGO，会很自然地给来访者强烈的视觉冲击。同时，当走进校园内时，也会很惊奇地发现，学校无论是教学楼还是行政楼或其他建筑设施，主体颜色大都不脱离红色和灰色。经主导这一色彩安排及校门设计的学校党委副书记的一番解读，才知道这其中各有深意。"我们学校的大门以前的艺术性是很强的，但是师范院校有师范院校的特色，工科院校有工科院校的风骨，为了突出转型，我们后来就把大门给重建了，大门的四个架构代表着大学的四大功能，粗线条代表与工科院校所匹配的力量，大 LOGO 是专门的工业平台做出来的，秀的是工业肌肉，灰色

---

① 资料来源：贵州工程应用技术学院机关部处及院系负责人访谈内容，2016-08-15.
② 资料来源：贵州工程应用技术学院科研副校长访谈内容，2016-08-15.

是'工业灰'，红色代表着我们学校根植于一片红色的革命热土"①。可见，贵工程在追求文化转型的道路上，显然已经很清晰地认识到实物引领在文化建设中的作用。此外，当深入走进学校的课堂，还能发现一些班级的老师和学生已经开始着工装，在有条件的专业学院，课堂就长期被安排在实训中心，试图做到"厂房就是教室，车间就是课堂"。当然，学校除了加强实物在引领文化转型的功用之外，在精神层面，特别是表现在校园文化活动的开展方面，贵工程也努力做足功夫。据了解，在毕节学院时期，学校主要以师范人才培养为目标，所以在校园文化活动开展方面就显得更加文秀，活动的开展主要以培养人类灵魂工程师为主线，比如开展"动口三级"活动，即第一级朗诵、第二级演讲、第三级辩论，以及"动手三笔"活动，即动粉笔、毛笔、钢笔。但现在的贵工程就愈发注重体育活动的开展，因为"学生需要有非常好的体能状态才能对付自己未来的工作"②，还很注重学校在体育赛事方面所取得的成绩，试图通过这类活动突出工科院校勇健的本色。每当学校领导一提起体育，就会很自豪地表示："我们贵工程的女足可是全贵州的第一，与遵义学院比赛时是9：0，还把贵州大学打下去了，这就是要体现出我们工科院校的强势来。"③学校还会通过自媒体，如官方微信、QQ等，大力宣传"多彩贵工程，大爱贵工程，转型贵工程"，试图让学校每一位成员都能及时地感受到学校的转型与发展，通过潜移默化的方式，唤起人们对学校转型的文化认同。

具体到文化内涵的建设上，"服务＋务实"成为贵工程正努力探索的主要内容，其中，服务是目标，务实是基础，二者间构成了贵工程文化建设过程中"手段与目的"的关系。"我们是地方大学，学校的发展要为地方服务，在学校内部，领导要为老师、学生做好服务，还要把管理寓于服务之中"④，这是学校党委书记对学校文化建设目标的第一反应。既然希望能在全校上下形成"服务"的文化氛围，那么就得要有服务的能力和本领。因此，学校一改之前在培养"人类灵魂工程师"时偏于浪漫主义的组织文化，逐步把营造"务实"的组织氛围作为成就"服务"的能力手段。"应用技术大学最大的特点就是要培养学生务实的品格。那么，

---

① 资料来源：贵州工程应用技术学院党委副书记访谈内容，2016-08-17.
② 资料来源：贵州工程应用技术学院党委副书记访谈内容，2016-08-17.
③ 资料来源：贵州工程应用技术学院党委副书记访谈内容，2016-08-17.
④ 资料来源：贵州工程应用技术学院党委书记访谈内容，2016-08-17.

想要学生务实,学校上上下下就不能务虚"[1],因而学校在引进师资时就对教师的教学方法格外强调,"原来是在黑板上讲理论,顶多做点实验来演示,但现在就要注重发挥学生的主体性,开展全程参与式教学"[2];原来学校开展的社会实践活动是作秀,现在就是要实实在在地干活,"就在这一刻,我们学校的青年志愿者,正穿着雨鞋,拄着拐杖,到老百姓的房前屋后'发送信号',做我们毕节的扶贫云端,为精准扶贫出力"[3];学校为支持学生创业,专门安排了一栋创业大楼,让学生开办公司,学校通过相应扶持,力争70%的成功率;学校的培训公寓,从总经理到员工都是学生,老师对他们进行指导,他们给老师们发工资;学校还规定,只要有适合学生做的事情,都不让外面的人来做,只要有学生创业团队可以承包的项目也都不放出去做。这些都是贵工程在育植"务实"文化上的具体做法。

(三)文化转型阵痛曲折,成功形塑任重道远

尽管贵工程在组织文化的转型建设方面开始了一定的探索,但"还是很慢,在推进的过程中难度很大","并没有完全形成一种文化,还没有真正进入师生员工的骨髓当中去"[4],所以从转型效果上看,显然只是"破题"。比如在基本观念上,学校有些教师就不一定认同转型,他们认为学校原来都是应用型的,专科阶段就是应用型的。也就是说,他们根本就没有认识到学校目前提倡转型发展和原来在专科阶段存在着本质的区别,也就自然无法完全理解和认同。在行动上,比如在教学方面,现场教学、项目教学、案例教学等能充分体现产教融合的教学方式照理应该成为当下贵工程教学行为的常态,但目前却并非如此,学校还是主要沿用传统高校的那种上课模式。在制度文本方面,比如管理制度、课程计划、课程方案、课程标准等,也只在逐步改变,并未完全成型成熟。在校园的整体学习氛围上,本应具备应用技术型高校所应具有的"工匠精神",但在贵工程还得不到相应体现,如计算机或电子信息专业,学生能动手写程序的都还比较少。

之所以会呈现出文化转型相对曲折的情况,首先是受到来自宏观社会环境及规则对转型产生的同构性影响,比如在对教师的评价方面,特别是关于职称的评定方面,能不能从讲师升为副教授再到教授,学校主要还是考虑有没有发表论文,有没有科研成果,而至于在向应用技术型转型的过程中,对教师的教学能力

---

[1] 资料来源:贵州工程应用技术学院党委副书记访谈内容,2016-08-17.
[2] 资料来源:贵州工程应用技术学院党委副书记访谈内容,2016-08-17.
[3] 资料来源:贵州工程应用技术学院党委副书记访谈内容,2016-08-17.
[4] 资料来源:贵州工程应用技术学院各部处机关及院系负责人访谈内容,2016-08-18.

和应用型科研服务成果的考察基本上还没有考虑到。这主要是受到校外制度体系的约束，正如学校党委书记所述，"一个我们在校内想去推动的东西，但在教育厅、人社厅等部门对于教师的评价体系，却还是沿用原来的体系，本身就没有改变，学校没有参照，也就无法与之对接"[①]。其次是来自学校内行动者对转型存在的认知偏差，因为行动者缺乏对转型的认知，所以就会不自觉地产生一种对转型的本能抵制。一是表现在来自中层干部的阻力，他们觉得学校以前就办得挺好，认为学校以前就是应用型的，根本就没有必要转型。二是来自人文社科院系的领导和教师的反对，目前学校进行学科调整，主要鼓励应用方向，要对理工学科做特做强，因而对目前全校学科布点来说，学校将会对工业学科进行大力支持。这样，人文社科就越发感觉自己有被边缘化的趋势，对转型呈现出不理解，从而形成很强的阻力。三是来自一线教师的不适应，学校的转型发展归根结底还是要实现人才培养模式的转型，因而发挥好一线教师的作用就非常关键，但是对于一线教师上一堂课的评价，如果用传统的评价方式，这是很成功的，但若从学校转型发展的角度来看，就在很多地方存在问题，所以一线教师就显得很不适应，也就产生了不愿配合的情绪。四是来自学校办学的积淀效应，当前的实践是建立在过去的历史积淀基础之上，如教师之所以难以在教学行为方面发生改变，首先是教师们自身在学习期间的积淀，正如学校教学副校长所述，"这帮老师都是来自"985""211"大学毕业的本科生、硕士生、博士生，他们在读期间，老师就是这么教他们的，所以等他们走向讲台之后，他们其实都是在模仿自己老师是怎么做的"[②]；其次受转型前办学定位的积淀影响，正如学校各机关部处负责人所述，"以前的办学都是按照学术型的培养模式，大家都有惰性，一个事情长期做惯了之后，就都想按着流程做，这就好比吃饭，用惯右手了之后，你让他突然用左手，他肯定不习惯"[③]。

七、小结

基于上述，关于贵工程转型发展的实施路径主要总结如下。在组织战略转型方面，贵工程明确地把服务毕节综合实验区作为服务定位，并构建了以九大工程为抓手的战略目标体系；为确保组织战略能得到广泛认同，明目扩充成为贵工程

---

① 资料来源：贵州工程应用技术学院党委书记访谈内容，2016-08-18.
② 资料来源：贵州工程应用技术学院教学副校长访谈内容，2016-08-18.
③ 资料来源：贵州工程应用技术学院机关部处及院系负责人访谈内容，2016-08-18.

主要的工作方式，如派教师外出学习、请专家学者来校讲学等。在组织领导转型方面，让领导班子对学校的转型发展形成统一的认识是第一要务；成立了专门负责转型发展的协调小组，形成统筹转型事宜的领导驾驭中心；强调以精神与物质的双重激励，并以精神激励为主，以及注重与学校教职员工就具体转型的实施进行及时沟通。在资源配置转型方面，借力所处区位的政治优势成为贵工程广开资源获取的主要途径；由于面临资源总量的不足，还设置一定的优先级，如校企合作项目、实训中心建设、"双师双能型"教师队伍建设等都作为优先考虑的方面，并引入了资源分配的竞争机制。在组织结构转型方面，贵工程努力优化治理结构，构建共享型的决策模式；在权力配置时，则保持适度分权，强调管理重心下移；为适应转型发展的需要，学校开展了校内院系和行政组织结构的调整。关于组织流程转型方面，作为贵工程转型实施的主要方面，一是优化专业结构，构建了专业群对接产业链的"257"模式；二是构建人才培养立交，形成"12224"应用型人才培养模式；三是实施人事分配制度改革，建设"双师双能型"教师队伍；四是力推产教融合，形成"四合作""五引入"的育人模式；五是积极开展实践教育和创新创业教育，完善教学质量评价体系。在组织文化转型方面，总体来看，贵工程目前主要形成了进取心强、注重团队构建的组织氛围；具体到文化转型的实施，主要以物质载体引领工科院校风貌，探索建设"服务＋务实"的组织文化，但从效果来看，文化转型阵痛曲折，成功形塑还任重道远。

第三节 上海应用技术大学

——以服务现代国际大都市发展需求的应用技术型高校

在上海应用技术大学（以下简称"上应大"）发展历程中，先后经历几个关键时间节点，校内"火车头"广场所显示的年份数字就代表了一定的意义："2000"代表着"上海应用技术学院"在上海轻工业高等专科学校、上海冶金高等专科学校、上海化工高等专科学校三校基础上合并初建；"2006"代表原轻工业部所属上海香料研究所的并入，形成了当前上应大的整体规模；"2007"代表学校以优良成绩通过国家本科教学工作水平评估；"2008"代表学校成为硕士学位授权单位并开始研究生教育；"2010"代表学校奉贤新校区落成，主体搬迁至新校区；"2016"

代表学校经教育部批准,正式更名为"上海应用技术大学",实现了跨越式发展。

"实现向应用技术型的转型是我们学校必须要做的,因为我们学校的名字就在这里,我们也不可能去逃避,必须去面对"①。其实,一直以来,在上应大的办学历程中,以"应用技术"为本,始终保持与冶金、化工和轻工等行业的紧密联系,是学校的一大特色,特别是自2000年升格为普通本科高校以来,学校立足于以适应现代国际大都市——上海的发展需求,竭力服务国家和上海经济社会发展战略,服务长三角中小城市中小企业,培养了一批又一批具有扎实实践能力、富有创新精神与国际视野的一线工程师高水平应用型人才。正如学校化工学院副院长所述,"我们从2000年合校到现在的16年时间里,就一直是踏踏实实地走着'应用技术型'这条路,只是随着这几年国家明确提出转型政策之后,我们就比以前更有信心,也做得更扎实了"②。的确,在国家关于"引导部分地方普通本科高校向应用型转变"的政策大背景下,上应大在过去"踏实"、当前更"扎实"的发展道路上,不断探索,努力变革,正走出一条"起点较高、优势明显、特色显著"的转型发展之路。

一、组织战略转型

(一)从模糊到清晰,在发展进步中实现战略认同

2000年,时任上海市市长徐匡迪指示,要选取三所基础较好的专科学校组建上海应用技术学院。"徐匡迪市长是中国工程院院士,早年有德国背景,他在德国的时候,就认为德国的应用技术类专业发展得很好,对国民经济的贡献也非常大,因而将三校合并成立上海应用技术学院,主要参考了德国经验"③,同时也是来自上海市对学校的定位。自此,上应大也就初步形成了走应用技术型发展道路的目标与方向。

至于具体怎么走,学校化工学院副书记曾说:"说实话,在2000年的时候,对应用技术的高校该如何发展、如何定位其实是不清楚的,甚至对徐市长取的这个名字,老师们也是有异议的。因为,这个名字听起来像高职、像民办等,总之就是应用技术型高校在中国还没有一个相应的地位。"④也就是说,此时的上应

---

① 资料来源:上海应用技术大学副校长访谈内容,2016-10-20.
② 资料来源:上海应用技术大学化工学院副院长访谈内容,2016-10-21.
③ 资料来源:上海应用技术大学副校长访谈内容,2016-10-20.
④ 资料来源:上海应用技术大学化工学院副书记访谈内容,2016-10-21.

大对其战略认识还处于一个模糊和不清晰的状态。但通过十几年发展所取得的成效，其又坦言："徐市长的理念还是很有前瞻性的。"一方面，当前国家也出台了政策文件要建设应用技术型高校，引导地方普通本科高校转型；另一方面，主要是上应大在短短十几年时间内确实得到了一个很大的提升，如通过教育部本科教学水平评估、获得硕士学位授权点成为研究生培养单位以及主体新校区的落成，特别是作为新建本科院校能实现从学院到大学的更名等，更为上应大广大师生所自豪。

正由于学校的发展与不断进步，上应大在"应用技术型"的发展道路上愈加表现出信念更坚定、思路更清晰、目标更明确的特征，特别是自2015年新任校长到任后，借势国家倡导建设应用技术型高校的大背景，又对学校的内涵式建设予以了重新定位，无论是在人才培养、学科专业建设还是在整体战略布局等方面，都提出了明确的发展目标和转型路径，如人才培养要实现"本科水平和技术特长"，专业建设要实现每个学院都各有几个品牌专业，以及新时期要围绕上海国际化大都市的发展战略，努力建成国际影响力的高水平应用技术大学的总体战略布局和愿景等。学校化工学院副院长说："就现在而言，无论是学生还是老师，对学校的认同，包括对国家应用技术类高校的发展，已经有了很清晰的定位和很明确的目标。"[①] 对于这种认同的达成，学校邀请相关专家如牟延林、蔡敬民等到校开展专题研讨和辅导报告，以及组织与应用技术高校建设相关的教育思想大讨论等，但总的来看，通过渐进的形式，在发展进步中逐步实现战略认同，可谓上应大在强化战略认同方面的主要特征。

（二）紧扣国家和区域政策主题，推动战略实施

一般来说，组织的发展及其战略意图的稳步实现，往往受两方面影响驱动，一是来自组织的自身努力，二是受益于政策环境的优化。对于上应大而言，在其建设应用技术型高校的道路上，之所以能够取得诸多成绩，主要是其能适时调整战略规划，紧扣国家和区域政策主题，充分利用优越的政策环境来落实战略目标。

上海市"085工程"建设就为学校综合实力的进一步提升带来了契机。上海市"085工程"即上海高等教育内涵建设"085工程"，源于上海市步入高等教育普及化阶段，但本市地方本科高校普遍存在学科、专业设置趋同，特色发展不明

---

① 资料来源：上海应用技术大学化工学院副院长访谈内容，2016-10-21.

显，高等教育必须实现由外延式发展向内涵式提升的转变，进而开展的一项针对上海市属本科高校的内涵发展提升工程。其主要涉及综合建设工程、人才培养工程、知识创新工程、师资队伍建设工程、国际交流和合作工程。上应大紧密结合"085工程"政策，围绕上海区域经济发展需求，坚持走内涵式发展道路，在人才培养、学科专业布局、师资队伍建设等多方面，借力政策，积极探索人才培养模式改革，加强高水平学科基地平台建设，不断完善教师激励政策，稳步提升办学综合实力。

上海市作为国家教育综合改革试验区，其相关改革内容又为推动学校的战略实施优化了政策环境。在高校层面，上海启动实施的教育综合改革，主要从着力完善治理结构、深化人事制度改革、创新教育教学模式、优化科研管理机制、加强对外交流与合作、整合资源配置机制等六个方面来全面深化学校综合改革。在人才培养方面所实施的"中本贯通"（中专直升本科）七年制培养模式改革和上海市推动的应用型本科专业建设等，都为促进学校创新人才培养及学科专业建设起到了积极作用。

学校在对接"中国制造2025"、"一带一路"和上海市科创中心建设过程中，立足学校改革建设发展实际，坚持"教学为本、应用为魂、高端引领"，加快了在相关重点领域和关键环节的改革进程，也为建成高水平应用技术大学发展目标提供了强有力的支撑保障。①学校利用"中国制造2025"的战略机遇，努力实现了如轨道交通运营维护在内的境外培训项目零的突破，还加强和"一带一路"沿线国家的交流，努力扩大国际合作领域和范围。

（三）强化顶层设计，形成适应新时期发展的战略体系

"因为地处上海大都市，学校如果不朝着这个方面去发展，上海就会抛弃你，所以学校一定要在服务上海都市工业、都市服务业方面有所发展、有所贡献"②。上应大围绕新时期上海正加快"四个中心"③和具有全球影响力的科技创新中心建设，以及深化供给侧结构性改革和产业结构调整等，在深刻分析自身办学基础、存在瓶颈难题等基础上，以综合改革和"十三五"规划制定为契机，强化顶层设计，通过梳理发展目标、办学定位等，形成了明确的战略体系，扎实地走应用技

---

① 上海应用技术大学.上海应用技术学院深化综合改革方案［Z］.由上海应用技术大学提供，2016-10-22.
② 资料来源：上海应用技术大学副校长访谈内容，2016-10-20.
③ "四中心"是指国际经济中心、国际金融中心、国际航运中心、国际贸易中心。

术型办学之路。

在发展目标方面，上应大明确地把"建设具有国际影响力的高水平应用技术大学"作为发展战略目标，并清晰地提出了"三步走"发展路径。第一步，以应用技术学科建设和应用型人才培养为主线，聚焦服务上海及长三角经济社会发展的能力，提升引领支撑行业企业技术进步的能力，增强适应经济社会发展人才培养的能力；未来五年，学校综合办学实力在上海应用技术类型高校中名列前茅，在全国100所试点应用技术高校中位居前列，为把学校建设成为具有国际影响力的高水平应用技术大学奠定坚实基础。第二步，到2030年建成1—2个引领行业企业关键技术、3—4个支撑行业企业创新技术、若干个服务区域社会进步发展的学科平台；建成具有鲜明行业特色，培养具有创新精神和国际视野、实践能力强的一线工程师的专业群；学校办学实力进入全国一流应用型大学行列，初步建成一所具有一定国际影响力的高水平应用技术大学。第三步，到21世纪中叶，学校整体实力稳定在全国一流应用型大学前列，建成一所具有国际影响力的高水平应用技术大学。①

在办学定位方面，上应大把办学层次、人才培养和服务面向作为其主要内容。在已有办学条件基础上，上应大明确提出，在办学层次上，学校以全日制本科教育为主，积极发展以专业学位硕士为主的研究生教育，探索工程博士联合培养模式，兼办高职高专，积极开展继续教育，积极拓展留学生教育和国际合作办学。在人才培养上，学校以"本科水平、技术特长"为特征，努力培养具有扎实的实践能力、具有可贵的创新精神和开阔视野的一线工程师人才。在服务面向上，学校要服务国家和上海市经济社会发展战略，服务长三角中小城市中小企业；立足上海，面向长三角，辐射全国。②

在支撑战略的实现方面，特色立校、人才强校和协同发展成为上应大的发展战略支撑点。特色立校主要指通过品牌专业的建设，凸显人才培养特色；采取错位竞争等方式，形成应用型学科发展特色。人才强校指学校不仅要注重学术型人才的引进和培养，更注重具有行业背景领军人才的引进和培养，形成支撑高水平应用技术大学建设的师资队伍。协同发展指学校要全方位构建产学研协同创新平

---

① 上海应用技术大学.上海应用技术大学转型路径方案［Z］.由上海应用技术大学提供，2016-10-22.
② 上海应用技术大学.上海应用技术大学"十三五"事业发展规划［Z］.由上海应用技术大学提供，2016-10-22.

台，使学科发展直接与企业行业需求对接，支撑应用型人才培养。[①]

围绕"应用技术型"的办学主线，配合学校战略目标的实现，学校还加强综合改革，分别从管理体制机制、人事制度与评价体系、应用技术型人才培养模式、学科发展与科研管理、学生工作、国际化与开放合作、资源配置与保障等方面入手，形成了主要任务、发展目标和具体举措，以保障各级战略规划的落地与实施。

二、组织领导转型

（一）构建了一套信念坚定、思路清晰与善于学习的领导班子

在实现转型发展的道路上，上应大明显形成了"一把手"校长牵头，分管副校长主抓的分工格局。这既保障了责任分工明确，又利于领导层在相关转型的事宜上及时地达成统一认识。正如上应大副校长所言："实现向应用技术型的转型是我们学校必须要做的，因为我们学校的名字就在这里，我们也不可能去逃避，必须去面对。"[②]这就足以表明上应大领导班子对于学校转型的坚定立场。

"一把手"陆校长在就任上应大校长之前，一直担任上海市教育委员会副主任，并主要分管上海应用技术型高校建设，因而对于应用技术型高校如何转、如何建在其就任学校校长前就有了相当清晰的认识，而且这种认识更多是置于国家或区域发展的宏观层面。初到上应大任职，他就力推人才培养模式改革，让产教融合更实更细。正如化工学院副院长所言："我们整个应用技术大学建设的思路其实包含了更多陆校长的思想在里面，虽然我们此前也是沿着应用技术型这条路在走，但具体到产学研合作等事宜，还是比较初步和简单的，基本还是停留在我们高校培养什么样的人、外面企业就要什么样的人这个阶段，也不像现在这样扎实，实实在在地派老师和学生到企业挂职，加强与企业的紧密联系。"[③]同时，学校校长还清晰地认识到，加强应用型学科建设应成为推动和引导地方本科高校转型的重要抓手。学校理学院院长说道："自陆校长来了之后，就把学科作为引导学校转型发展的重要方面，虽然我们学校以前名义上是以教学科研为主，但实际还是主要以教学为主，如果没有学科在前面支撑的话，那么大学不可能堪称大

---

① 上海应用技术大学.上海应用技术大学转型路径方案[Z].由上海应用技术大学提供，2016-10-22.
② 资料来源：上海应用技术大学副校长访谈内容，2016-10-20.
③ 资料来源：上海应用技术大学化工学院副院长访谈内容，2016-10-21.

学。"① 正是这一清晰的认识，让全校师生员工对学校未来发展图景更加明确，特别是让广大领导干部在自己的工作岗位上能更加适应，端正了工作态度，强化了责任担当。

相比于"一把手"陆校长，具体负责应用技术大学建设的陈副校长在校工作时间更长，因而对于学校的各项事务、实际发展情况都更加了解。陈副校长在20世纪80年代曾留学日本，并获得博士学位，学习能力强。他在分管应用技术大学建设的过程中，善于学习，这也是分管副校长的一大个性特征，特别是对教育部相关政策文件的学习，比如其中涉及如何将国家的政策更好地落地到学校的发展实际，还有国家在推动转型发展方面还需要从哪些方面完善体制机制，如高校设置的分类、应用技术大学建设的标准等，有着独到的体会和理解。陈副校长自己坦言："我们对于教育部文件的学习，还是蛮透彻的，基本把文件里面能采纳的都采纳了，甚至对正式文件出台之前的征求意见版本，我们也进行了深入研究，加强对比分析。"正是得益于这一深入的学习过程，他们才能有极大的底气带领广大领导干部为学校转型发展而不断努力的基础。学校校办主任说："学校成功更名，'十三五'规划的编制等一系列影响学校跨越式发展的大事都是陈副校长带着我们干的，特别是在校长带领下提交的更名报告，这在上海市教委、发展改革委的评价来看，都认为我们是最好的，是排在第一位的。"

（二）努力加强干部队伍建设，形成转型向心力

上应大清醒地认识到打造一支高素质的干部队伍，对于学校转型事业的成功具有重要意义。"干部队伍建设，能够决定学校各项事业的推进是否具有向心力，特别是青年干部队伍的建设，他们代表着学校发展的未来，是学校转型发展得以持续推进的重要力量"②。

长期以来，上应大领导班子一直都非常注重实地调研，及时深入各二级部门，走到广大干部特别是青年干部中间，倾听他们在工作上所遇到的难题等，这样就形成了上下级之间顺畅的沟通机制，通过这种持续的沟通，既保证了校领导班子对于管理信息的真实掌握，又让广大干部群体感受到来自上级领导的关心，极大提高了他们对工作开展的积极性和主动性。同时，上应大还非常注重校内干部的交流和调整，并加强对干部综合业务能力的培养，以及立足转型发展的新阶

---

① 资料来源：上海应用技术大学理学院院长访谈内容，2016-10-21.
② 资料来源：上海应用技术大学副校长访谈内容，2016-10-20.

段和新目标，遵循党的干部工作要求，认真制订干部聘任方案，注重干部队伍轮岗以及大胆起用年轻干部等。如在2015年，上应大就从全局工作考虑，对宣传部、学工部、资产处、徐汇校区管委办、后勤服务中心、机械学院、高职院、化工学院、艺术学院、体育部等部门的干部进行了调整充实，通过加大调整力度，对于增强干部队伍的活力和提高综合素质意义重大。① 此外，上应大还开展多形式的干部教育培训活动，以"走出去、请进来、沉下去"的培训方式，不断提高干部的理论素质、业务能力和工作水平。例如，选派部分干部赴企业挂职锻炼，这样既增进了企业和学校的联系，又对增强干部本人对校企合作认识和自身业务素质的提高有重要作用；积极选派干部出席类似"第七届中德应用型高等教育研究与发展研讨会暨中国长三角地区应用型本科高校联盟成立大会"等会议来加强学习，以及通过举办干部讲坛、邀请专家学者来授课来扩大干部理论视野，提升干部素质。

（三）不断完善教师激励政策，激活转型潜能

上应大非常注重对教师的激励，特别是在上海市实施"市属本科高校骨干教师教学激励计划试点工作"的大背景下，学校结合转型发展的需要，不断完善教师的激励政策，进而激活转型的潜能，为发展提供动力。

2012年，为落实《教育部关于全面提高高等教育质量的若干意见》和《上海市中长期教育改革和发展规划纲要（2010—2020年）》《上海市中长期人才发展规划纲要（2010—2020年）》，上海市教委决定启动市属本科高校骨干教师教学激励计划试点工作。工作以加强教师教学绩效考核和规范教师行为为重点，进一步激发教师教书育人的动力和能力，形成有利于高校教师队伍可持续发展的制度环境和教书育人的文化氛围，使上海高校教师的工作条件得到明显改善，实现高校教师队伍结构明显优化、整体素质明显提高、教学质量明显提升的目标。激励主要从强化教学激励、考核教师绩效和规范教学行为、形成评价机制三方面来展开。在评价方面，重点鼓励高校从各自不同的办学条件与基础出发，在服务经济社会发展中准确把握自身的办学定位与发展方向，真正谋求特色发展和内涵发展，并有针对性地提出不同的绩效目标与考核评价要求。

结合上海市教师激励的政策大背景，上应大副校长说道："为有效调动教职

---

① 上海应用技术大学.上海应用技术大学2015年工作总结［Z］.由上海应用技术大学提供，2016-10-22.

员工的积极性，增强对教师的激励，我们将评审条件和岗位考核等内容，都纳入这个评价里面，我们最近就在做这个工作。"上应大在上海市激励计划的基础上形成了本校激励计划的实施方案和各学院目标任务书，对激励计划的具体实施和开展做出了详细的规定和计划。在具体实施过程中，学校通过积极借力"骨干教师教学激励计划"，全过程激励教师潜心、热心教学；通过注重关心教职工利益、绩效奖励等，构建合理的薪酬激励机制，调整了教职工校内就餐补贴方案，提高了教职工收入待遇；通过强调人文关怀和情感投资，凝聚人心和关爱弱势群体，针对不同身份人群对激励需求构建不同的激励制度，营造和谐的人文环境，增强了教职工队伍的稳定性和向心力；①通过制定新一轮教师岗位聘任要求，不断完善教师分类管理及岗位聘用办法，制定具有应用技术特色的分类标准和评价体系②。

上应大以实施激励计划为契机，推进教育教学改革，特别是学校领导班子坚持把人才培养作为工作中心不动摇，紧扣激励计划的实施要求，及时召开实施动员大会；班子成员分别带队开展教师辅导答疑的巡视工作，以带动全校各部门和各学院教师参与激励计划的热情。2015年，平均每晚有200多位教师在校为学生答疑解惑，受到学生普遍欢迎。③此外，学校还全面落实学校激励计划实施方案及各学院目标任务书中确定的各项教学工作内容，推进专业责任教授、核心课程责任教授、课程教学工作团队等建设，以及出台与教学激励计划任务相关的一系列制度，固化实施成效，以期形成新的教学工作形态。④

在科研方面，上应大科研管理部门对教师的科研开展提出了一系列的激励或奖励措施。一是如果教师在开展应用型科研过程中，能帮助企业实地解决问题，能让科研项目实现落地，那么科研管理部门会给予教师一定的科研绩效奖励。二是若这些落地的科研成果能实现转化，特别对于能形成专利的科研项目，其所产生或创造的价值在实现利益分割时，70%的收益将归老师个人所得，学校所占收

---

① 上海应用技术大学.上海应用技术学院2014年工作总结[Z].由上海应用技术大学提供，2016-10-22.
② 上海应用技术大学.上海应用技术学院2016年党政工作要点[Z].由上海应用技术大学提供，2016-10-22.
③ 上海应用技术大学.上海应用技术学院2015年工作总结[Z].由上海应用技术大学提供，2016-10-22.
④ 上海应用技术大学.上海应用技术学院2016年党政工作要点[Z].由上海应用技术大学提供，2016-10-22.

益比例一般不会超过30%。① 这就极大地鼓励了教师在应用型技术研发和专利成果转化方面的热情，提高了积极性。

总之，借助优渥的政策大环境，上应大教师激励政策不断完善，广大教职员工开展教育教学和科研工作的热情都实现了大幅提升。正如学校科技处副处长所言："在激励计划下，我们老师主动坐班，常常无论是在寒暑假，还是在法定节假日，都会来开展科研。"②

三、资源配置转型

（一）深化体制机制改革，着力提高资源配置效率

上应大把推进资源配置的体制机制改革作为转型发展中不断增强学校办学实力的重要内容。围绕学校的办学层次、人才培养和服务面向等定位和要初步建成具有一定国际影响力的高水平应用技术大学中长期发展目标，上应大努力建立起"科学配置资源要素、合理调整资源投向、充分发掘资源潜力、逐步提升资源效率"的新体制机制，主要就是在努力增加财务资源、注重资源使用效率的同时，坚持学校营运的公益性，平衡协调自主配置与社会化服务，以满足学校发展营运对各类资源的需要，促进学校各项事业持续健康快速发展。

学校推行校内资源使用成本核算，形成资源的有偿使用与合理分担机制。推行校内资源使用成本核算，就是对经营性房地产实行租赁合同经营制，租金纳入经营成本核算。建立和完善资源有偿使用与合理分担机制，对贵重仪器设备实行有偿使用收费制度，测试收费总额含仪器维护费、材料消耗费以及技术人员劳务费等。设立维修基金，维持日常运行。通过学校拨款、实验室自筹及通过对外技术服务取得资金相结合的方式筹集贵重仪器设备专用维修基金，专款专用，确保设备完好率，保证正常运行，提高贵重仪器使用效益。建立健全公用房调配机制和教师周转房保障机制，在二级学院用房分配时引入基于房屋面积的定额核算杠杆，定额内免交房产资源调节费，超出部分缴纳房产资源调节费。同时，还推进资源保障信息系统和资源保障服务平台建设，搭建贵重仪器设备资源信息共享平台，对贵重仪器设备购置申报、验收管理、资产动态运行、服务管理、收费管理、效益评价、安全以及系统管理，进行实时跟踪记录，发布信息，从而减少重复购置，促进资源整合。

---

① 资料来源：上海应用技术大学科技处副处长访谈内容，2016-10-21.
② 资料来源：上海应用技术大学科技处副处长访谈内容，2016-10-21.

上应大努力建立起完善的财务和资源监管服务体系，通过完善财务制度与管理系统，进一步提高财务管理和服务水平。通过做好学校预算管理，积极推进资金使用绩效，一方面是从严从紧编制学校预算，优化部门预算结构，逐步加大对人的投入，为学校改革与发展提供资金保障，另一方面是提升统筹各类经费的能力，进一步规范预算的执行。学校还全面修订财务报销制度与预算管理制度，完善网上报销系统和学生收费系统，完善财务联系人制度，进一步为师生员工提供便捷的财务服务，不断提升财务管理和水平。学校积极探索综合预算管理办法，通过构建并健全学校成本核算、拨款咨询以及经费监管机制，进一步完善财务管理现状与绩效评价相结合的动态监管办法，公开财务年度经费预算与执行、绩效评价和考核结果等信息。①

（二）以应用型科研开展为先导，全面提升办学资源的获取能力

把扎实推进应用型科研开展作为不断提高自身资源获取能力的主要抓手，成为上应大在当前资源配置领域工作中的重要方面。正如学校科技处副处长自豪地说道："对于我们学校的科研项目组成和科研经费来源来说，我们跟复旦、交大的区别就是我们这类学校不大可能从国家和上海市拿重点课题，所以我们的立足点一定是以企业或地方政府的课题为主。目前科研经费总量是1.7个亿，其中有60%是来自学校与企业的合作。"②学校通过紧密围绕上海和长三角经济社会的发展，不断凝练学科方向，加大协同创新平台建设，通过统筹人才培养、科学研究、社会服务等功能，不断增强办学实力与区域性影响力，最终广开资源获取渠道。

具体在应用型科研实施方面，上应大把"两省一市"即江苏、浙江和上海作为基地，重点面向所在地中小型企业和地方政府，为它们提供技术服务。上应大将科研工作站分设于上述省市的所属地级市（区），并派专门工作人员驻点工作，要求工作人员每月至少工作五天。这些工作人员一方面负责主动与政府、企业加强联系，关注政府与企业需求，收集科研信息，另一方面则是关注已落地的项目还存在什么问题，同时学校还会通过发动学校的校友，主动走出去，获取一些比较可靠的科研信息，得到信息之后，会立刻与相关单位联系，了解他们的需求，进而开展进一步对接，增强科研服务的针对性。学校还加强与云南省相关单位的

---

① 上海应用技术大学.上海应用技术大学综合改革方案［Z］.由上海应用技术大学提供，2016-10-22.
② 资料来源：上海应用技术大学科技处副处长访谈内容，2016-10-21.

合作，云南省作为上海对口支援的省份，正如学校科技处副处长所述，"我们这些上海市属的高校，应该有义务来支援它，同时对我们来说也是一个机会"[①]。比如食品和香料方面是上应大的强项，在这方面其与云南省科技厅合作，成立了技术转移中心，学校通过提供技术来加强和提升云南本地在食品、香料或香精等方面转化成产品或者商品的能力。此外，上应大为保障应用型科研开展的"良性循环"，还特别重视"首战则必胜"的原则，也就是说对于学校和相关单位在对接的第一个课题中，一旦开始就必须做好，如果具体负责的教师在科研开展过程中遇到了问题或麻烦，学校科研管理部门将出面进行协调，整合学校相关科研力量来努力解决。

正是得益于学校应用型科研开展的扎实推进，学校实现了科研资源获取能力的整体提升。在科研经费获取、科研项目承担及科研项目获奖方面，2000年到2014年间，全校实现了科研总经费由300多万元到1.8亿元的提升。2010年至2014年间，学校先后与企业签署了1409项合作协议，项目经费近3.8亿元。[②] 单从2014年的情况来看，学校获"085工程"年度建设资金2760万元；获批国家自然科学基金、上海市科委青年基金等省部级项目以及地方能力建设等纵向科研项目149项，合计5128.7万元，新增横向项目190项，合同标的额3690.3万元；学校获国家科技进步奖1项、上海市科技进步奖3项，获省部级以上科研成果奖18项。[③] 单从2015年的情况来看，全年学校科研经费到款8200万元，省部级重点项目经费大幅增长，达540万元；[④] 国家自然科学经济项目18项、社科类省部级以上项目13项、上海市教委科研创新项目5项、上海市自然科学基金6项、人才项目3项、上海市科委地方院校能力建设项目4项、与政府及中小企业新签订产学研全面合作协议3项、在金华市和如皋市等地成立5个技术研究中心；获省部级科技进步奖3项。[⑤]

---

① 资料来源：上海应用技术大学科技处副处长访谈内容，2016-10-21.
② 上海应用技术大学.上海应用技术学院本科教学质量报告（2014—2015）[Z].由上海应用技术大学提供，2016-10-22.
③ 上海应用技术大学.上海应用技术学院2014年学校工作总结[Z].由上海应用技术大学提供，2016-10-22.
④ 陆靖.在上海应用技术学院四届四次教代会上的报告[Z].由上海应用技术大学提供，2016-10-22.
⑤ 上海应用技术大学.上海应用技术学院2015年学校工作总结[Z].由上海应用技术大学提供，2016-10-22.

值得一提的是，在上海市科促会、上海市教育发展基金会和上海市促进科技成果转化基金会举办的"联盟计划——难题招标专项"活动中，上应大也有突出表现。"联盟计划"实质是通过产学研合作所形成的"联盟"，充分发挥学校和科研机构的人才、信息、试验、测试手段优势，以及已有的科研成果优势，帮助企业解决生产和技术创新过程中所遇到的技术难题。同时，充分发挥企业拥有资金、对市场需求信息了解、有迫切提升技术创新能力要求、有一定的研发人员和能力，还有能进行中试及产业化生产（包括技术工人、生产设备、维修和改装设备的能力）等优势，使产学研各方形成长期稳定的合作关系。[①]据统计，2011年到2015年间，上应大参与联盟计划应标数和获批数位列全上海市第一。[②]其中，2014年获批46项[③]，2015年参与联盟计划项目应标96项，获批37项[④]。

随着上应大办学实力整体的不断增强，其生源质量和国际合作也明显得到提升。生源是高校的重要办学资源之一，得益于应用型科研的不断推进，上应大学生在校企合作的过程中能真正提升自身的实践水平，学到扎实的本领，产学研一体也带来了就业机会，同时再加上上海的区位优势，使得上应大在招生生源质量上实现了稳步提升。2014年，上应大在上海市的理科录取分数线高二本线40分，文科录取分数线高二本线27分；在外省市的招生中有22个区域录取理科分数线高二本线30分以上，6个省份高60分以上；在安徽、江苏、江西、河南、湖南、福建等省市的招生分数线都接近当地一本线，其中在江苏招生的平均分数达当地一本线。在招收文科生的16个省市内，有13个区域的录取分数线高于当地二本线30分以上，其中浙江、吉林、黑龙江等省高于当地二本线80分以上。[⑤]2016年上应大招收近4000名学生，其中35%来自上海（取消了一本和二本的招生划分），65%来自外省，外省招生中有8个省完全以一本线招生，外省生源中有40%的学

---

① 上海科技成果转化促进会.2016年度"联盟计划——难题招标专项"招标公告［Z］.由上海应用技术大学提供，2016-10-22.
② 陆靖.在上海应用技术学院四届四次教代会上的报告［Z］.由上海应用技术大学提供，2016-10-22.
③ 上海应用技术大学.上海应用技术学院2014年学校工作总结［Z］.由上海应用技术大学提供，2016-10-22.
④ 上海应用技术大学.上海应用技术学院2015年学校工作总结［Z］.由上海应用技术大学提供，2016-10-22.
⑤ 上海应用技术大学.上海应用技术学院本科教学质量报告（2014—2015）［Z］.由上海应用技术大学提供，2016-10-22.

生都在一本线以上。① 在国际合作方面，随着上应大办学实力的增强，学校坚持办学国际化，先后与亚洲、欧洲、美洲、非洲等诸多国家、地区开展了广泛的交流合作，鼓励师生的交流互动，同时还吸引优秀外籍教师，并邀请国外专家到校参与教学和科研工作。2014年，先后与美国、加拿大、俄罗斯等10余个国家和地区的24所高校建立联系，新签合作协议20份；14个国家和地区约68批人员到校访问交流；选派238名学生赴海外院校学习、实习和培训；在校外国留学生总数达到129人（同比增长37%）。② 2015年，上应大国际交流合作伙伴学校和机构涵盖25个国家和地区；约83批500余人次海外重要学者、高校负责人等到校访问交流，新签校际合作交流协议43项；来自15个国家的196名留学生参加各种长短期项目学习；海外留学比例进一步提高，学校派往海外院校学习、实习和培训的学生人数为269名。③

（三）直面资源不足难题，努力加大对教学一线的投入

在坚持走应用技术型发展的道路上，尽管上应大实现了办学资源的获取和整体办学实力的提升，但是资源总量不足、资源分配捉襟见肘仍然是学校当下需要直面的难题，如学校办学经费十分短缺，远郊办学导致办学成本剧增更加加重了办学负担，教学科研场所、设施设备老化等。④ 就科研资源的情况来说，学校科技处副处长就直言，"我们现在科研开展所需要的人力、物力以及编制都非常受限，具体表现就是房子不够多，实验室太少"⑤。

虽然学校科研经费体量已经达到了1.7个亿，但作为高等学校的上应大，并非纯粹的研究机构，人才的培养才是根本，就目前的招生情况来看，上应大具有1.5万人的招生规模，科研经费体量远远满足不了在校生规模的需要。但是上应大清晰地认识到，"作为应用技术型高校，在人才培养的过程中，绝非只靠上上理论课，更不是只靠几个实验就能解决问题的，一定还需要参与一些具体的应用

---

① 资料来源：上海应用技术大学化工学院副书记访谈内容，2016-10-21.
② 上海应用技术大学.上海应用技术学院2014年学校工作总结［Z］.由上海应用技术大学提供，2016-10-22.
③ 上海应用技术大学.上海应用技术学院2015年学校工作总结［Z］.由上海应用技术大学提供，2016-10-22.
④ 上海应用技术大学.上海应用技术学院深化综合改革方案［Z］.由上海应用技术大学提供，2016-10-22.
⑤ 资料来源：上海应用技术大学科技处副处长访谈内容，2016-10-21.

型项目，让学生有最直接和最真实的体验，才能达到培养的效果"①。然而，在当下只能满足研究生参与科研或进入实验室的大背景下，经上应大测算，要想未来也能满足本科生真正参与科研的需求，即便目前的科研体量翻一番，达到3.4个亿，实际上也只能解决20%—30%本科生加入科研团队的需要。更何况，学校还主要立足于本科生的培养，这也就明显形成了科研反哺教学的短板。同时，也正因为科研体量不足，导致了相关科研团队建设保障出现问题，"因为要做一个团队，就必然需要科研条件保障，诸如场地、设备和条件等，只有相应的保障跟上去，这个团队才能很好地运转"②。由于科研体量不足，还衍生出了职称评审异化的系列问题，日渐形成了"以科研经费进账"为重要尺度的职称评审规则。正如学校理学院院长所言："原来评教授、副教授，对经费要求不高，只要你有项目、论文、专利或者专著就行，但今年就不一样了，需要考核科研经费进账，评副教授是50万元、教授是150万元，其最大影响就在于评价标准会产生不公平的影响，特别是对于数理学科、人文社科方面的老师，是很难达到这个标准的。"③学校有些人看着经费这么高，就拼命地干，争取能获取标准要求的科研经费，但是有些人感觉自己能力永远也达不到，就什么也不干了，严重影响了教师的科研积极性。

之所以导致办学资源总量不足，一方面原因可能是学校正处于发展阶段，学校综合办学实力及社会影响力还有待提高，办学资源整体的吸纳实力还有待增强，另外一方面原因是政府在资源配置时主要集中于综合实力较强的部属高校。正如学校理学院院长所言，"比如上海市自然科学基金，要投1个亿，他们宁愿把钱投到一些实力强的高校去，即便那一类高校拿到了国家很多的资源，但是上海市还是喜欢投给他们，因为相信他们，这是一种思维的惯性"④。

面对办学资源紧缺的情况，学校紧紧把握人才培养这一主线，特别是立足于本科生的培养，努力持续加大对关涉教学一线的投入。以2014年为例，在教学经费方面，如表2所示，本科生教学日常运行支出经费为4537.55万元，生均经费3085.72元，生均比上年增加358.53元；本科专项教学经费11741.38万元，生均7984.62元，生均比上年增加934.29元；实验教学经费总额为768.04万元，比

---

① 资料来源：上海应用技术大学科技处副处长访谈内容，2016-10-21.
② 资料来源：上海应用技术大学科技处副处长访谈内容，2016-10-21.
③ 资料来源：上海应用技术大学理学院院长访谈内容，2016-10-21.
④ 资料来源：上海应用技术大学理学院院长访谈内容，2016-10-21.

上年增加81.34万元，生均522.30元，生均比上年增加79.24元；校外本科实习经费617.62万元，比上年增加55万元，生均420.01元，生均比上年增加57.01元。在教学科研仪器设备方面，学校教学科研仪器设备资产总值达4.13亿元，当年新增7946.78万元，生均教学科研仪器设备值为2.18万元。同时，学校还稳步开展实验教学条件建设，不断加大对实践教学的投入，实验室立项建设项目18个，投入资金800万元；对国家级实验教学示范中心——都市化工业实验教学中心投入30万元；对国家级工程实践教育中心投入30万元；对2013年立项的市教委基础实验室建设项目投入429万元等。①

表2　上海应用技术大学2014年教学经费投入情况

项目	内容（万元）	生均（元）
本科教学日常运行支出	4537.55	3085.72
本科专项教学经费	11741.38	7984.62
实验教学经费总额	768.04	522.30
校外本科实习经费总额	617.62	420.01

数据来源：上海应用技术学院本科教学质量报告（2014—2015）。

四、组织结构转型

（一）形成了突出工程与技术特征的组织结构

具备一定的技术积累或技术特征，办学方向突出工程与技术是应用技术型高校的基本特点。上应大秉承原上海冶金高等专科学校、上海轻工业高等专科学校、上海化工高等专科学校及上海香料研究所的办学积淀，特别是自2000年合并之后，坚持应用为本的办学理念，发展至今，无论是其院系组织结构还是行政组织，已经具备了突出工程、强调技术的基本特点。

从上应大院系组织结构体系来看，如图12所示，在当前上应大所设置的19个院系中，被直接冠以"工程学院"之名的就有9个。另有轨道交通学院和理学院，据其专业设置来看，如轨道交通学院所设置的车辆工程、交通工程、铁道工程、通信工程，理学院所设置的光电信息科学与工程等，也都明显突出工程技术领域的办学方向。也就是说，在上应大所设置的19个二级学院中，就有11个二级学院直接面向工程技术领域，约占58%，基本形成了以突出工程技术办学为

---

① 上海应用技术大学.上海应用技术学院本科教学质量报告（2014—2015）[Z].由上海应用技术大学提供，2016-10-22.

主体的院系组织结构。同时，在非直接面向工程技术领域的学院中，如外国语学院，其专业设置也主要为英语和德语，"因为学校合并的初衷就是源自德国应用技术大学的办学理念，加上德国是在制造业领域颇为发达的国家之一，也拥有全世界先进的工程技术，我们通过对德语专业学生的培养，既能应对未来工程制造业发展过程中广泛开展国际合作的需要，也同时可为我校工程领域专业的进一步建设和发展服务"[①]。也就是说，上应大的院系专业设置便是始终笃定以工程技术为核心，为工程技术服务，进而努力实现一线工程师的人才培养定位。

上海应用技术大学
材料科学与工程学院 / 化学与环境工程学院 / 城市建设与安全工程学院 / 机械工程学院 / 电气与电子工程学院 / 计算机科学与信息工程学院 / 生态技术与工程学院 / 香料香精技术与工程学院 / 轨道交通学院 / 工程创新学院 / 理学院 / 人文学院 / 艺术与设计学院 / 经济与管理学院 / 体育教育部 / 外国语学院 / 高等职业学院 / 继续教育学院 / 马克思主义学院

图12　上海应用技术大学院系设置图

从上应大行政系统的机构设置来看，作为辅助实现高校人才培养、科学研究和社会服务的服务性组织机构，一些编入上应大行政组织系统的相关机构，如上海应用技术大学技术转移中心（上海应技大技术转移有限公司）、上海应翔资产经营有限公司和工程训练中心等都是学校实现工程技术积累、突出工程技术办学方向的直接体现。其中，技术转移中心是按照现代企业制度运作模式，全权代表上海应用技术大学统一经营学校的科技成果投资形成的无形资产，维护学校和教师的权益，是推进科技成果孵化和加强科技企业服务的重要单位，主要负责学校科技服务、企业委托项目、政府产学研支撑项目和知识产权、技术合同的管理，同时还负责组织开展重大技术攻关，以及对接企业和社会需求等。上海应翔资产经营有限公司也是依托学校的科技成果与科技优势，搭建科技成果产业化的平台，促进高新技术成果的转化，孵化科技企业。工程实训中心则在承担工程技术人才的培养方面发挥重要作用。

---

① 资料来源：上海应用技术大学教务处副处长访谈内容，2016-10-21。

（二）完善内部治理的体制机制，构建多元化参与决策模式

上应大在实现建设具有国际影响力的高水平应用技术大学的道路上，紧密围绕学校转型发展遇到的瓶颈和难题，重点深化内部治理体系与管理体制机制改革，激发办学内生动力和增强大学治理的能力。

强化顶层设计，建立以大学章程为核心的制度体系。2016年3月30日，经上海市教育委员会核准，上应大正式发布并开始实施《上海应用技术大学章程》（以下简称《章程》）。《章程》以促进依法治校，建立完善的现代大学制度，保障举办者、学校、教职工和学生的合法权益，保障学校依法自主办学，规范学校的办学行为为总则，全文分别对基本功能及权利、内部治理结构、教职工、学生、内部保障、外部关系、学校标识与校庆日、附则等几部分进行了规定。《章程》一经发布，为了保证有效落地，上应大就全面梳理学校的规章制度，制定了针对现行制度的"废改立释"计划，确保制度符合新要求；制定了学校规章制度管理办法，建立规章制度汇编公布制，及时系统公布学校有关制度规范，接受师生的监督；建立章程及制度实施监管机构，以监督学校事务的执行情况和建立审查制度防止违反章程及制度。[①]

优化内部治理结构，构建多元化参与决策机制。在优化内部治理结构方面，上应大把制定完善党委全委会、党委常委会、书记办公会以及校长办公会的议事规则和制定完善党代会、教职工代表大会闭会期间发挥代表作用的机制作为重点突破，并在《章程》中对上述内容进行了详细的梳理和明确的规定。在规范决策机制方面，上应大把完善重大事项的决策机制作为主要方向，通过确定决策咨询范围，明确教职工代表参与、专家可行性论证、风险评估、合法性审查、集体讨论决定等相关程序，必要时有关决策事项可邀请学生代表参与等方式来加以完善，特别是在多元化参与决策机制构建方面，上应大努力探索构建包括举办者代表、学校党政负责人、教职工代表、行业企业代表和社会知名人士等多元主体参与的模式，集思广益，形成制度合力。[②]

深入推进校内行政管理体制改革，建立健全学术管理制度。在开展行政管理体制的改革方面，上应大围绕服务一线教学科研、服务广大师生需求的目标，推

---

① 上海应用技术大学.上海应用技术学院深化综合改革方案［Z］.由上海应用技术大学提供，2016-10-22.
② 上海应用技术大学.上海应用技术大学"十三五"事业发展规划方案［Z］.由上海应用技术大学提供，2016-10-22.

进学校机关大部制改革，进一步精简管理机构和管理层级，还通过健全事中监督与事后评估机制，促进决策、执行、监督三项职能相对分离、相对独立。在建立健全校内学术管理制度方面，关于学术管理职权，上应大通过梳理现行学术委员会学术管理职权，建立权力清单制度，根据需要适度增加学术管理职权，确保学术委员会统筹行使学术事务相关的决策、审定、咨询等职权；关于学术管理运行机制，上应大全面建立了选举制度、议事决策规则、例会、退出制度、质询制度以及年度报告制度。同时，上应大还建立同行评价机制，学术评价考核优先考虑组织相同或相近专业的专家参与学术成果或学术职称的评定考核。[①]

（三）落实校院两级管理体制改革，推进管理重心下移

上应大化工学院副院长表示，"在学院，有时候觉得，权力还是太小了"[②]，学校需要不断扩大二级学院自主办学，持续推进管理重心下移，这俨然已经成为一个大趋势。上应大《章程》第三十三条就明定学校实行校、院两级管理体制，同时在《章程》中也对学校和各二级学院的权限与责任做出了规定。

上应大实施校、院两级管理体制，主要目标就是要理顺校院管理中的体制机制，推进管理重心下移。当前，上应大正在进一步探索学校简政放权、机关部处职能转变、二级学院自主负责运行的管理机制改革，以期形成权责统一、分工明确，并能充分发挥二级学院主动性、激发学校整体办学活力的局面。[③]

在校级管理层面，上应大努力优化学校行政管理部门职责定位，建立权力清单和责任清单制度，提高管理效能和服务水平；通过行政监督、民主监督、群众监督等学校内部的监督渠道和平台，强化监督意识，发挥监督合力，实现全过程监督。[④]

在院级管理层面，上应大则根据学校章程，加强二级学院的建设。首先，通过建立健全二级学院党政联席会议、学术委员会、学位评定分委员会、教代会等制度，打造民主办学的学术共同体。同时，还保证各类委员会根据各自章程或有

---

① 上海应用技术大学.上海应用技术学院深化综合改革方案［Z］.由上海应用技术大学提供，2016-10-22.
② 资料来源：上海应用技术大学化工学院副院长访谈内容，2016-10-21.
③ 陆靖.在上海应用技术学院四届四次教代会上的报告［Z］.由上海应用技术大学提供，2016-10-22.
④ 上海应用技术大学.上海应用技术学院深化综合改革方案［Z］.由上海应用技术大学提供，2016-10-22.

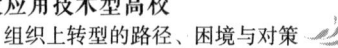

关规定开展工作，负责决定、审议其职责范围内的有关事项，确保二级学院的行政权力、学术权力、民主权利机构的各自有效工作和有序运转。其次，进一步完善民主监督体制。学校通过进一步完善二级教代会职能，规定凡关系到教职工切身利益的重大决策都需要通过教代会或教职工大会，在广泛听取意见、不断完善和修改的基础上讨论决定。领导干部每年要向教代会述职，接受教职工评优和监督。再次，上应大还制定了二级学院信息公开实施细则，编制信息公开目录，推进院务信息公开，努力提升二级学院事务管理公开的制度化和规范化水平。①

在推进管理重心下移的过程中，上应大本着积极慎重的态度，采取先试先行的原则，选择有条件的二级学院进行试点，逐步总结推广。学校通过区分研究教学、教学研究和教学等不同学院类型，针对各学院不同的目标任务，实施分类指导、分类考核、权责对等的校院两级管理制度。②通过扩大学院办学自主权，明确学院在经费投入、人事聘任、学科建设、人才培养、科学研究、资源运行等方面所要承担的目标和责任。学校还以优化资源配置和提高资源有效利用为目的，构建以绩效为导向的拨款模式，改革对二级学院经费下拨机制，进一步规范经费的使用，强化成本意识，严格年度预算管理；调整二级学院拨款模型中学生规模数所占比重，聚焦二级学院发展过程中的核心指标，将绩效理念和绩效要求贯穿于整个教育经费分配使用的全过程，开发和挖掘绩效指标的导向功能。③

五、组织流程转型

（一）推动管理流程再造，强化保障水平

努力提升行政管理效率。上应大在实现转型发展的道路上，始终把不断强化行政管理水平和提高行政管理效率作为重要的工作。主要做法是，通过明确各部门的权限和职责，规范服务标准与程序，建立问责制和限时办结制等来提高行政效率；努力理顺学校行政管理队伍的建设思路，在学校行政管理工作岗位上探索职务与职级相结合的职员职级制度，建立职级、职务多项激励的职业发展机制，强调职员分类管理；明确不同岗位类型的工作责任，强化职员的服务意识；重点

---

① 陆靖.在上海应用技术学院四届四次教代会上的报告［Z］.由上海应用技术大学提供，2016-10-22.
② 上海应用技术大学.上海应用技术大学"十三五"事业发展规划方案［Z］.由上海应用技术大学提供，2016-10-22.
③ 上海应用技术大学.上海应用技术学院深化综合改革方案［Z］.由上海应用技术大学提供，2016-10-22.

突出职员职务与职员职级的结合，明确职员职务聘任要能够体现德才兼备和工作业绩导向等。①

提升信息化应用与服务水平。上应大扎实推进智慧校园建设，并不断提高技术创新能力，2015年上应大完成办公自动化系统二期建设，合理调整原有的功能布局；初步完成校园移动系统的研发，以方便师生在移动设备端便捷访问校园数字化信息；完成校园无线网络 i-SITE 的扩建工作，做到室内和室外重要场所无线信号全覆盖，成功实现手机无感知认证上网。②2016年，学校进一步提升硬件平台建设，启动了安防系统一期建设工程，开展学校信息化应用系统的安全等级保护评估；研制了手机端课堂考勤与答题系统，开展校园数字化资源管理系统建设，升级校园网、OA系统及其相关网络管理系统；探索形成数据平台，搭建云计算平台基本框架，并全面启动校园"一卡通"门禁系统。③在未来，上应大还将持续加强校园信息化建设，通过推进实施网速提升与移动校园网覆盖工程、信息安全保障工程、数字化校园移动应用建设工程、校园云计算平台建设工程、数字资源与教学服务建设工程等来进一步提升信息化应用与服务水平。④

加强校园基础设施建设。通过优化校园环境的布局，积极营造和谐的氛围，致力于为全校师生提供舒适的学习和工作环境。长期以来，上应大一贯坚持以满足教学、科研基本需求为主的原则，将校园基础设施的建设聚焦至教室建设、教学实验用房、学生宿舍、留学生公寓、单身教师公寓及辅助用房等方面。如，2016年，学校完成了三期学生公寓、体育馆和田径场工程项目验收及移交工作；加强了特教大楼工程设施现场管理，完成了整体工程的建设；完成了综合实验楼可行性研究报告的修改与送审；推进了徐汇、奉贤校区大修项目；完成"先贤语迹"景点工程等。⑤

---

① 上海应用技术大学.上海应用技术学院深化综合改革方案［Z］.由上海应用技术大学提供，2016-10-22.
② 陆靖.在上海应用技术学院四届四次教代会上的报告［Z］.由上海应用技术大学提供，2016-10-22.
③ 上海应用技术大学.上海应用技术学院二○一六年党政工作要点［Z］.由上海应用技术大学提供，2016-10-22.
④ 上海应用技术大学.上海应用技术大学"十三五"事业发展规划方案［Z］.由上海应用技术大学提供，2016-10-22.
⑤ 陆靖.在上海应用技术学院四届四次教代会上的报告［Z］.由上海应用技术大学提供，2016-10-22.

（二）多维综合，不断深化应用技术型人才培养模式改革

明确"本科水平，技术特长"的应用技术型人才培养定位。上应大清晰地认识到，作为应用技术大学，学校应坚持把一线工程师为主的高水平应用技术型人才作为培养目标，同时还意识到，应用技术型人才不是低端人才的代名词，也不是简单意义上的操作工，而是懂技术、善创新的一线工程技术人才。为此，上应大便提出了以"本科水平，技术特长"为核心的人才培养理念。所谓"本科水平"是指学校始终将人才培养作为学校的中心工作，努力提供包括课程在内的各种有利于学生发展的优质资源，追求高质量教学，以达到"本科水平"的内涵要求，最终既要"形成本科层次和专科层次技能型人才培养之间的区分"[1]，也要形成与研究型大学的区别。正如学校化工学院副院长所述，"上海交大或华东理工培养的学生主要侧重于研发性岗位，而我们的学生由于实践能力较强，应该是主要面向生产一线，实现工段长、车间主任等工作层级的提升"[2]。"技术特长"则指除了要长期坚持培养服务生产一线的应用技术人才定位外，还需要通过不断强化与行业企业的联系，将行业企业的岗位要求转化为专业教学内容和教学标准。将学生在大学期间参与教师的技术服务和技术创新，逐步变成学生在校期间不可或缺的重要训练环节，从而达到高质量人才培养的目的。也就是说"学生掌握一门技术，一方面要体现在对其所学专业的技术有所了解，另一方面体现为在自己专业领域有一定创造技术的潜质和能力"[3]。正是得益于学校准确的人才培养定位，近些年用人单位的数量和质量都在明显地提升，同时学生毕业后的发展状况也呈现良好势头。学校化工学院副书记说："近些年，越来越多在各自行业领域占据龙头地位的企业也开始来学校招人了，因为他们看重了我们学校学生的动手能力，而且经过我们调研，学生毕业后发展也不错，经过三五年的发展，现在大都是技术主管了，符合我们人才培养的设计和定位。"[4]同时，学校香料学院院长也自豪地说，"现在我国香料香精行业里80%的人才都是毕业于我们学校这个专业"[5]。

优化专业布局，努力实现专业建设与产业需求相对接。学校办公室主任说，

---

[1] 资料来源：上海应用技术大学教务处副处长访谈内容，2016-10-21.
[2] 资料来源：上海应用技术大学化工学院副院长访谈内容，2016-10-21.
[3] 资料来源：上海应用技术大学教务处副处长访谈内容，2016-10-21.
[4] 资料来源：上海应用技术大学化工学院副书记访谈内容，2016-10-21.
[5] 资料来源：上海应用技术大学香料学院院长访谈内容，2016-10-21.

"专业是人才培养方案的核心,也是我们转型思路的主要依托"①,因而上应大就以教育部综合改革司委托的重大课题"应用型专业设置与应用型人才培养模式研究"为引领,全面梳理和优化学校的本科专业布局,对所有专业都提出了对接区域经济发展需求的明确要求,使专业布局结构与主要面向的产业、行业的对接更加紧密。具体来看,上应大将专业总数控制在50个左右,在面对办学资源并不足够充裕的情况下,"校长亲自召开专业建设会议,提出每个学院集中力量发展一到两个专业"②,即通过实施"一学院一品牌"的专业建设,集中力量对其中20个以上特色鲜明、在行业内具有重要影响力的应用型特色专业进行培育。从目前情况来看,主要是形成了四大专业群,即以香料、化工、材料等为主的现代绿色化工产业特色学科专业群,以机械、电气、信息等为主的现代制造业特色学科专业群,以城市建设、城市安全、轨道交通等为主的现代战略性新兴产业特色学科专业群,以艺术、生态、管理等为主的现代创意产业特色学科专业群。在专业对接产业上,如学校的化工专业主要聚焦石化和化工这两个行业,并把学生未来在此领域内的职业发展也写进了培养方案;在"一学院一品牌"的专业建设方面,如学校化工学院副院长所述,"我们学院主要是化工和环境这两大块,但因为专业办学的基础和历史的差异,所以我们就将专业建设重点聚焦至化工及制药这两个专业方面,对于环境类专业的发展,则主要围绕化工和制药这两个专业所对应的产业下游,如围绕化工和制药产生的环境污染问题来开设相关专业课程,总之就是环境类专业紧密为化工类专业服务"③。此外,上应大还建立以社会需求、就业率、就业质量以及学生自主选择相结合的专业动态调整机制,通过专业论证、审核、评估制度,采取增、改、减等措施,对各专业的未来发展进行监控,实现动态调整。

优化课程体系,努力实现课程内容与职业标准相对接。一直以来,上应大把优化课程体系作为实现"本科水平·技术特长"的重要抓手,同时在学校所召开的关于此八字内涵教育思想大讨论中,也一致认为"八字方针在教学中就应集中体现为高水平的课程"④。学校通过组建核心课程教授团队来落实课程改革的任务,整合设计出由"专业基础课+专业课+实践课"组成的课程群和由"核心技

---

① 资料来源:上海应用技术大学学校办公室主任访谈内容,2016-10-21.
② 资料来源:上海应用技术大学学校办公室主任访谈内容,2016-10-21.
③ 资料来源:上海应用技术大学化工学院副院长访谈内容,2016-10-21.
④ 资料来源:上海应用技术大学教务处副处长访谈内容,2016-10-21.

术+相关技术"组成的"技术包",构建体现职业能力训练和职业标准的课程体系。这正如学校教务处副处长所言,"我们加强学生的理论基础,更强调实习实践。从学生入校起,进入学校的四年时间,包括在校内和企业的实习实践类的课程,总共加起来要占到一年的时间,以此希望学生毕业之后能够直接走向工作岗位"[1]。同时,学校设置以突出"人文精神与明德修养""科学精神与技术创新"及"企业文化与职业素养"的特色通识教育来满足高水平应用技术型人才培养所需要的素质和要求。如,学校土木城建学院就针对人们对古赵州桥的美誉,把古代桥梁等相关机械技术内容列入通识核心课程,既体现了对传统文化的自豪感,又能与技术学习相结合;而香料学院则强调技术和艺术的结合,在人才培养的过程中,香料学院院长曾说,"我们会邀请艺术学院的老师,通过开设艺术类课程来融入香料专业的人才培养过程"[2],并且她还认为香料工程不仅仅是调香,实际上还是一门具备艺术性质的技术,不仅仅要有一定的理论水平和实践技能,还要有一些艺术的修养。此外,学校还抓住上海教育综合改革的契机,突破学科框架,以行业岗位需求作为制定人才培养目标的主要依据,以行业岗位的任职资格作为衡量培养质量的重要标准,通过"反向设计"人才培养方案和实施"双证融通"的培养方式,培养出真正能够满足行业需求的应用技术型人才。

实施教学改革,努力实现教学过程与生产过程相对接。上应大在实施人才培养的过程中,发现一直存在部分教师所认为的"总是存在一个矛盾,那就是企业来学校招聘,会列出很多职位,但是实际上学生去应聘时,学生的能力又不太符合这些职位"[3]"我们课堂上讲的一些东西,对行业企业来说已经是不需要了的东西"[4]等问题。为此,上应大开展教学流程再造,通过教学改革,积极建立校企协同育人机制,努力实现教学过程与生产过程的相对接,最终达到人才培养符合行业企业需求的目的。在制度安排上,上应大通过完善校企联席会议制,与在行业中具有代表性和引领性的企业、行业协会建立协同育人机制,同时还鼓励和支持各学院与相关行业企业建设校企人才培养工作室。在具体实施上,主要是通过与行业企业联合开发课程,如学校通过实施"双百工程",即通过300门校企合作课程和100门校企合作实验来加强校企协同,以实现教学过程与生产过程相对接。

---

[1] 资料来源:上海应用技术大学教务处副处长访谈内容,2016-10-21.
[2] 资料来源:上海应用技术大学香料学院院长访谈内容,2016-10-21.
[3] 资料来源:上海应用技术大学化工学院副院长访谈内容,2016-10-21.
[4] 资料来源:上海应用技术大学教务处副处长访谈内容,2016-10-21.

同时，"学校还会邀请企业专业人员来给学生上课，这些专业人员基本上都是企业高工以上水平，并且是按照相当于教授三倍的工资来支付课酬"[①]。另外，学校还加强学生第二课堂内容的建设，尽可能把企业元素引入课堂。正如学校化工学院副书记所说："我们会将重点落脚在怎样和企业开展合作这方面上。在学生培养方面，重点就放在学生第二课堂和学生自己在未来的整个职业规划上"[②]，因而上应大在学生刚入学时，就直接让企业参与到学生的培养中。在大一时，就为学生引入企业导师，一起完成未来四年大学生活规划和职业生涯规划，大二、大三时，可以和企业导师一起设计和开展项目课题，这样就让学生对企业有了一个很全面的了解。同时，学校还经常邀请企业家到学校做讲座，以及推荐学生到企业去实践学习等。为保障教学改革的效果，学校还积极吸收德国FH应用型技术人才培养模式以及CDIO工程教育理念中的有益经验，并以工程创新学院作为试点单位开展生产过程的可视化教学模式改革等。[③]

加强"双师双能型"师资队伍建设。从应用技术大学办学内涵、特征等要素来看，高水平应用技术大学发展需要一支学科专业水平高、工程经历丰富、工程实践能力强、善于教学的"双师双能型"教师队伍，因而加强"双师双能型"师资队伍建设一直是上应大工作的重点之一，正如学校人事处处长所言，"从师资队伍来讲，加强'双师双能型'教师培养，我们可是下了大力气的"[④]。首先，上应大对"双师双能型"的具体内涵和标准进行了界定。所谓"双师"是指"大学教师＋工程师"，"双能"是指"教学能力＋工程能力"。在此内涵之下，学校就将其标准界定为：一是在二级学院指定基地进行企业实践累计1年及以上；二是在与专业相关的产业企业有2年及以上工作经历；三是取得学校和二级学院认可的职业资格证书。[⑤]就目前上应大"双师双能型"教师队伍所占比例来看，全校共有专任教师1182名，外聘教师295名，其中具有行业企业工作经历或实践经验

---

① 资料来源：上海应用技术大学教务处副处长访谈内容，2016-10-21.
② 资料来源：上海应用技术大学化工学院副书记访谈内容，2016-10-21.
③ 上海应用技术大学.上海应用技术大学转型路径［Z］.由上海应用技术大学提供，2016-10-22.
④ 资料来源：上海应用技术大学人事处处长访谈内容，2016-10-21.
⑤ 上海应用技术大学.上海应用技术大学转型路径［Z］.由上海应用技术大学提供，2016-10-22.

的"双师双能型"教师占专任教师的比例为45.18%。① 未来五年,学校力争"双师双能型"教师占专任教师的比例达到50%以上。② 在具体培育上,"一方面就是把学校的教师送到企业去,另外一方面就是把企业有实践经验的老师引到课堂上来"。为保障这一机制的顺利实施,学校还制定了适合"双师双能型"队伍引进、培养、聘任及考核的系列制度,尤其注重完善相应的教师专业技术职务聘任和薪酬制度,如在专业技术职务评审、评优评奖中对具有企业或工程背景的教师给予倾斜,"双师双能型"教师的考核评价突出实践经历和技能水平;对专业课教师提出"双师双能型"要求,即每5年有在行业企业累计1年以上的实践经历;建立教师与企业工程技术人员、高技能人才的双向聘用机制;试点开展教师离岗创业和到企业兼职;允许企业家和企业科研人员到学校兼职,试点开展把企业任职经历作为学校工程类教师晋升工程类专业技术职务的条件;积极探索协议工资、年薪制等多种分配形式,全职或柔性引进企业高水平人才等。③

不断深化招生制度改革,构建应用技术型人才培养"立交桥"。在深化人才培养模式改革方面,通过招生制度改革来构建人才培养的"立交桥",是上应大工作开展的一大重心。其目的是要融入现代职业教育体系,主要通过探索建立中本、高本、本硕相互衔接的人才培养体系,扩大中、高职与应用型本科、专业硕士的贯通,从而解决职业教育"断头桥"的问题,有力搭建现代职业教育"立交桥"。具体来看,学校积极探索应用技术型人才选拔办法,构建基于应用技术型人才选拔的考试招生制度。系统设计面向中、高职毕业生升入本科阶段学习的"立交桥",探索职业教育毕业生入学的考试方式改革,探索部分专业实施"文化知识+职业技能"的单独考试招生办法,形成综合评价与多元录取相结合的招生录取模式。上应大还积极借力上海教育综合改革中的"贯通"教育改革试点,充分利用委托管理中职、高职学校的行业基础和技能培养优势,实施"中本贯通"试点,如学校化工学院在2014年时成立了上海市首批"中本贯通"试点专业,主要与金山石化工业学校、上海信息技术学校开展合作培养,"在学生通过上海市

---

① 上海应用技术大学.上海应用技术大学本科教学质量报告(2014—2015)[Z].由上海应用技术大学提供,2016-10-22.
② 上海应用技术大学.上海应用技术大学"十三五"事业发展规划[Z].由上海应用技术大学提供,2016-10-22.
③ 上海应用技术大学.上海应用技术学院深化综合改革方案[Z].由上海应用技术大学提供,2016-10-22.

统一组织的文化课考试之后,学校会组织实践技能类考试,进行严格规范的测试。学生通过入学后,整个培养将历时7年,重点在于打破中专和本科的界限,在前3年将大学里面一些容易理解的或者一些比较浅的理论性东西放在中专里面去讲,一些较深的知识就放在本科阶段去学,对于实践类课程也这样。这样就能借助中专学校比较好的实践教学基地和经验,保证每年都有一定量的时间到企业去实习"[1]。

积极探索具有应用技术特色的研究生培养模式。2008年,上应大正式成为硕士学位授权单位并开始研究生教育。截至2016年,上应大的研究生规模总体保持在1000人左右,[2]到"十三五"期末,上应大还提出要实现研究生总体规模达到1500人的目标。在上应大积极探索研究生培养的道路上,学校积极试点"本硕连读"的直升体制和一体化培养机制建设,围绕提高研究生的实践能力,加大产学结合,推进制度创新和体制机制改进,努力构建服务区域经济社会发展的专业学位研究生培养模式等。具体而言,学校实施研究生学位点建设工程,通过对接区域经济社会发展对研究生教育的需求,做好学位授权点的结构布局和规模的动态调整。授权点重点考虑学位点与学校优势特色学科的结合程度、与产学研协同创新发展的结合程度,并兼顾学位点的示范性和覆盖面。学校还实施研究生培养质量提升工程,强调学术学位以培养学术创新能力为核心,而专业学位则以培养职业胜任能力为核心,不断强化培养过程的质量管理,实行严格的中期考核和论文审核制度,加强导师考核与管理,支持研究生更多参与前沿性、高水平的科研工作,以及国际学术交流和产学研协同创新,加大优秀硕士学位论文的培育力度等。[3]此外,学校还积极开展联合培养,在专业硕士和专业博士层次上进行各类型合作,资源共享,协同创新。

着力完善应用技术型人才培养质量保障机制。上应大一直把人才培养的质量保障放在重要位置。学校通过借鉴和引入国际应用型人才培养经验和第三方认证机制,探索并建立行业专家和用人单位共同参与的应用型人才专业标准。学校通过强化与产业结合程度、实验实习实训水平、"双师双能型"教师比例和质量、校企合作深度等,建立以高质量就业能力、产业服务能力、技术贡献能力为评价

---

[1] 资料来源:上海应用技术大学化工学院副院长访谈内容,2016-10-21.
[2] 资料来源:上海应用技术大学教务处副处长访谈内容,2016-10-21.
[3] 上海应用技术大学.上海应用技术大学"十三五"事业发展规划[Z].由上海应用技术大学提供,2016-10-22.

标准的质量评估体系。学校建立本科教学基本状态数据库，实施本科教学质量、毕业生就业质量年度报告发布制度，自觉接受社会监督。在学习效果考核方面，学校主动采取过程评价方式进行教育教学评估，积极结合期中、期末考试，关注教学过程的各个阶段，开展不同形式的评价，形成一套更加科学合理、更加符合应用型人才培养要求、更加有利于调动学生学习积极性和主动性、更加有利于全面评价学生学习成效的考试制度和考核体系。同时，学校也注重加强自我评估，建立多重闭环的教学质量保障体系，以高等教育五位一体评估体系为指导，参照国际等效的专业认证标准，实施评估和专业认证制度，形成以评促建、审核评估的机制等。[①]

（三）重点强化学科建设，增强应用型科研水平与实力

优化学科布局，强化"高峰""高原"学科建设。高质量人才培养离不开学科的发展，高水平的大学也需要高水平的学科来支撑，特别是在国家强调建设"双一流"的大背景下，加强学科建设就显得更为重要。与研究型大学不同，上应大始终坚持把应用型学科建设作为主攻方向，正如学校科技处副处长所述，"我们是应用型大学，这决定了我们的定位应以技术应用为主，换句话说，主要是要解决企业生产过程中现实性需求的问题，当然我们学校也有基础研究，但我们不是纯粹的基础研究，而是要把它作为应用技术研究的前端"[②]。在优化学科布局方面，上应大坚持有所为、有所不为的发展策略，基于学科发展的内在规律，瞄准学科前沿，结合国家和区域发展重大战略需求，在学校层面集中力量发展若干个具有竞争力的学科，如香精香料专业学科，争取在较短时间内上升为国家级科技创新平台；发展若干个既符合上海区域经济发展要求，又有一定基础和较大发展潜力的学科，如轨道交通专业学科。在学院层面，要求每个学院都应凝练出少数几个学科方向，集中全院大多数学术力量，合力攻关，尽快提升某个或某几个学科水平，带动整个学科发展，实现一个专业至少有一个平台支撑的发展目标。[③] 如学校化工学院副院长所说，"在我们化工学院，就是主要集中培育化工和制药方

---

① 上海应用技术大学.上海应用技术学院深化综合改革方案［Z］.由上海应用技术大学提供，2016-10-22.
② 资料来源：上海应用技术大学科技处副处长访谈内容，2016-10-21.
③ 上海应用技术大学.上海应用技术学院转型路径［Z］.由上海应用技术大学提供，2016-10-22.

向"①。在优化学科体系基础上,学校重点围绕国家一流学科建设目标以及上海市高峰高原学科建设,通过关注应用型学科和行业企业需求,培育或新增生态学、艺术设计、城市安全工程、材料科学与工程、马克思主义理论等学科成为下一轮高峰高原学科建设点。②积极做好化学工程与技术Ⅱ类高原学科建设,并力争将建设层次提升到Ⅰ类高原或Ⅲ类高峰学科,以及积极推进培育重点建设学科入选Ⅳ类高峰学科建设等。③

积极加强协同创新平台建设。上应大认识到应用型学科发展的主要抓手是产学研合作和协同创新平台建设,由此可推动学科由分散、小型技术服务向有组织、协同创新解决行业企业关键技术和重大问题转型。"协同创新平台和产学研还有差别,产学研只是把学校的技术拿到企业去用,而协同创新平台则是要求我们学校和企业共同搭建这样的一个平台,在这个平台上,既能实现学生的实习需求,又实现教师在企业实践经历的培养,也是说教师要参与到这个平台的建设中。"④对此,上应大在协同创新平台建设方面,主要采用点面结合的形式,其中"点"是指聚焦国家级和省部级协同创新平台的培育和现有省部级协同创新平台的提升,"面"是指构建校级和学院级协同创新平台,以凝练现有的学科专业优势为导向,协同对接行业企业、科研院所、政府社会组织等,从而覆盖所有应用型学科专业,最终让平台既成为教师学术发展上对接行业企业的桥梁,也成为学校与行业企业联合培养学生的基地。⑤例如,学校就以培育国家和上海市工程技术研究中心等高水平平台为目标,重点推进上海市香料香精工程技术研究中心,实现国家级工程中心或协同创新平台建设的突破;通过优化化工、材料、机械、安全、艺术等学科资源,积极培育省部级以上基地平台;积极推进上海市教委及服务区域和政府的重点基地建设;等等。⑥"就是从今年

---

① 资料来源:上海应用技术大学化工学院副院长访谈内容,2016-10-21.
② 上海应用技术大学.上海应用技术学院深化综合改革方案[Z].由上海应用技术大学提供,2016-10-22.
③ 上海应用技术大学.上海应用技术大学"十三五"事业发展规划[Z].由上海应用技术大学提供,2016-10-22.
④ 资料来源:上海应用技术大学科技处副处长访谈内容,2016-10-21.
⑤ 上海应用技术大学.上海应用技术学院转型路径[Z].由上海应用技术大学提供,2016-10-22.
⑥ 上海应用技术大学.上海应用技术大学"十三五"事业发展规划[Z].由上海应用技术大学提供,2016-10-22.

开始，学校里面成立了两批，大概有十几个平台，包括上海光明乳业和化工方面的华一集团和金山石化等。"①

改革完善科研评价与成果处置制度。这既为科研工作的顺利开展提供重要保障，又在调动学校广大科研工作的积极性方面有重要作用。同时，对于不断提高学校应用型科研水平还有重要意义。在科研评价方面，上应大通过完善多元多样的科研评价体系，试点代表作评价、同行专家评价和分类评价；通过完善基础性学科科研评价体系，以学术效果评价为主，按照"创新性、前沿性"标准来考察其学术价值；推进构建应用型学科科研评价体系，以产学研、横向课题和专利为主，按照"技术革新、成果转化、经济效益和社会服务"标准来衡量其水平。在成果处置制度方面，上应大积极改革职务科技成果的处置权益收益制度，逐步形成以知识产权保护和运营为核心，以合理可操作流程为抓手，以简明和公开为特征的、规范的知识产权管理体系，完善科研成果转化和收益分配机制。②

（四）积极推进产教融合，努力提升社会服务水平

大力推进科技成果转化。积极推进产教融合是应用技术型高校建设内涵的应有之义，上应大除了在上文已述的通过不断加强协同创新平台建设来实施和推进产教融合外，还努力通过成立校外科研工作站、技术中心等方式来大力推进科技成果转化。所谓科研工作站，就是"学校主要面向长三角地区，重点把江苏、浙江和上海的'两省一市'作为基地，为中小城市的中小企业提供服务，在每个地级市成立科研工作联系站点"③，而技术中心，则主要在实现技术成果的推广和转化方面发挥作用。在具体实施科研成果转化方面，学校通过发挥专利配套经费的激励作用来激励增加专利的申请数量，提高专利的授权数量，且促进专利的产业化，提升专利的转化率。学校还大力发展上海高等应用技术研究中心和上海应用技术大学技术转移有限公司，通过继续与上海科学院合作，促进上海高等应用技术研究中心内各个项目有序推进，特别是在项目引入及开发、机制体制创新等方面有新的突破；通过上海应用技术大学技术转移有限公司的平台，充分利用国家及上海市相关科技成果转化政策，聚焦研究团队中的成熟技术，加速转化，实现

---

① 资料来源：上海应用技术大学科技处副处长访谈内容，2016-10-21.
② 上海应用技术大学. 上海应用技术学院深化综合改革方案[Z]. 由上海应用技术大学提供，2016-10-22.
③ 资料来源：对上海应用技术大学科技处副处长访谈内容的整理，2016-10-21.

每年成功转化一家以上科技公司。①

不断提升服务能力。主动服务区域经济社会发展，是上应大在加强应用技术高校建设道路上的基本定位，学校除了通过发挥其科技优势来推进产教融合外，还不断发挥其在区域中独有的人文资源优势来不断提高社会服务水平，并扩大其影响力。学校通过对接徐汇区，聚焦漕河泾高科技园区发展的软环境支撑需求和徐汇滨江文化产业带的产业聚集需求，发挥学校知识产权领域的技术优势和文化艺术创意的积淀，主动服务，取得成效。通过满足奉贤区经济发展的需求，聚焦东方美谷产业的软环境支撑需求和上海化工园区的配套水平提升，发挥学校香精、化妆品产业的技术优势和化学工程、安全工程等学科的综合优势，主动对接，深度合作，取得双赢。学校还积极发展继续教育，根据上海建设学习型社会和提升城市竞争力等的需要，上应大努力为社会提供各类高质量的教育培训、现代远程教育等继续教育服务。稳步扩大成人学历教育规模，积极扩大职业培训类型和规模，形成继续教育的特色品牌和精品项目。②

（五）瞄准国家发展战略，推进国际化办学与开放合作

抢抓国家两大战略契机，确立国际化办学体系。上应大认为，高水平应用技术大学的一个重要特征就是国际影响力，因而希望能通过努力，在全世界应用技术大学中成为中国应用技术大学的代表。截至2015年，学校的国际交流合作伙伴学校和机构涵盖25个国家和地区，全年有约83批500余人次海外重要学者、高校负责人等到校访问交流，新签校际合作交流协议43项。全年有来自15个国家的196名留学生参加各种长短期项目学习，海外留学比例进一步提高，派往海外院校学习、实习和培训的学生人数为269名。③在未来，特别是在国家实施"中国制造2025"和"一带一路"倡议的背景下，上应大努力实现学校发展目标与国家发展目标相契合，在"中国制造2025"战略中，明确提出实施国家制造业创新中心建设、智能制造等五项重大工程，通过关键性技术的创新推动制造业竞争实力的切实提升。在"一带一路"倡议中，由于沿线国家和地区正处于工业

---

① 上海应用技术大学.上海应用技术学院深化综合改革方案［Z］.由上海应用技术大学提供，2016-10-22.
② 上海应用技术大学.上海应用技术学院深化综合改革方案［Z］.由上海应用技术大学提供，2016-10-22.
③ 上海应用技术大学.上海应用技术学院2015年学校工作总结［Z］.由上海应用技术大学提供，2016-10-22.

化、城市化起步或加速阶段，这将在通路、通航、通商、通信、教育、旅游等方面为中国企业和高校发展带来重大机遇。对此，学校将利用"中国制造2025"战略机遇，在境外专业培训项目上争取实现零的突破（如轨道交通运营维护），并建成一套留学生培养全英语课程群，以及建成一个在留学生中有较大影响力的特色专业。①学校也将拓展与"一带一路"沿线国家的教育合作，与当地政府和中资企业合作开展各类培训项目；开展汉语国际推广项目，推动建立孔子学院；建立国际科研合作机制，探索与外资企业的国际科研合作模式；充分发挥二级学院的主体作用，建立一批高水平应用型的国际合作研究中心、联合实验室或研发基地等。②

探索与世界高水平应用技术型大学实质性合作模式。上应大除了依托国家战略契机来推动国际化办学和开展广泛国际合作，还以拓展规模、分类发展、突出重点、提高层次为原则，积极探索与世界高水平应用型大学的实质性合作模式。具体而言，上应大主动实施高水平中外合作办学项目培育工程，通过加强对现有中外合作办学项目的指导和管理，主动拓展与国际高水平应用型大学或国际著名应用技术研发机构开展实质性合作，如通过筹划成立中欧知识产权学院、中欧香精香料学院、中欧工程师学院，探索更具灵活性和可操作性的高水平合作办学和境外专业培训模式；学校努力实施国际化师资队伍建设工程，通过和国外知名、特色大学的深度合作，加强与国（境）外高校或机构联合共建教学、科研中心或实验室；完善教师出国访问制度，支持教师参加国际学术会议及国际科研合作，每年选派一定数量中青年教师赴海外访学及研修；通过学生国际交往和竞争能力提升工程，加强与国际高水平应用技术类大学联合培养、校际交流、学生互换、实习见习等多形式合作交流，为学生提供多样化的海外学习、实习渠道，引导、鼓励优秀学生出国（境）交流学习和获取国际职业资格证书等。③此外，学校还努力探索与世界高水平应用型大学互认学分、互授学位机制来加快人才培养的国际化步伐。

---

① 上海应用技术大学.上海应用技术大学转型路径［Z］.由上海应用技术大学提供，2016-10-22.
② 上海应用技术大学.上海应用技术学院深化综合改革方案［Z］.由上海应用技术大学提供，2016-10-22.
③ 上海应用技术大学.上海应用技术大学"十三五"事业发展规划［Z］.由上海应用技术大学提供，2016-10-22.

六、组织文化转型

(一) 文化转型尚难破题，合校历史仍遗留问题

正如来自上应大副校长的观点，"文化转型还没有拿出方案，没有形成系统，还是挺难的。有形的载体还好办，但是对于那些无形的东西，这才是关键，总之还难以破题"[①]。

当走进上应大的校园，无论是校道两旁每间隔50米左右路灯上悬挂的宣传标语"坚持走应用技术特色发展之路，坚持以应用技术为办学之根本""厚德精技，砥砺知行""本科水平，技术特长"，图书馆、教学楼上的横幅所印有的"全面建设高水平应用技术大学"，还是"校企合作纪念林""火车头广场"等这些物质载体，无不在向上应大全体师生员工和外来的游客传递着学校正在发生的巨变，同时也似乎是要试图通过这些文字内容和视觉效果来引导广大在校师生逐渐理解并认同"应用技术型理念"。然而，也正是这一理解和认同的过程，却成为上应大在实现转型发展过程中，组织文化如何向具有应用技术型的内涵转变的一大难题。因为学校领导清晰地认识到："要形成一派应用技术型高校的文化样态，首先需要所有的教职工能认识到我们是在办应用技术型大学，要能形成一个应用技术型的办学理念和工程师文化的氛围，这很重要，特别是对于学校1/3的文科院系来说，他们在朝向应用技术型的办学方略下该采取什么措施，该有什么思路就更难了。"[②] 同时，学校领导也坦言，这是他们必须要面对的问题，也是下一步需要抓紧去做的事情，"至少在未来的规划中，要去做一些项目来不断完善"[③]。

由于合校的历史因素，在促成学校成员特别是教职工对"应用技术型理念"的认同时，又形成了另一制约。如果行走在上应大的校园，很容易就能见到正对图书馆的特殊标志，据介绍，这一特殊的标志名曰"知识之门"。正是这个"知识之门"把学校三校合并的历史展现得淋漓尽致，因为其本身就是由三个部分组成，也就代表着原来三个高等学校的基础，标志顶端既有鸽子的形状，又有叶子的形状，寓意着以三校合并为基础，要实现开枝散叶与和谐飞翔。然而，如学校校办主任所言："这一标志，本身只是为了交代学校的历史，与应用技术型的理念并无直接联系，因为那时候虽然知道有应用技术型这个概念，但是并不代表学

---

① 资料来源：上海应用技术大学副校长访谈内容，2016-10-21.
② 资料来源：上海应用技术大学副校长访谈内容，2016-10-21.
③ 资料来源：上海应用技术大学副校长访谈内容，2016-10-21.

校未来就一定要走应用技术型这条发展道路。"① 可见，学校在合并时对应用技术型理念的理解是模糊和踌躇的。究其原因，是由于原来三所学校各自都有四五十年的历史，分别所属的办学思想、教学模式及管理体制和各学校群体所固有的观念、行为方式等无不在实际发展中让人们产生路径依赖，所谓合校之后的"上海应用技术型学院"，"在他们看来真的就只是换了一个领导，至于学校换了什么理念和未来要成为什么样子，他们或许觉得都与自己无关"②，"特别是一些老教师，因为几十年的惯性都在脑子里，他们上课不用带课本，一支粉笔就自认为课已经讲得很好了，即便知道这套模式存在问题，但极少数人愿意去改变"，因而要想统一广大教职工对"应用技术型理念"的认同，必然曲折前行，不能一蹴而就。

其实，这种因为合并的历史因素而形成的制约远不止于在理念的认同上，在学校努力实现转型发展的各项改革中，因为合校而遗留的一些历史问题，也对学校的各项改革产生着影响。例如，在有关科研团队的构建方面，正如在上文组织流程转型中所述的，上应大把面向解决企业、生产现实问题的科研平台和科研团队的建构作为学校向应用型科研转型的一个重要方面，然而在构建科研团队的建设过程中，"由于学校的教师来源于过去三所合并的大专学校，实际上，有些教师在科研方面的能力还是比较弱的，所以如果我们只去构建科研团队，大概只有30%的老师可以进科研团队，那么剩下70%的老师怎么办？如果用科研方面来考核他，就意味着这些老师不合格，然而不合格的老师相当一部分都是老教师，如果让他们离开学校就更不现实，学校也就办不下去，也就使学校科研团队建构的难度加大"③。也正是由于合校而遗留的"历史裂缝"，在学校尝试推进向应用技术型转型的各类变革过程中，就难免会产生来自文化的磨合与碰撞，特别是在学校成员认为自身利益受损而对学校办学理念产生怀疑的背景下，如果处理不好，就会形成对学校转型发展的限制。

（二）在激流中勇进，零星式文化塑造在路上

总体来看，尽管上应大文化转型还难以破题，但透过学校近些年的政策效果和发展总结，其实不难发现，在学校局部显然已逐渐凸显出一些独特的文化特征，主要表现如下。

---

① 资料来源：上海应用技术大学学校办公室主任访谈内容，2016-10-21.
② 资料来源：上海应用技术大学理学院院长访谈内容，2016-10-21.
③ 资料来源：上海应用技术大学科研处副处长访谈内容，2016-10-21.

努力营造向心力逐渐增强的文化氛围。历年来，上应大把营造"人人努力，人人皆可发展"的校园氛围作为主要工作目标。一是通过构建合理的薪酬激励机制，努力营造愉快和谐的人文环境；通过强调人文关怀和情感投资，凝聚人心和关爱弱势群体；通过针对不同身份人群对激励需求不尽相同的原则，构建不同的制度激励措施等。二是搭建合作交流平台，不断营造良好氛围，如通过努力加强与民主党派、无党派人士和党外知识分子的联系与交流，支持其组织的自身建设等来增强学校成员，特别是广大教职工的稳定性和向心力，形成教职工个人与学校发展共荣辱的集体主义思想。① 此外，学校还经常组织开展"关爱青年婚恋、开启幸福之旅"等系列活动，开展教职工子女入托就学的调研活动以及健康养生方面的讲座和咨询等，积极营造温暖的"家文化"，进一步增强学校教职员工爱集体、爱校园的向心力。②

不断强化团队精神培育。为适应转型发展的需要，上应大把创新团队的构建作为一个重要抓手，特别是在教学科研创新团队的建设方面，上应大积极探索"围绕一个领军人才，培植一个创新团队，支撑一个优势学科"的团队建设模式，努力探索教学科研一体化的团队建设。通过制定有利于教学科研团队发展的激励政策，对做出突出成绩的给予资源及政策的倾斜；通过建立基于团队的资源配置、业绩评价、考核和激励机制，扩大团队负责人的自主权；通过进一步探索改革交叉学科支持机制，切实打破学院学科壁垒，整合科研团队，推进优势学科的关联渗透与交叉融合。正由于一项项利于团队发展的措施，学校创新团队构建如火如荼，团队精神得到强化和培育。③

积极繁荣工程师文化。作为应用技术型高校的上应大，深入践行并积极繁荣工程师文化理应成为其文化建设的重要内涵。在此方面，通过德育教育与专业教育有效结合可谓是上应大的首要方向。具体来看，一方面，上应大以弘扬工程师文化、挖掘学科（课程）德育、建设积极向上的校园文化和倡导志愿服务精神为载体，通过有效整合、融合校内部门德育资源，汇聚多个平台力量，推动学生德育教育一体化，提升德育教育的效度和水平。学校还通过深入弘扬以"砥砺知行、

---

① 上海应用技术大学.上海应用技术学院深化综合改革方案［Z］.由上海应用技术大学提供，2016-10-22.
② 陆靖.在上海应用技术学院四届四次教代会上的报告［Z］.由上海应用技术大学提供，2016-10-22.
③ 上海应用技术大学.上海应用技术学院深化综合改革方案［Z］.由上海应用技术大学提供，2016-10-22.

厚德精技"为核心内涵的工程师文化内涵,营造浓厚的工程师文化氛围,引导在校生成为恪守工程师伦理与价值观的典范,把自己培养成为优秀的工程师人才。[1] 另一方面,学校通过加强第二课堂建设,丰富校园文化活动以及重视大学精神的凝练,积极探索适应上应大人才培养特色的工程师文化。正如学校化工学院副书记所言:"在我们的第二课堂里,关于校园文化活动的开展,除了常规的心理、党建及团学活动之外,围绕我们的人才培养和工程师文化的营造,重点还希望与企业加强对接。比如,鼓励我们的学生走向企业一线,或者邀请取得一定成就的校友来指导我们的学生社团,拉近交流等。"[2] 同时,学校还会通过承担一些大型的赛事,鼓励学生去作为助手或志愿者,以此来增强学生对于专业技术的认知,如2016年10月在上应大举办的全国石化行业职业技能竞赛,其中多数志愿者就来自上应大化工学院。

加强创新精神文化培育。上应大加大对"三创"教育中心的建设力度,将创新创业创意教育融入人才培养全过程,构建依次递进、有机衔接的"三创"教育课程体系。努力推进"院院有赛事,人人都参与"的学科技能竞赛和科技创新,建立优秀创新创业导师人才库,学生参与率提高到70%以上;学校发挥工程创新学院在教育教学改革中的试验田作用,探索创新创业人才培养的有效机制,最终实现创新精神文化的繁荣和培育。[3] 因而,学校在近些年的学校科创人才培养中取得优异成绩,如在2016年举办的上海市化学竞赛中,即使与上海市所有高校以及浙江大学、南京大学、中国科技大学等进行竞争,学校还是获得了一个全国二等奖、一个全国三等奖的好成绩。[4]

七、小结

基于前述,关于上应大转型发展的实施路径主要总结如下。在组织战略转型方面:从模糊到清晰,在发展进步中实现战略认同是战略认同的主要特点;为强化战略内容的执行,紧扣区域发展政策具体落实,如"085工程"建设和上海作

---

[1] 上海应用技术大学.上海应用技术学院2014年工作总结[Z].由上海应用技术大学提供,2016-10-22.
[2] 资料来源:上海应用技术大学化工学院副书记访谈内容,2016-10-21.
[3] 上海应用技术大学.上海应用技术学院2015年工作总结[Z].由上海应用技术大学提供,2016-10-22.
[4] 资料来源:上海应用技术大学化工学院副书记访谈内容,2016-10-21.

为国家教育综合改革试验区等；在新时期战略内容的具体设定上，着眼于顶层设计，形成从"十三五"到"2030"，再到"21世纪中叶"的战略目标体系，同时对办学定位加以明确并开展综合改革。在组织领导转型方面：形成了一套信念坚定、思路清晰与善于学习的领导班子；着力加强中层干部队伍建设，形成推动转型发展的向心力；不断完善教师激励政策，努力激活广大教职工对转型的贡献和潜能。在资源配置转型方面：着力完善资源配置体制机制，通过深化改革提高资源配置效率；在办学资源获取方面，学校充分利用所处区位的经济优势，以应用型科研开展为先导，全面提升办学资源的获取能力；在资源分配方面，与多数转型高校一样，上应大也面临着资源相对短缺的问题，面对资源不足的情况，学校努力加强对关涉教学一线的投入。在组织结构转型方面：在实施转型发展道路上，当前的组织机构设置明显突出工程和技术特征；努力完善内部治理的体制机制，构建多元化参与决策模式；落实校院两级管理体制改革，推进管理重心下移。在组织流程转型方面：组织流程转型被上应大视为转型的最大主题，主要把人才培养改革作为流程转型的核心，涉及培养定位、专业布局、课程体系、教学改革、师资队伍、招生制度、质量保障等多方面；推动管理流程再造，以强化保障支持水平；重点强化学科建设，增强应用型科研水平与实力；积极推进产教融合，努力提升社会服务水平；瞄准国家发展战略，推进国际化办学与开放合作。在组织文化转型方面：由于合校的历史及相关遗留问题，转型总体处于尚难破题的境地，但向心力逐渐增强、团队精神得到培育、工程师文化得到繁荣、创新精神文化得到加强，又可被认为是上应大在寻求组织文化转型方面的零星式探索。

第四章 应用技术型高校组织转型路径的特征分析

第一节 组织转型路径的共同特征

通过上文对贵州工程应用技术学院和上海应用技术大学两案例高校组织转型的具体分析，总结来看，在"组织战略""组织领导""资源配置""组织结构""组织流程"和"组织文化"等转型上，存在诸多共同特征，如图13所示，具体内容如下。

一、明确战略定位与目标

（一）形成明确的战略定位与目标

能形成明确的战略定位与目标是贵工程和上应大在实现转型发展中组织战略转型方面的重要共同特征之一。无论是为贵工程全校师生所传唱的"服务毕节试验区是毕节学院根脉所系"[①]，还是上应大的"一定要在服务上海都市工业、都市服务业方面有所发展、有所贡献"[②]，都无不传递着两所高校在实现转型发展路径上坚定的战略信念与服务定位。两所学校也正是基于各自清晰的战略定位，在不断推进学校向应用技术型转型发展的道路上，得以明确目标实现的时间节点，稳步向各自所定位的"高水平应用技术型高校"的建设目标迈进，如贵工程明确提出"未来五年，把学校建成国内有一定影响、省内一流、特色鲜明的高水平应用技术大学"[③]。又如，上应大则以"建设具有国际影响力的高水平应用技术大学"[④]的战略目标为核心，明确提出了三步走的路径。第一步，未来五年，学校综合办

---

① 贵州工程应用技术学院.教育部部长袁贵仁在毕节学院"创先争优"座谈会上的讲话，2010年8月4日下午［Z］.由贵州工程应用技术学院提供，2016-06-25.
② 资料来源：上海应用技术大学副校长访谈内容，2016-10-20.
③ 贵州工程应用技术学院.贵州工程应用技术学院转型发展试点方案［Z］.由贵州工程应用技术学院提供，2016-08-06.
④ 上海应用技术大学.上海应用技术大学"十三五"事业发展规划方案［Z］.由上海应用技术大学提供，2016-10-22.

第四章 应用技术型高校组织转型路径的特征分析

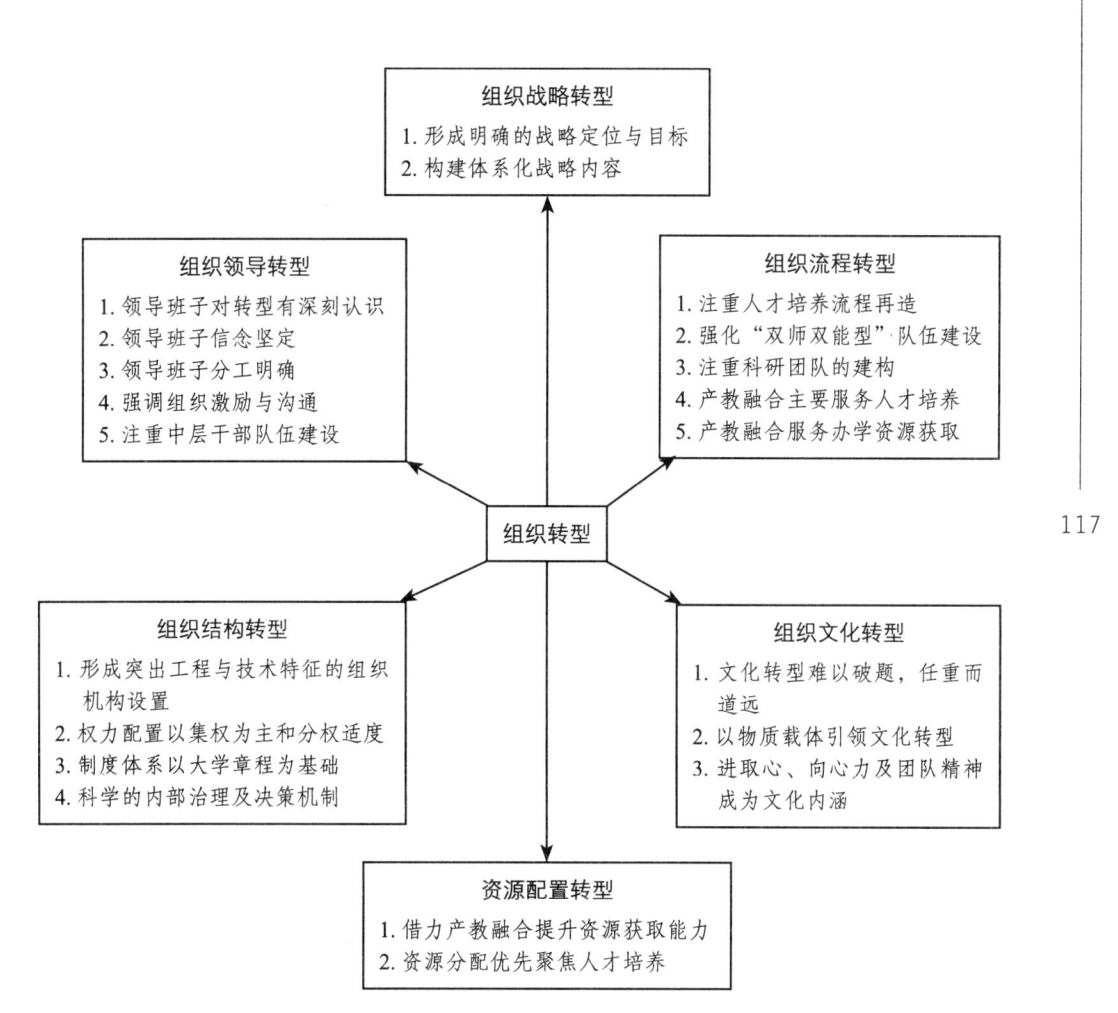

```
                    ┌─────────────────────────┐
                    │      组织战略转型         │
                    │ 1. 形成明确的战略定位与目标 │
                    │ 2. 构建体系化战略内容      │
                    └─────────────────────────┘
                              ▲
┌──────────────────────┐      │      ┌──────────────────────┐
│     组织领导转型       │      │      │     组织流程转型       │
│ 1. 领导班子对转型有深刻认识│      │      │ 1. 注重人才培养流程再造 │
│ 2. 领导班子信念坚定     │      │      │ 2. 强化"双师双能型"队伍建设│
│ 3. 领导班子分工明确     │      │      │ 3. 注重科研团队的建构   │
│ 4. 强调组织激励与沟通   │      │      │ 4. 产教融合主要服务人才培养│
│ 5. 注重中层干部队伍建设 │      │      │ 5. 产教融合服务办学资源获取│
└──────────────────────┘      │      └──────────────────────┘
                         ┌─────────┐
                         │ 组织转型 │
                         └─────────┘
┌──────────────────────┐      │      ┌──────────────────────┐
│     组织结构转型       │      │      │     组织文化转型       │
│ 1. 形成突出工程与技术特征的组织│   │      │ 1. 文化转型难以破题,任重而 │
│    机构设置            │      │      │    道远               │
│ 2. 权力配置以集权为主和分权适度│   │      │ 2. 以物质载体引领文化转型 │
│ 3. 制度体系以大学章程为基础│      │      │ 3. 进取心、向心力及团队精神│
│ 4. 科学的内部治理及决策机制│      │      │    成为文化内涵        │
└──────────────────────┘      │      └──────────────────────┘
                              ▼
                    ┌─────────────────────────┐
                    │      资源配置转型         │
                    │ 1. 借力产教融合提升资源获取能力│
                    │ 2. 资源分配优先聚焦人才培养 │
                    └─────────────────────────┘
```

图13 我国地方普通高校向应用技术类转型组织上的共同特征

学实力在上海和全国100所试点应用技术高校中位居前列,为建成具有国际影响力的高水平应用技术大学奠定坚实基础。第二步,到2030年,学校办学实力进入全国一流应用型大学行列,初步建成一所具有一定国际影响力的高水平应用技术大学。第二步,到21世纪中叶,学校整体实力稳定在全国一流应用型大学前列,建成一所具有国际影响力的高水平应用技术大学。

(二)构建体系化战略内容

无论是贵工程还是上应大都把体系化战略内容的构建作为战略转型与实施的重要方面。贵工程分别推出了"治理体系及治理能力建设工程""人事分配制度改革工程""应用型专业体系建设工程""'双师双能型'教师队伍建设工程""科技创新服务工程""'12224'应用型人才培养模式改革工程""创新创业能力提升工程""产教融合平台建设工程""人才培养'立交桥'工程"等。① 上应大也提出要从"管理的体制机制""人事制度与评价体系""应用技术型人才培养模式""学科发展与科研管理的体制机制""学生工作的体制机制""国际化与开放合作体制机制""资源配置与保障体制机制"② 等方面来实施改革。正是这些体系化"战略工程"与"战略改革"所构成的战略内容，成为两学校在实现向应用技术型转型的重要战略抓手，进而达到战略定位和愿景所确定的发展目标。

二、强调组织激励与沟通

（一）组建一套对转型有深刻认识、信念坚定并分工明确的领导班子

在组织领导方面，贵工程和上应大都分别形成了一套对转型有深刻认识、信念坚定并分工明确的领导班子。无论是贵工程还是上应大，在其领导班子中，各自的"一把手"都因其早年的求学或工作经历，深谙应用技术型高校建设的重要性，且有自己的办学理念。如，贵工程校长在20世纪80年代接受中职教育，后又进入工厂实习，而后攻读硕士、博士，使其对"应用技术型人才培养有独到的见解"③；上应大校长在就任该校校长前，一直担任上海市教育委员会副主任且分管上海应用技术型高校建设，因而"对于应用技术型高校如何转、如何建在其到任前就有了相当清晰的认识"④。在领导班子坚定转型信念方面，贵工程副校长明确表达了对学校转型发展的"义无反顾"⑤，上应大副校长也表达"不可能去逃避，必须去面对"⑥。在明确分工方面，无论是贵工程党委书记和校长之间的"绝配"，还是上应大所形成的"'一把手'校长牵头，分管副校长主抓的分工格局"，都能体现出分工的明确性。

（二）强调组织激励与沟通，特别注重对中层干部队伍向心力的构建

无论在贵工程还是在上应大，对于组织激励与沟通的强调都被认为是组织领导转型的重要内容之一。在组织激励方面，从激励的形式来看，通过物质与精神

---

① 贵州工程应用技术学院.贵州工程应用技术学院转型发展试点方案[Z].由贵州工程应用技术学院提供，2016-08-06.
② 上海应用技术大学.上海应用技术学院深化综合改革方案[Z].由上海应用技术大学提供，2016-10-22.
③ 资料来源：贵州工程应用技术学院党委书记访谈内容，2016-08-11.
④ 资料来源：上海应用技术大学副校长访谈内容，2016-10-21.
⑤ 资料来源：贵州工程应用技术学院教学副校长访谈内容，2016-08-12.
⑥ 资料来源：上海应用技术大学副校长访谈内容，2016-10-21.

的双向激励，并以精神激励为主，是两所学校的共有特征。正如贵工程党委书记所言："办大学需要的是一种情怀，一味地用物质来激励会诱发教职员工钻到'钱眼里'。"[①] 因此贵工程设立特别贡献奖，并把为教职工攻读博士、硕士提供有利条件等作为激励的重要方式与手段，上应大则把"强调人文关怀和情感投资，凝聚人心和关爱弱势群体"作为激励的主要方向。同时，两所学校也都重视物质层面的激励，比如重点关注教职工待遇的提升、薪酬制度的改革以及民生工程的建设等。在组织沟通方面，如贵工程教学副校长所提到的"遇到有人不理解改革，思想转变不过来的情况，往往是一次沟通不行，就来第二次，第二次不行再来第三次，一直讲到他们觉得正确为止"[②]。在上应大，其领导班子则非常注重实地调研，通过及时深入各二级部门，倾听教职工在工作上所遇到的难题等，形成上下级之间顺畅的沟通机制。

除强调组织的激励与沟通外，两所学校还清晰地认识到，中层干部队伍在推动学校转型发展中所起到的中坚力量作用，因而特别注重对中层干部队伍向心力的构建，如贵工程明确要把学校中层干部的任务考核与其薪酬相挂钩，在转型中有突出贡献的，优先提拔，而上应大则非常注重干部交流和调整，通过"走出去、请进来、沉下去"的方式不断加强综合业务能力的培养等。

三、以产教融合提升办学资源获取能力

（一）借力产教融合，全面提升办学资源的获取能力

产教融合是应用技术型高校的重要办学特征。在贵工程和上应大实现转型发展的道路上，各自都清晰地认识到随着校企合作、校地合作以及立足为区域经济发展的产教融合项目的推进，学校获取资源的能力得到了逐步增强。贵工程通过开放办学，一改"科研闭门造车"的状态，转向紧扣"服务毕节试验区"，加大校地合作。学校还加大校企合作，陆续与大唐电信集团、重庆大正物业有限公司、杭州喜马拉雅科技有限公司，以及本土的毕节荣达路桥和洪山国际酒店签订了校企合作协议等，实现科研经费总量由2013年的642.7万元提升到2015年的1000万元。上应大也同样把扎实推进应用型科研的开展作为不断提高自身资源获取能力的主要抓手，通过设立科研服务站和技术转移中心等为广大中小型企业提

---

① 资料来源：贵州工程应用技术学院党委书记访谈内容，2016-08-11.
② 资料来源：贵州工程应用技术学院教学副校长访谈内容，2016-08-12.

供服务，使得学校"科研经费总量中的1.7个亿有60%是来自和企业的合作"[1]。需要提及的是，通过产教融合不断增加科研经费只是提升办学资源获取能力的一个方面，而随着校企、校地合作的不断推进，以及学校办学声誉的不断扩大，办学资源的吸附能力也得到进一步增强。最明显的是在上应大，随着整体办学实力的不断增强，就其近些年生源质量来看，也都获得了显著提高。

（二）以聚焦应用技术型人才培养作为资源分配优先级

作为向应用技术类高校转型的地方普通高校，办学资源紧缺是共同现象。尽管在实现转型发展的道路上，学校资源的获取能力得到了明显提升，但资源分配捉襟见肘仍然是现阶段办学中的一大现实性难题。通过对贵工程和上应大的分析不难发现，在办学资源总量不足的情况下，各学校都设置了自己资源分配的优先级。其中，聚焦于应用技术型人才的培养，以学校教育教学开展为主线，成为两校资源配置的主要优先方向。如，贵工程就把"两师""四能"的人才培养作为资源分配的主线，"要让资源分配回归到学校的主业上来"[2]，具体就是：加强实训中心的建设；加强能使学生在校企合作、产教融合中受益的项目建设；在职称评定以及人事竞聘制度改革方面，也主要向符合转型发展的"双师双能型"教师队伍倾斜等。同样，在上应大，也立足本科生的培养，努力持续加大对教学一线的投入，如在本科生教学日常运行支出经费、本科专项教学经费、实验教学经费、教学科研仪器设备经费等方面都加大了投入。同时，学校还稳步开展教学条件建设，不断加大对实践教学的投入，统筹安排实践教学资源，加快实验教学条件的建设。在职称评定方面，与贵工程一样，也主要向有利于应用技术型人才培养方面的"双师双能型"队伍建设方面倾斜和转变。

四、形成突出工程与技术特征的组织机构设置

注重组织的技术积累与技术特征是应用技术型高校建设的基本内涵之一，而这在贵工程和上应大转型发展历程中，特别是关于院系及专业结构的设置与调整中，都得到了很明显的体现。贵工程在实现向应用技术型转型发展的道路上，为突出应用，强化"两师"人才培养，提升对地区经济的服务能力，在学科专业申报和二级学院层面调整明显体现出了技术特征：在专业申报方面，积极申报如化

---

[1] 资料来源：上海应用技术大学科研处副处长访谈内容，2016-10-21。
[2] 资料来源：贵州工程应用技术学院党委书记访谈内容，2016-08-13。

学工程与工艺、网络工程、水利水电工程、机械电子工程等工程类专业；在二级学院调整方面，经调整后理工科类院系占到了学校所有院系的50%左右。在上应大，就当前所设置的19个院系中，被直接冠以"工程学院"之名的就有9个。另有轨道交通学院和理学院，据其专业设置的分析来看，也都明显以突出工程技术领域为办学方向。也就是说，在上应大所设置的19个二级学院中，就有11个二级学院直接面向工程技术领域，约占58%。此外，其行政教辅机构，如上海应用技术大学技术转移中心（上海应技大技术转移有限公司）、工程训练中心和上海应翔资产经营有限公司等，都对学校实现工程技术积累和突出工程技术的办学方向有重要作用。

五、构建集权和适度分权相结合的权力配置模式

关于组织的权力配置，无论是贵工程还是上应大，都在不断推进管理重心下移，试图构建起以集权和适度分权相结合的权力配置模式。在实施分权管理方面，贵工程就在人事聘任、拨付后的经费使用以及相关学术管理的事项，如学科建设、科学研究、学位审核、学术与学生的学业评量等方面都分权于二级学院。其中关于拨付后的经费使用，因存在校级层面对经费的整体拨付机制，可认为是学校集中管理和学院自主使用的典型。同时，上应大也明确二级学院应在经费投入、人事聘任、学科建设、人才培养、科学研究、资源运行等方面承担主要责任。

在权力集中方面，尽管两所学校都尝试不断推进管理重心下移，但总体来看，两所学校所形成的仍旧是一个以集权为主体的权力配置结构，正如上应大化工学院院长所言，"在学院，有时候觉得，权力还是太小了"[①]。这一方面源自学院对学校所实施内部管理的路径依赖，即使在转型的背景下，学院仍然还不能适应学校对学院下放权力的治理生态，如贵工程党委书记就明确表示："权力的下放将是我们学校发展的一个趋势，但我们的二级学院院长，他们不会主动去积极思考怎么运用当前学校下放的权力，还玩不转，所以权力的下放需要一个过程。"[②]另外一方面源于各二级学院还不具备独当一面的能力，特别是在涉及校企合作的事项方面，如上应大科研处副处长就直言："在与企业打交道的时候，不是老师

---

① 资料来源：上海应用技术大学化工学院副院长访谈内容，2016-10-21.
② 资料来源：贵州工程应用技术学院党委书记访谈内容，2016-08-13.

单方面去和企业谈合作就可以的，因为涉及一些技术性的问题时，不是一个学科或院系就能解决的，有时需要动用整个学校的资源，同时还要协调学校与企业的关系，故此类事项也只能集中在学校层面来处理。"[1] 同时这也说明，明显带有需要与校外谈判和合作方面的事项，多属学校集权管理事项，如贵工程的设备购置事项就是如此。

六、建立以大学章程为基础的治理与决策机制

在实施校内制度体系的构建与内部治理决策机制的变革过程中，综观贵工程与上应大的相应表现，两校都注重顶层设计，它们都强调以大学章程建设为引领，全面梳理学校现有的制度体系和治理规则，如贵工程就以章程为龙头，通过强化对学校现有制度体系的构建与梳理，规范办学与管理；上应大也努力建立健全以大学章程为核心的制度体系，根据新颁布大学章程的具体内容，制订了针对现行制度的"废改立释"计划，确保制度符合新章程的要求。

具体到校内治理机制的完善方面，两个学校都注重治理体系的构建及治理能力的提升，如贵工程实施了"治理体系及治理能力建设工程"，通过建立贵工程理事会，搭建利于地方、行业参与学校治理的平台，同时在学校层面还强化校党委常委会集体领导，而院系层面则严格执行党政联席会议的制度；上应大也把制定完善党委全委会、党委常委会、书记办公会以及校长办公会的议事规则和完善党代会、教职工代表大会在闭会期间发挥监督功能等作为出发点，进一步加强和完善，形成参与式治理和民主监督相结合的治理格局。在完善学校决策机制建构方面，努力构建多元化的共享型科学决策模式，则是两校的又一共同特征。贵工程努力规范决策程序，邀请企业行业专家来参与学术委员会、教授委员会、专业指导委员会，参与学校的专业建设、课程设置人才培养和绩效评价。上应大通过确定决策咨询范围，明确教职工代表参与、专家可行性论证、风险评估、合法性审查、集体讨论决定等相关程序，必要时有关决策事项还邀请学生代表参与；同时，上应大还努力探索构建包括举办者代表、学校党政负责人、教职工代表、行业企业代表和社会知名人士等多元主体参与治理的模式，集思广益，形成决策合力。

---

[1] 资料来源：上海应用技术大学科研处副处长访谈内容，2016-10-21.

七、推进人才培养全流程再造

无论在贵工程还是在上应大，实施人才培养模式改革，突出应用技术，是两校在组织流程转型上的共同特点。这种转型是多维度的，是一种人才培养从入口到出口的全方位流程再造，既涉及人才培养定位的改变、专业结构的调整、招生制度的革新和教学质量的保障，又涉及课程内容、考试评价、毕业标准、创新创业教育等各方面。

（一）再造人才培养定位

在人才培养定位方面，两校都能准确地描绘出人才培养的侧重和规格。如，贵工程明确把一线教师和一线工程师的"两师"人才培养作为办学定位，且突出一定的专业能力、实践能力、应用能力和创新能力。其中，专业能力要高于高职高专、低于"211""985"的水平；实践能力要类似于高职高专教师的技能，既能操作实验室设备还能操作工业设备；应用能力强调要以综合专业和实践能力来解决问题；创新能力强调能实现技术创新和集成创新。上应大则明确要培养"本科水平，技术特长"的一线工程师，人才培养规格既要求形成与专科层次技能型人才培养的差别，也要与研究型大学相区分。

（二）再造专业结构

在专业结构调整方面，两校分别结合自身办学传统优势与地方产业特色，形成了与产业相对接的专业群。贵工程围绕"一线教师"的培养，形成了面向地方职业教育、基础教育、特殊教育的师范类专业群。围绕"一线工程师"的培养，为服务矿藏的开采，设置了矿业类、机械类专业群；为服务煤化工，设置了化工类专业集群；为服务信息化，形成了以计算机专业为核心的信息类专业群；为服务城镇化，设置了以土木建筑为核心专业的建筑类专业群；为服务地方文化、艺术产业的发展，开设了人文艺术类专业群。上应大则主要对接地方产业发展，通过采取"一学院一品牌"政策措施优化专业结构，主要形成了四大专业群，即以香料、化工、材料等为主的现代绿色化工产业特色学科专业群；以机械、电气、信息等为主的现代制造业特色学科专业群；以城市建设、城市安全、轨道交通等为主的现代战略性新兴产业特色学科专业群；以艺术、生态、管理等为主的现代创意产业特色学科专业群。

（三）再造招生考试制度

在改革招生制度方面，两个学校分别通过构建人才培养"立交桥"来不断深化招生制度改革,不断完善应用技术型人才培养路径。如,贵工程专门推出人才培养"立交桥"工程,一方面加强与中高职学校的对接,通过与中职、高职院校的合作,构建教育集团,拓展面向中职、专科层次高职毕业生的招生新渠道,并建立与中等职业教育、高等职业教育和专科层次职业教育相衔接的机制,通过实施课程前置、学分积累和转换制度,打通从中职、专科到本科的上升通道。另一方面积极开展专业硕士学位研究生教育,主要通过与支援高校的合作,联合培养专业学位硕士研究生,探索以职业需求为导向、以实践能力培养为重点、以产学结合为途径的硕士专业学位研究生培养模式,积累研究生教育、管理等方面经验。上应大也积极借力上海教育综合改革中的"贯通"教育改革试点,充分利用委托管理中职、高职学校的行业基础和技能培养优势,实施"中本贯通"试点;探索职业教育毕业生入学的考试方式改革,探索部分专业实施"文化知识+职业技能"的单独考试招生办法,形成综合评价与多元录取相结合的招生录取模式,同时还努力建立中本、高本、本硕相互衔接的人才培养体系,实现中、高职与应用型本科、专业硕士的贯通;开展联合培养工程博士的有益探索,彻底解决应用技术型人才培养的"断头路"问题。

(四)再造质量保障机制

为增强和提高应用技术型人才的质量与水平,两校都分别引入了校企协同的育人机制和教学质量保障机制。在校企协同育人方面,贵工程推出了"产教融合平台建设工程",逐步形成"'四合作''五引入'合作育人模式"。所谓"'四合作''五引入'合作育人模式",即指学校与行业企业开展合作办学、合作育人、合作就业、合作发展,引入职业资格标准完善专业人才培养规格、引入行业标准完善专业建设、引入企业核心技术标准完善专业核心课程、引入企业专家组建应用型教学科研团队、引入行业企业参与人才培养全过程。上应大则通过完善校企联席会议制度,与在行业中具有代表性的企业、行业协会加强建立协同育人机制,同时还鼓励和支持各学院与相关行业企业建设校企人才培养工作室,通过实施"双百工程",即300门校企合作课程和100门校企合作实验来加强校企协同,实现教学过程与生产过程相对接。在教学质量保障方面,贵工程打造了"1+2+3+X"的教学质量评价体系。一个质量报告:对本科教学的基本状态进行了常态监控,并形成年度性的教学质量报告;两项主体评价:对教师教学质量和学生发展水平两方面开展评价;三个评估层次:从学院、专业到课程三个层次展开评估；多样化评估（X）：针对学校教学改革和教学建设中的关键环节或薄弱环节开展多项定向评估。上应大则建立本科教学基本状态数据库，实施本科教学质量、毕业生就业质量年度报告发布制度，自觉接受社会监督。其还通过加强自我评估，建立多重闭环的教学质量保障体系，主要以高等教育"五位一体"评估体系为指导，参照国际等效的专业认证标准，实施评估和专业认证制度，形成以评促建和审核评估机制等。

（五）再造课程实施、考试评价和毕业标准

在课程实施、考试评价及毕业标准方面，两校都实施了相关改革。在课程实施改革方面，主要形成具有应用技术特征的专业核心课程与通识课程的组合。如，贵工程开展了通识课程模块化改革和专业核心课程模块化改革；上应大则整合设计出由"专业基础课＋专业课＋实践课"组成的课程群和由"核心技术＋相关技术"组成的"技术包"，构建体现职业能力训练和职业标准的课程体系，同时还设置突出"人文精神与明德修养""科学精神与技术创新"及"企业文化与职业素养"特色的通识教育来满足高水平应用技术人才培养所需要的素质和要求。在考试评价方面，两个学校都一改传统的以单一考试成绩评价为主的考核方式，形成更加科学合理的评价机制。如，贵工程实施"F＋S"的课程考试制度改革，其中，F指形成性评价，S指终结性评价；上应大则主动将过程评价引入教育教学评价之中，突破传统的评价模式，开展课程教学的全程评价，形成一套更加科学合理、更加符合应用型人才培养要求、更加有利于激发学生学习的主动性、更加有利于全面评价学生学习成效的考试制度和考核体系。在毕业标准方面，"双证通融"成为主要标准，如贵工程要求学生毕业时不仅要获得代表学历学位的毕业证、学位证，还应该获得代表职业技能的职业资格证；上应大也要求以行业岗位需求作为制订人才培养目标的主要依据，以行业岗位的任职资格作为衡量培养质量的重要依据，实施"反向设计"人才培养方案和"双证融通"培养方式。

（六）加强创新创业教育

两个学校强化创新创业教育，促进提升学生的创业意识和创业能力，如贵工程推出了"创新创业能力提升工程"，以提升学生的创新精神、创业意识和创业能力，改变大学生就业观念和拓宽就业渠道为目标，主要从创新创业课程的建设、创新创业实践的强化及创新创业教育师资的建设着手，努力构建由"一个学院、两创平台、三项制度、四个阶段、五个融入"所组成的"12345"创新创业

教育体系。上应大也加大对"三创"教育中心的建设力度，将创新创业创意教育融入人才培养全过程，构建依次递进、有机衔接的"三创"教育课程体系，努力推进"院院有赛事，人人都参与"的学科技能竞赛和科技创新，建立优秀创新创业导师人才库，使得学生参与率提高到70%以上。上应大还发挥工程创新学院在教育教学改革中的试验田作用，探索创新创业人才培养的有效机制。

八、强化"双师双能型"教师队伍与应用技术型科研团队建设

（一）通过"引进来与走出去"强化"双师双能型"队伍建设

贵工程和上应大都清晰地认识到，高水平应用技术大学发展需要一支学科专业水平高、工作经历丰富、工作实践能力强、善于教学的"双师双能型"师资队伍。两校一直把加强"双师双能型"师资队伍建设作为工作的重点，其中采取"引进来与走出去"是共同方式。如，贵工程开展了"双师双能型"教师队伍建设工程，通过实施"双百"计划，采取"请进来"和"走出去"的方式，聘请100名企业优秀专业技术人才、管理人才和高技能人才作为专业带头人，担任专兼职教师，还选送100多名教师到基层接受培训、挂职工作和实践锻炼。上应大在对"双师双能型"的具体内涵和标准加以界定的基础上，主要通过"把学校的教师送到企业去，同时把企业有实践经验的老师引到课堂上来"的方式加强教师队伍建设。同时，该校还制定了适合"双师双能型"队伍的引进、培养、聘任及考核系列制度，尤其注重完善相应的教师专业技术职务聘任和薪酬制度。

（二）科研开展注重应用技术型科研团队的建构

在应用技术型科研开展方面，注重整合和协调校内资源，加强科研团队的建构，这是贵工程和上应大的共同特点。贵工程管科研的副校长明确指出："为避免在科研项目申报中力量过于薄弱、缺乏竞争力的情况，我们一改过去单打独斗的局面，转为以学科为方向，组成科研团队来开展科学研究。"其实，这也是学校在面对办学资源紧张、办学实力尚微的情况下，实行分散资源整合，注重团队化建设，为争取后发赶超、成功转型而不得不采取的举措。上应大也积极探索"围绕一个领军人才，培植一个创新团队，支撑一个优势学科"的团队建设模式。其通过制定有利于科研团队发展的激励政策，对做出突出成绩的团队给予资源及政策的倾斜，通过建立基于团队的资源配置、业绩评价、考核和激励机制，扩大团队负责人的自主权，通过进一步探索改革交叉学科支持机制，切实打破学院学科壁垒，整合科研团队，推进优势学科的关联渗透与交叉融合等，努力探索教学

科研一体化的团队建设。

九、以校企合作提升人才培养质量

校企合作是应用技术型高校的主要特征之一，也是贵工程和上应大加强应用技术型高校内涵建设的重点，以校企合作、产教融合来不断扩大办学资源是产教融合的功能之一，而通过校企合作、产教融合来服务于应用技术型人才培养，则是两校的主要目的，如贵工程推出的"产教融合平台建设工程"，就主要立足于应用技术型人才培养目标，注重校内实践平台建设和校外平台建设模式改革。对校内，加大对实验室、实习实训教学平台的投入等；对校外，加强与地方中小学、企业事业单位的合作等。此外，学校所推行的"四合作"与"五引入"也主要定位于教学育人的目的。在上应大，学校把"技术特长"作为人才培养定位，也就是要通过不断强化与行业企业的联系，将行业企业的岗位要求转化为专业教学内容和教学标准。学校重点把江苏、浙江和上海的"两省一市"作为基地，除了通过不断加强协同创新平台建设来实施和推进产教融合外，还努力通过成立校外科研工作站、技术中心等方式来大力推进科技成果转化。在这个过程中，学生能通过参与科研项目的形式，深入实践一线，了解到未来职业的岗位要求，达成应用技术型人才培养的目的。

十、积极推进文化转型与理念重构

（一）文化转型难以破题，任重而道远

无论是在贵工程还是在上应大，每当谈及文化转型的议题时，两校的负责人都无不表达"难以破题"之意，如贵工程认为，"并没有完全形成一种文化，还没有真正进入我们骨髓当中去"[1]；上应大也表示，"文化转型还未系统推进，还是挺难的"[2]。究其原因，贵工程认为制度环境与当前应用技术型高校建设的需要之间不匹配，人文社科院系领导和教师的排斥，学校中层领导干部对转型前学校办学模式形成依赖，学校普通教师尤其是青年教师因自身求学经历而无法转变对新教学模式的认识等，都是主要影响因素。在上应大，认为源于合校的"历史裂缝"是首要因素，学校成员在还未完全适应合校后大学文化的情况下，又要去认同转型背景下的办学模式和价值体系，本身就是一个比较难以实现的事实。同时，也

---

[1] 资料来源：贵州工程应用技术学院各部处机关及院系负责人访谈内容，2016-08-18.
[2] 资料来源：上海应用技术大学副校长访谈内容，2016-10-21.

有占学校1/3文科院系的教师对转型的认识比较模糊，不知所措；老教师则需要重新适应应用技术型教学模式。综合来看，对转型认同度偏差最大的群体主要在于教师，特别是来自人文社科院系的教师对转型尤为排斥。原因在于转型前的学术型人才培养模式让教师们早已习惯了"一支粉笔，一本教案"的知识传授形式，内心深处本就无意改变，而人文社科的院系在转型前与理工科院系处于学校同等重视的地位，转型后发展重心又偏向理工科，因不平衡更产生了排斥心理。

（二）以物质载体引领转型，进取心、向心力及团队精神或为内涵应有之义

在文化转型尚难推进的情况下，试图以物质载体引起感官和视觉效应，进而召唤校内各群体对于建设应用技术型高校的认同，成为贵工程和上应大普遍的做法，如贵工程新建的学校大门和学校校名的金属LOGO设计、对学校建筑设施"红与灰"主色调的定位、校道上飘扬着的相关建设应用技术型高校的宣传标语、"校企合作纪念林"、"火车头广场"等，都无不向广大校内师生员工及往来游客传递着学校"应用技术型"的办学理念。

同时，即便在文化转型尚难的背景下，两校在转型发展中体现出的强烈的进取心、稳定的向心力和牢靠的团队精神，俨然已成为应用技术型高校文化内涵建设的应有之义，如贵工程的教师们对于上班时间的"白＋黑""5＋2""非常6＋1"似乎乐在其中，其信息工程学院院长表示"五年后，要成为贵州省最好的IT，不说在贵州省是第一，也一定要在一流梯队"[①]。上应大也把营造"人人努力，人人皆可发展"的校园氛围作为文化建设内涵的主要工作目标，并通过积极营造温暖的"家文化"，进一步增强学校教职员工爱集体、爱校园的向心力。在牢靠的团队精神构建方面，两校通过打破部门、院系和学科壁垒来整合资源，推进部门、院系和学科的相互关联渗透与交叉融合等方式不断强化团队构建，加强团队精神培育。

---

① 资料来源：贵州工程应用技术学院各部处机关及院系负责人访谈内容，2016-08-18.

第二节 组织转型路径的差异化特征

尽管贵工程和上应大在转型发展的道路上存在着诸多共同特征，但由于两校所处区位、转型时间起点和办学传统上的差异，也就使得两校在转型路径上呈现出各自特点。如图14所示，具体分析如下。

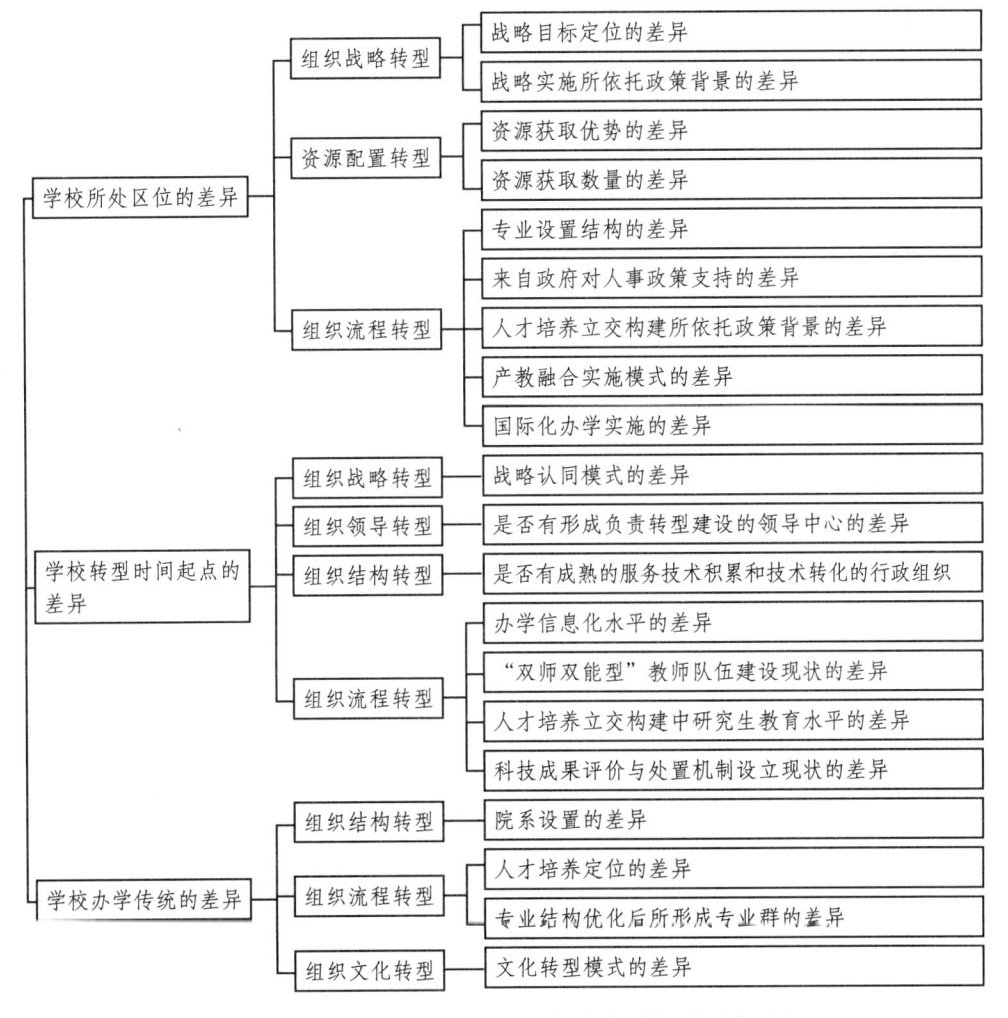

```
学校所处区位的差异 ─┬─ 组织战略转型 ─┬─ 战略目标定位的差异
                    │                └─ 战略实施所依托政策背景的差异
                    ├─ 资源配置转型 ─┬─ 资源获取优势的差异
                    │                └─ 资源获取数量的差异
                    └─ 组织流程转型 ─┬─ 专业设置结构的差异
                                     ├─ 来自政府对人事政策支持的差异
                                     ├─ 人才培养立交构建所依托政策背景的差异
                                     ├─ 产教融合实施模式的差异
                                     └─ 国际化办学实施的差异

学校转型时间起点的差异 ─┬─ 组织战略转型 ── 战略认同模式的差异
                        ├─ 组织领导转型 ── 是否有形成负责转型建设的领导中心的差异
                        ├─ 组织结构转型 ── 是否有成熟的服务技术积累和技术转化的行政组织
                        └─ 组织流程转型 ─┬─ 办学信息化水平的差异
                                         ├─ "双师双能型"教师队伍建设现状的差异
                                         ├─ 人才培养立交构建中研究生教育水平的差异
                                         └─ 科技成果评价与处置机制设立现状的差异

学校办学传统的差异 ─┬─ 组织结构转型 ── 院系设置的差异
                    ├─ 组织流程转型 ─┬─ 人才培养定位的差异
                    │                └─ 专业结构优化后所形成专业群的差异
                    └─ 组织文化转型 ── 文化转型模式的差异
```

图14 地方普通高校向应用技术类转型的差异化路径分析

一、区位因素影响组织战略、资源配置和组织流程的转型差异

所谓区位因素的不同，是指学校所处区位发达与欠发达的差异。由于学校所处区位的发达程度不同，对其办学所需要的政策环境、资源禀赋和信息汇聚等产

生不同影响，进而使得学校对于办学内涵的理解与定位也产生了偏差。具体到转型实际，主要体现在组织战略、资源配置和组织流程三个方面。

在组织战略转型方面，其差异主要体现在战略目标定位和战略实施上。关于战略目标定位，如贵工程定位于"要把学校建成国内有一定影响、省内一流、特色鲜明的高水平应用技术大学"，而上应大则瞄准要"把学校建设成为具有国际影响力的高水平应用技术大学"。很明显，地处国际化大都市上海的上应大，办学的国际化特征自然成为其目标定位及内涵的应有之义，而贵工程由于地处西部欠发达地区，无论是国际信息还是国际化视野，与上应大相比，都不占优势，因而主要定位于国内应用技术型高校领域，努力占据一席之地。关于战略实施，虽然两校都围绕着各自具体的转型发展目标，努力推动战略的实施，但相较于贵工程，上应大很明显处在一个优渥且可依赖的区位政策环境，更有利于办学目标的实现，如上海市实施的"085"工程、上海市作为国家教育综合改革试验区以及上海市科创中心建设等都分别为学校人才培养、学科专业结构调整、师资队伍建设、产教融合等带来良好的契机。相较而言，贵工程则需要靠学校自身"单打独斗""摸着石头过河"来推进战略实施。

在资源配置转型方面，差异主要体现在资源获取途径和数量上。虽然两校都意识到不断扩展资源获取途径对学校转型发展有重要作用，而且都努力提升资源获取的能力，并取得了一定效果，但在实践中存在各自特点。贵工程充分利用毕节试验区"扶贫开发，生态建设"的良好政治区位优势，积极加强与各民主党派的联系，获取资源与项目，同时还通过加强与对口支援高校如西南大学、中国矿业大学的合作，开展学科专业建设、师资帮扶、人才培养以及共同结成横向科研团队等方式，形成资源供给。上应大则主要利用长三角区位的经济优势，面向"两省一市"的中小型企业，通过为这些中小企业提供技术服务的方式来进一步提升资源获取能力。在资源获取数量上，正因为区位资源禀赋的差异，也就形成了学校资源获取数量的差别。以两校获得科研经费情况为例，贵工程2015年科研经费是1000万元，而上应大则是1.7亿元。同时，由于上应大有经济资源的区位优势，可以为学生提供良好的就业机会和更多适合年轻人发展的机遇，因而作为重要办学资源的生源质量也随之实现提升。

在组织流程转型方面，受区位因素的影响，主要表现为五方面差异。一是区域产业结构不同影响了学校的专业设置结构。如，贵工程设置的矿业类专业群、化工类专业群、机械类专业群、信息类专业群、建筑类专业群、人文艺术类专业群和师范类专业群，与上应大所设置的现代绿色化工产业特色学科专业群、现代制造业特色学科专业群、现代战略性新兴产业特色学科专业群和现代创意产业特色学科专业群等存在明显区别。二是地方政府对于学校转型发展的支持力度不同影响了流程转型的政策保障。虽然在上海有着利于高校发展的众多政策优势，但上应大作为上海高教系统中的"沧海一粟"，显然只能是受益于宏观政策背景，在转型发展过程中，也就难以享受到地方政府给予的"特殊关爱"。贵工程作为毕节市唯一的本科高校，在寻求政府的"照顾性"政策支持上，存在诸多优势和话语权，如在加强"双师双能型"教师队伍方面，得益于毕节市政府的强力支持，贵工程打破了从企业到事业单位身份转变的制度壁垒，从而得以解决企业和学校之间关于职称衔接的问题，为"双师双能型"教师队伍建设及顺利实现"请进来"形成制度保障。三是区域教育政策背景不同影响了人才培养的改革实效。在上应大，得益于上海市教育综合改革中的"中本贯通"教育改革试点，学校可以凭借来自顶层设计的制度保障，积极探索应用技术型人才选拔办法，构建基于应用技术型人才选拔的考试招生制度，且实质性地与中职、高职学校建立合作关系，充分利用中职、高职学校的行业基础和技能培养方面的长处，实施"中本贯通"试点，已取得了较好的效果并积累了一定的经验。贵工程就明显缺乏区位政策环境的保障，学校所推出的"人才培养'立交桥'工程"，也只是学校单方面制度建构，区域内中职、高职学校是否能与其紧密配合，并开展实质性合作，还需观后效。四是区域产业基础的差异影响了产教融合的实施。上应大地处的"两省一市"（江苏、浙江和上海），是我国经济发达地区，产业基础雄厚，企业众多。贵工程地处毕节综合试验区，作为扶贫开发的地区，工业基础相对薄弱。因此，上应大在寻求产教融合对象时就明显比贵工程便捷，可以在区域内通过直接建立科研合作平台等方式实现有效合作，获取办学资源，服务人才培养。而贵工程明显需要跳出其所处的区域范围，在外围中寻求能与其开展有效的合作产业、企业，最终实现资源的有效获取和应用技术型人才培养的目标，在与学校开展合作的企业名单中，主要都是如重庆大正物业、北京的大唐电信、杭州的喜马拉雅等非毕节本地企业。五是区域国际化程度不同影响了国际化办学的开展。两校受区位因素影响最明显的，是在国际化办学的实施上。地处国际化大都市的上应大无论是在合作伙伴学校和机构数、海外重要学者和高校负责人交流人次数、校际合作交流协议签订数，还是在交换学生、海外留学生数等方面，都明显强于贵工程。同时，除了通过加强国际交往来实施国际化办学外，能运用国际办学理念和规则来实施办学流程管理也是国际化办学的重要方面。在此方面，上应大为加强教学质量保障，通过借鉴并引入国际应用型人才培养经验和第三方认证机制，参照国际等效的专业认证标准，实施评估和专业认证制度等，取得了较好效果，而这在贵工程就尚未实施。

二、转型时间起点影响组织战略、组织领导、组织结构和组织流程的转型差异

所谓转型时间起点的差异，主要指两案例高校开始探索走应用技术型发展之路的不同时间起点。一些在早期已经开展"应用技术型"探索的"先发高校"，在明确要走转型发展之路后，由于已经有了一定的办学经验和积淀，在转型的路径上，明显与一直坚持走综合性和学术型发展道路的"后发高校"相比呈现出不同特征。这主要体现在组织战略、组织领导、组织结构和组织流程四个方面。

在组织战略转型方面，主要表现在学校成员对战略认同模式的差异。无论是在贵工程还是在上应大，在实现战略认同上所经历的迷茫、不认同，甚至是有来自组织成员的抵制等情况，是两校在转型初期的共同特征。但是作为"先发高校"的上应大，其明显是把学校在发展过程中所取得的成就作为其发展战略能赢得学校成员广泛认同的基础。学校借助优越的区位政策环境，先后通过教育部本科教学水平评估、获得硕士学位授权点而成为研究生培养单位以及主体新校区的落成，特别是作为新建本科院校能实现从学院到大学的更名等，都让广大师生产生自豪感。正是这一项项成就的取得，也更加坚定了广大师生群体对于学校转型发展的信心，逐步实现了学校要建设应用技术型高校的战略认同。这属于一种"渐进式"的战略认同模式。而对于"后发高校"的贵工程而言，由于有了"先发高校"的办学模式，强调要向这些"先发高校"学习成为保障战略实施的主线。在战略认同的实施上，贵工程强调"明目扩胸"，并试图通过内部学习、外出考察、培训与思想解放等来强化战略认同，这种形式明显与基于已取得一定发展成就而形成渐进式战略认同不同，是一种典型的"运动式"战略认同模式。

在组织领导转型方面，主要表现在是否有形成推动转型发展的领导中心，如贵工程为应对转型发展的需要，扎实推动学校的各项转型工作，在校部层面成立了学校转型发展领导小组和转型发展工程项目组，同时在二级学院层面，成立了转型发展工作组，全面负责本单位的转型发展工作，而此类组织在上应大则没有。这是由于作为"先发高校"的上应大，其向应用技术型高校的转型建设早已

提上日程，转型发展已化为学校的工作常态，自然就无须成立专门机构来推动强化。而作为"后发高校"的贵工程，由于学校的发展正处于猛烈变革和转型期，这就决定了学校急切需要强有力的驾驭中心来协调全局，为实现学校成功转型提供强大的领导力保障。

在组织结构转型方面，主要表现在是否有形成较为成熟并能突出技术积累和技术特征的行政机构或服务性组织。在上应大十多年探索走应用技术型办学道路的征程上，一些编入上应大行政组织系统的相关机构，如上海应用技术大学技术转移中心、工程训练中心和上海应翔资产经营有限公司等都明显突出了学校实现工程技术积累和工程技术办学的组织特征。这些机构在经营学校的科技成果、维护学校和教师的权益、推进科技成果孵化和加强科技企业的服务、组织开展重大技术攻关，以及对接企业和社会需求等方面都日趋成熟，并在服务应用技术型人才培养方面发挥着巨大作用。而这对于"后发高校"的贵工程而言，此类组织基本还没有出现，"先发高校"在此方面的特点势必会成为未来"后发高校"学习的一个方面。

在组织流程转型方面，对比两校转型实际，主要体现在四方面差异。一是办学信息化水平的差异。办学信息化水平的提高，对于实现学校管理流程的再造有着重要的意义，既可以极大提高学校的管理效率，也可以更好地让学校领导和教职工从繁杂琐事中抽出空来，集中精力谋划学校的进一步发展。作为"先发高校"的上应大，持续加强校园信息化建设，通过推进智慧校园建设，实施网速提升与移动校园网覆盖工程、信息安全保障工程、数字化校园移动应用建设工程、校园云计算平台建设工程、数字资源与教学服务建设工程等，进一步提升信息化应用与服务水平。而"后发高校"的贵工程，虽然在此方面也有努力，但其发展水平还明显不及"先发高校"上应大。二是"双师双能型"教师队伍建设现状的差异。无论是在贵工程还是在上应大，以深化人事制度改革为先导，通过采取"引进来"和"走出去"的方式来加强"双师双能型"教师队伍建设，成为两校共同的做法，但由于两校转型时间起点的不同，也让"后发高校"贵工程和"先发高校"上应大之间产生了明显差别。从师资队伍建设的现状来看，当前贵工程"双师双能型"教师占专任教师数量约23.78%，而上应大"双师双能型"教师则占专任教师比例的45.18%，"先发高校"约为"后发高校"的一倍。三是人才培养"立交桥"建构中研究生教育现状的差异。主动融入现代职业教育体系，探索建立中本、高本、本硕相互衔接的人才培养体系，实现中、高职与应用型本科、专业硕士的贯通,从而解决职业教育"断头桥"的问题,是作为两校构建人才培养教育"立交桥"的共同愿景。作为"先发高校"的上应大早在2008年就已经成为硕士学位授权单位并开始研究生教育,经过多年的发展,已有1000人左右的规模。这是上应大成功构建起本硕相互衔接的人才培养立交和实现应用型本科、专业硕士的贯通的坚实基础。同时,该校还积极开展联合培养,试图在专业博士的教育层次上与其他高校开展各类型合作,实现资源共享和协同创新。这对于"后发高校"的贵工程而言,在专业硕士的培养方面,目前主要是通过与支援高校,如与西南大学之间开展合作交流,联合培养专业学位硕士研究生,以积累研究生教育、管理等方面经验,最终实现人才培养"立交桥"建构的目标。四是科技成果评价与处置机制的差异。在应用技术型高校服务地方经济社会发展的过程中,为区域内的产业、企业提供相应的科技支持和服务是主要内容之一;同时为保持并不断提高学校科研人员的积极性,不断提高科技创新能力,科技成果评价和分配机制就显得尤为重要。作为"先发高校"的上应大,在扎实走应用技术型发展道路的过程中,早已开始为所在区域内的行业、企业提供相当数量的科技支持和科技服务,自然也就意识到对于合理设置科技成果评价与处置机制的重要意义。其通过不断改革完善科研评价和成果分配制度,构建多元化的科研评价体系,通过试点代表作评价、同行专家评价和分类评价等方式来完善科研成果的评价制度。同时,在科技成果分配方面,上应大明确提出科技成果所得收益的70%归教师所有,学校只占30%,以此来充分调动学校科研工作者的积极性。"后发高校"贵工程由于转型起步较晚,基本还未形成为地方产业、企业提供科技服务的制度与体系,自然在此方面的制度设计也就无法与"先发高校"的上应大相比,是学校日后努力完善的方向。

三、办学传统影响组织结构、组织流程和组织文化的转型差异

学校办学传统的差异主要指学校办学历史的差别,如贵工程的前身就有着师范类高等专科学校的传统,而上应大则明显是秉承着工程类高等专科学校的遗风。一般而言,组织的发展与变革都会受制于过去历史因素的积淀影响并对过去的历史形成一定程度的路径依赖,特别是如学校转型前人才的培养定位、专业的设置及院系的结构等必然会对未来的转型成效发挥作用并产生影响。这主要体现在组织结构、组织流程和组织文化三个方面。

在组织结构转型方面,主要体现在经调整后院系设置的差异。作为有浓厚师

范办学传统的贵工程，在其转型发展过程中，虽然通过结合地方产业结构、加强工科类院系设置来努力突出其办学的工程和技术特征，但受其办学传统的师范属性影响，相关"一线教师"培养的院系在学校所有院系设置中依然占据着重要的地位，如贵工程专门设置了师范学院，凸显出师范办学传统的重要地位。对比而言，在一直以工科办学而见长的上应大，其院系设置就基本是以纯工科为主，正如上文所述，在上应大所设置的19个二级学院中，有11个二级学院就冠以"工程学院"之名，直接面向工程技术领域。因此，有着不同办学传统差异的学校，在其向应用技术型高校转型的过程中，各自都不会轻易放弃其办学历史和传统，以体现自身的办学底色与特色。

在组织流程转型方面，主要体现在人才培养定位和经专业结构优化后所形成专业群的差别。关于人才培养定位，贵工程明确把培养"一线教师"和"一线工程师"的"两师"人才培养作为办学定位，而上应大则主要把培养"一线工程师"为主的高水平应用技术人才作为培养目标，让"本科水平"与"技术特长"成为其内涵。其中从两校的"一线工程师＋一线教师"的培养定位与单一"一线工程师"的培养定位即可看出，有师范办学传统和工科办学传统的高校在人才培养定位上存在差别。在专业群构建方面，通过优化专业结构，形成能直接面向行业、产业的专业群与结构，是建设应用技术型高校的必要步骤。在贵工程，主要形成师范类专业群、人文艺术类专业群、建筑类专业群、信息类专业群、机械类专业群、化工类专业群和矿业类专业群；在上应大，则主要形成现代绿色化工产业特色学科专业群，以及现代制造业、现代战略性新兴产业和现代创意产业特色学科专业群等。对比来看，虽然两校专业群的构建都体现和突出了所处区域的行业和产业结构，但如贵工程关于师范类专业群的构建，上应大有关香料、化工、材料、机械、轨道交通等专业群的建构，也都受到自身办学传统的影响。

在组织文化转型方面，由于历史因素的积淀往往是作为文化形成的主要因素之一，因而不同的办学传统必然对组织文化转型有重要影响。分析来看，在贵工程，由于自身并无工科办学的历史传统，学校为突出应用技术型高校所应有的工程与技术特色，对能承载大学文化的校园物质载体的重整和修缮就成为学校在实施文化转型方面的主要努力方向，如校园大门中由极富张力的粗柱子架构而成的左右两侧小门、用灰色花岗岩包裹起来的大门值班室、大门墙上的金属LOGO以及教学楼的工业灰等，都显示出贵工程正努力"移植"或"嫁接"工程技术的文化，也就是说，贵工程的文化转型是一种在原有师范院校文化基础上直接叠加的一种工程技术类高校的大学文化，属于"外延扩张式"文化转型模式的典型。而对于在办学历史上本已存在工程技术传统的上应大而言，其明显又是一种"内涵提升式"的文化转型模式。因为在开展工科办学的道路上，其已经具备了浓厚的工科院校办学底蕴，校园内也早已开展了工程师文化的探索。对其文化转型，主要需考虑如何深度挖掘和进一步繁荣工程师文化，如何让全校师生尽快形成对本科办学和向应用技术型高校转型发展的认同，以及如何弥合合校因素对文化成功转型的影响等。

第五章　应用技术型高校组织转型现状的实证分析

第一节　研究设计

前文在对两个案例高校各自转型实践进行系统梳理基础上，分别总结出了两校转型路径的共同特征和差异化特征，也得出了相应研究结论。但研究主要基于对学校关键人物的访谈、历史文件资料分析以及现象观察等质性研究方法，因而在一定程度上所得结论只能体现出两校转型发展的应然路径，而应然路径之下的具体执行情况却并不能客观呈现。为弥补这一研究之不足，在本书研究设计中，还要通过问卷调查，开展定量分析，从实然角度出发，在强调学校各群体对转型路径具体落地情况的感知基础上，对各案例高校的转型路径加以评估，以期客观呈现出案例高校转型发展的现实状况，并总结和诊断出案例高校在推动转型中所遇到的困难和问题，为提出适应其他地方普通本科高校向应用技术型高校转型的合理化政策建议打下基础。

一、研究流程设计

在开展实证分析过程中，本书主要基于如图15所示的研究流程设计。第一步是"基于各案例高校分析的独立问卷设计"，在此步骤中，为加强实证研究的针对性，主要通过对上述案例高校转型实践内容的萃取，得出问卷题项，同时再在咨询专家意见基础上，设计出能针对不同高校转型情况的调查问卷。第二步是"问卷发放"，主要采取回访调查方式，对前期已经开展过访谈、调研的两所案例高校再次开展问卷调查。第三步是"问卷的调查与回收"，问卷调查主要采取抽样式的调查方式，被调查样本数量要占到样本总量的10%。同时，对回收的问卷进行各维度层次的信度分析，对于影响到各维度信度的题项，予以删除。第四步是对各案例高校分别开展数据分析，主要采取"雷达图分析"和"绩效评估矩阵分析"两种分析方法，其中，雷达图分析法主要对问卷中各维度转型的整体情况进行宏观评估，而绩效评估矩阵分析法则主要从更微观的角度来评估案例高校组织转型问卷中各具体题项的转型现状。第五步是"结果与讨论",主要是对前文分析结果进行总结,找出各案例高校在转型实践中所存在的具体问题和共同特征,为其他地方普通高校向应用技术类转型提供可操作化建议。

```
            ┌─────────────────┐
            │ 基于各案例高校分 │
            │ 析的独立问卷设计 │
            └────────┬────────┘
                     ↓
            ┌─────────────┐      ┌──────────────────┐
            │  问卷发放   │─────→│ 再次回访两所案例高校│
            └──────┬──────┘      └──────────────────┘
                   ↓
            ┌──────────────┐
            │问卷的调查与回收│
            └──────┬───────┘       ┌──────────────────┐
                   │    ←── 修正 ──│ 对问卷各维度做信度│
                   ↓               │ 分析,删除影响其信│
                                   │   度的题项       │
                                   └──────────────────┘
        ┌──────────┴──────────┐
        ↓                     ↓
┌────────────────┐   ┌──────────────────────┐
│  雷达图分析    │   │   绩效评估矩阵分析   │
│(主要从宏观的角 │   │(主要从更微观的角度来 │
│度评估问卷中各维│   │评估各所涉案例高校组织│
│度的整体转型情况)│   │转型问卷中各具体题项的│
│                │   │    转型现状)        │
└────────┬───────┘   └──────────┬───────────┘
         └────────────┬─────────┘
                      ↓
              ┌──────────────┐
              │  结果与讨论  │
              └──────────────┘
```

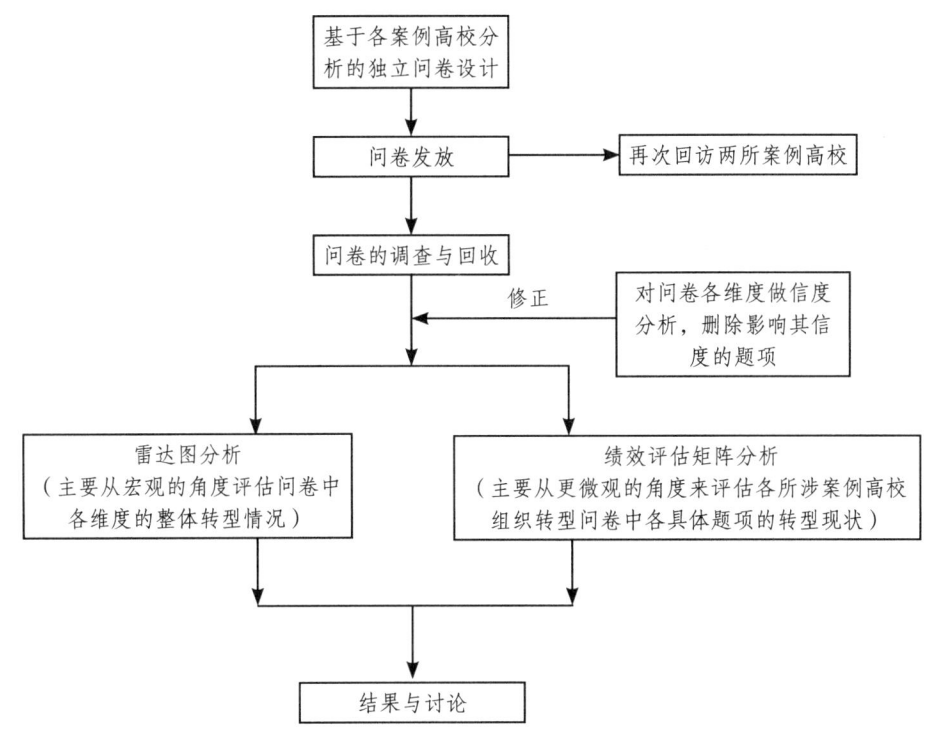

图15 实证分析的研究流程设计图

二、问卷设计

本书所用问卷主要以上文第三章两所案例高校的转型实践为基础,分别形成"贵州工程应用技术学院转型情况调查问卷"和"上海应用技术大学转型情况调查问卷"。每份问卷包含"战略转型""领导转型""资源配置转型""结构转型""流程转型""文化转型"六大维度。对于各维度下具体题项的设定,一方面主要通过萃取各案例高校在此方面的具体实践而得,另一方面则是在咨询专家的基础上进行修改和调整得来。

问卷设计主要使用李克特五点量表的形式,包含两大部分内容,第一部分是对院校转型各方面要素重要度与满意度情况的调查,第二部分是对被调查者人口学信息的统计。在第一部分中,通过设计有关组织转型的具体题项,让被调查对象根据自身感受及认知,在各题项的左右两边任意勾选"重要度"和"满意度",

"1—5分"作为被调查对象对于每个题项的认知评分,以满意度为例:1.非常不满意;2.不满意;3.一般;4.满意;5.非常满意。在第二部分中,个人资料调查主要反映被调查对象的性别、年龄、学历、在校工作时间、在校身份,以体现受访者个人信息,同时还可以显示出被调查样本的代表性。

三、问卷调查

本书在实施问卷调查时主要以两所案例高校,即贵州工程应用技术学院和上海应用技术大学为调查对象。在选择被调查群体上,由于在高校组织转型过程中,在校教职工是最直接的参与者,对于学校转型中所呈现的变化过程有着更为直接的体验和感受,所以被调查对象主要为学校的教职工群体,其中不乏校领导群体、二级单位主管群体、一线教师群体、一线职员群体等。在样本数量的设定上,由于两所被调查学校的教职工数总体规模均在1000人左右,因而在本书中,将样本规模确定为调查总样本规模的10%,即每所学校发放100份,共计200份,基本能满足样本数量所具备的代表性和本书研究对样本容量的要求。

第二节 研究方法

一、雷达图分析方法

(一)背景介绍与在研究中的适用

雷达图分析法最早是日本企业界专门用来开展客户财务状况评估的方法,因能从动态、静态两个方面进行分析,既了解客户的横向财务比率,又考察纵向财务变化情况,所以能够对客户财务情况提供较为综合的考量。[①]本书所谓静态分析,即指被调查教职工根据自我感受与经历,对问卷中所列出的具体转型题项加以感知,如教职工通过结合自身在其他高校的求学经历和对于其他同类型高校在各具体转型题项方面的表现进行观察等来认定其是否重要,也称为重要度分析。动态分析,是指被调查教职工通过对问卷中各具体转型题项在现实中具体执

---

① 雷达图分析法[EB/OL].http://wiki.mbalib.com/wiki/%E9%9B%B7%E8%BE%BE%E5%9B%BE%E5%88%86%E6%9E%90%E6%B3%95。

行情况的感知，特别是针对学校转型前后的差异对比，对其是否感到满意，亦称满意度分析。正如上述，再将静态分析和动态分析对比性地结合起来，也就是将重要度和满意度对比结合起来，找出被调查教职工对每一转型题项认知的重要度和满意度之间的差距，同时根据距值大小的对比，进而得出组织不同转型维度的运行现状和组织转型各维度中亟须改善的重点。就各组织转型维度的重要度和满意度的距值而言，某项转型维度的距值体现的是教职工期待值（重要度）与实际情况（满意度）之间的差距，该值越大，越能表明该组织转型维度越有待改善。

（二）雷达图分析法下高校组织转型评价模型的建构

1. 评价指标的转换

如图16中所示的"高校组织转型评价指标体系"，正如上文中在问卷设计部分所提到的，无论是满意度还是重要度，都主要对具体的问卷题项，即第3级转型指标分别进行赋值（5分代表非常满意/重要，1分代表非常不满意/不重要）。[①] 由于本书在此研究阶段主要是为了解涉及第2级转型指标发展现状，因而主要通过计算可测的第3级指标平均值来对第2级指标进行赋值。[②] 即

① 静态分析（重要度）值 = $\sum_{k=1}^{N} A_{1k} / N$

② 动态分析（满意度）值 = $\sum_{k=1}^{N} A_{2k} / N$

2. 雷达图的绘制

本书采用 Exel 软件进行雷达图绘制，以第2级指标的赋值结果为绘图数据。

---

① 第3级指标即为问卷中用于调查教职工的各具体组织转型题项。
② 第2级指标即为问卷中用于调查教职工的各具体组织转型维度。

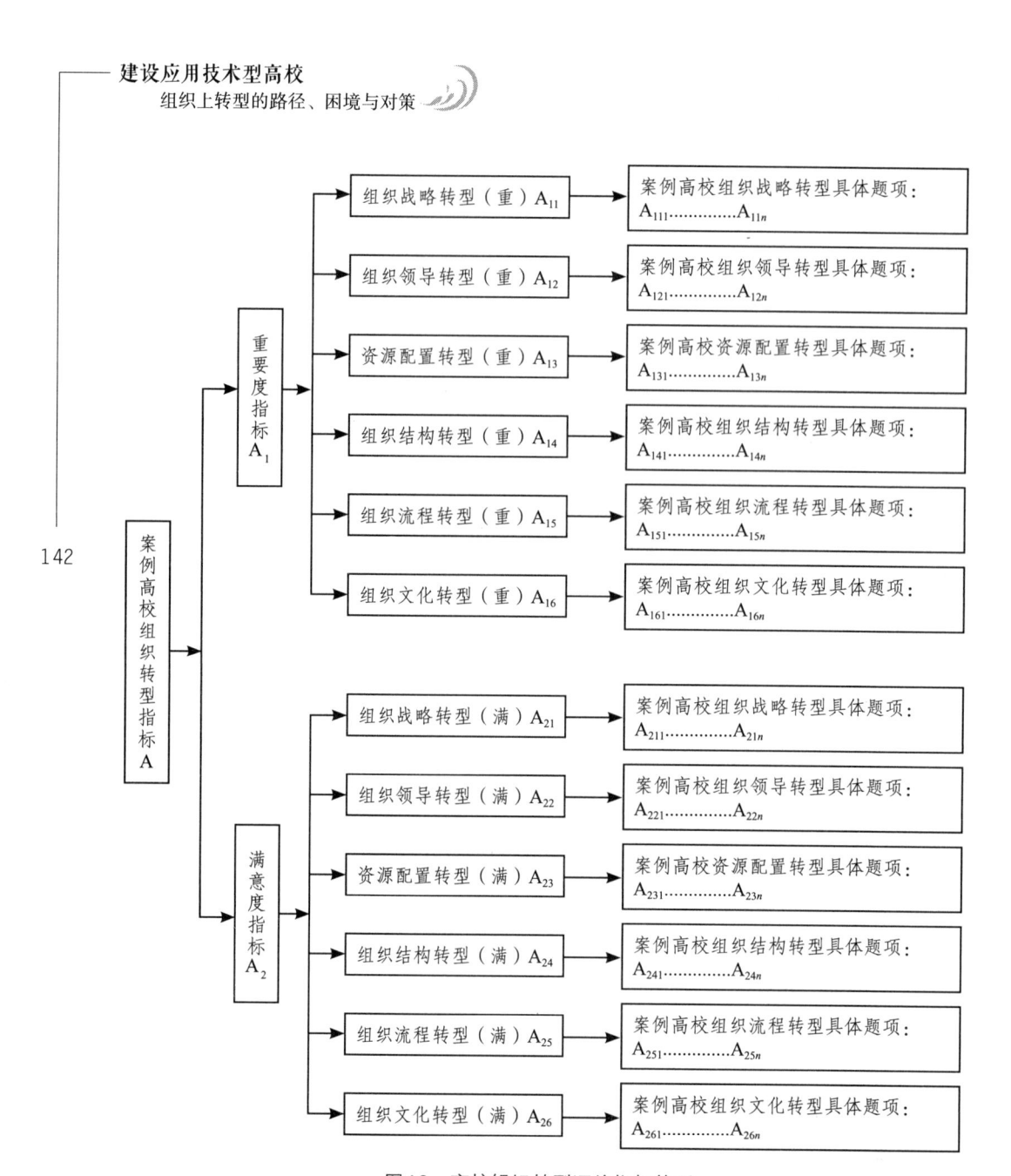

```
案例高校组织转型指标A
├── 重要度指标 A₁
│   ├── 组织战略转型（重）A₁₁ → 案例高校组织战略转型具体题项：A₁₁₁……A₁₁ₙ
│   ├── 组织领导转型（重）A₁₂ → 案例高校组织领导转型具体题项：A₁₂₁……A₁₂ₙ
│   ├── 资源配置转型（重）A₁₃ → 案例高校资源配置转型具体题项：A₁₃₁……A₁₃ₙ
│   ├── 组织结构转型（重）A₁₄ → 案例高校组织结构转型具体题项：A₁₄₁……A₁₄ₙ
│   ├── 组织流程转型（重）A₁₅ → 案例高校组织流程转型具体题项：A₁₅₁……A₁₅ₙ
│   └── 组织文化转型（重）A₁₆ → 案例高校组织文化转型具体题项：A₁₆₁……A₁₆ₙ
└── 满意度指标 A₂
    ├── 组织战略转型（满）A₂₁ → 案例高校组织战略转型具体题项：A₂₁₁……A₂₁ₙ
    ├── 组织领导转型（满）A₂₂ → 案例高校组织领导转型具体题项：A₂₂₁……A₂₂ₙ
    ├── 资源配置转型（满）A₂₃ → 案例高校资源配置转型具体题项：A₂₃₁……A₂₃ₙ
    ├── 组织结构转型（满）A₂₄ → 案例高校组织结构转型具体题项：A₂₄₁……A₂₄ₙ
    ├── 组织流程转型（满）A₂₅ → 案例高校组织流程转型具体题项：A₂₅₁……A₂₅ₙ
    └── 组织文化转型（满）A₂₆ → 案例高校组织文化转型具体题项：A₂₆₁……A₂₆ₙ
```

图16 高校组织转型评价指标体系

二、绩效评估矩阵分析方法

（一）绩效评估矩阵分析方法介绍

绩效评估矩阵最早用于企业绩效诊断，由 Lambert 和 Sharma（1990）提出。在具体操作上，如图17所示，以问卷中的满意度变量为 X 轴，重要度变量为 Y 轴，并对两轴之间的空间进行 3×3 的9等块绩效区域划分，并以符号 H_{ij}（ij=1，2，3）分别对其命名。变量相关数值在9块区域的落点情况，直接反映其绩效状况：H_{11}、H_{22}、H_{33}区中满意度、重要度基本持平，变量落此，判断其应维持现状；H_{12}、H_{13}、H_{23}区中满意度低于重要度，是首要改善区块，应对该处落点的变量加大资源投入；H_{31}、H_{32}、H_{21}区为次要改善区，满意度高于重要度，变量落此，判断应对其相对降低资源投入。①

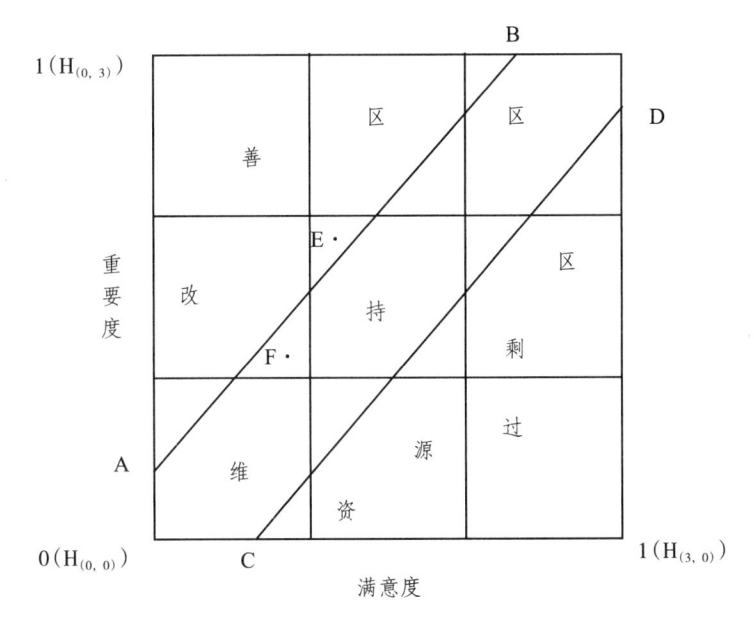

图17　绩效评估矩阵的坐标点分析与管制线确定

（二）绩效评估矩阵分析方法在本书中的实施步骤

结合上述，对于本书而言，将主要利用 Lambert 和 Sharma（1990）所提出的绩效评估矩阵法，以问卷调查中学校教职工对学校组织转型的态度结果为数据来源，通过 Excel 软件进行数据的处理以及 XY-Plot 图的绘制，经进一步分析后，得到有待改善的方面。

1. 组织转型题项的坐标点确定

具体步骤如下：对数据统计结果进行分析，分别得出各大转型维度下每题项重要度、满意度两方面的均值，分别记为 U_I 和 U_S，再利用如下列所示公式（1）（2）将 U_I、U_S 转换为 [0,1] 区间的重要度指标值 P_I 和满意度指标值 P_S。

---

① 邱国钦，李素箱，廖添进．应用绩效评估矩阵方法探讨民宿业服务质量之研究[J]．中小企业发展季刊，2008（16）：10．

$$P_I = \frac{U_I - \min}{R} \quad (1) \qquad\qquad P_S = \frac{U_S - \min}{R} \quad (2)$$

以上两项公式中，U_I 和 U_S 分别代表各题项重要度、满意度的均值；R 代表量表全距，R=K-1，本书为五等量表，则 K=5；min=1，是五等量表的最小值。

2. 坐标点分析

以图 17 中 E（P_{EI}、P_{ES}）、F（P_{FI}、P_{FS}）两点为例。从 X、Y 坐标轴数据对比上看 P_{EI}>P_{ES}，P_{FI} 与 P_{FS} 数值相近，E 为待改善项，F 为维持现状项。而从坐标点落点区域来看，E 点位于 H（2、2）区，即维持现状区，而 F 点位于 H（1、2）区，所以属于改善区。由此看出，单纯利用区域落点，则可能因特殊点影响判断。由此，我们通过设置管制线，提高分析结果的准确性。

3. 管制线的确定

管制线直接将区域划分为明确的改善区、保持现状区与资源过剩区三部分。该线的确定是连接坐标轴上 A（0，d）、B（1-d，1）两点及 C（d，0）、D（1、1-d）两点。本书直接采用 Hsia et al 的赋值，即 d=0.1840。绘制结果如图 17 所示。

第三节 案例高校组织转型的现状分析

一、对贵州工程应用技术学院的现状分析

（一）问卷基本情况分析

在对贵工程开展问卷调查过程中，共计发放问卷 100 份，回收 100 份，其中有效问卷 96 份，回收率 100%，有效率 96%。根据调查问卷中"个人资料"的题项设置，该校被调查教职工分别在性别、年龄、学历、在校工作时间及在校身份的情况主要分布如表 3 所示。

表3 贵州工程应用技术学院调查样本情况

		频率
性别	男	58.33%
	女	41.67%
年龄	25—34岁	33.34%
	35—44岁	44.44%
	45岁以上	22.22%
学历	专科	2.78%
	本科	50.00%
	硕士	34.72%
	博士	11.11%
	其他	1.39%
在本校工作时间	5年以下	5.56%
	6—10年	38.88%
	11—20年	38.89%
	20年以上	16.67%
在校身份	教师	15.28%
	行政人员	41.66%
	双肩挑	26.39%
	其他	16.67%
总计		100%

（二）信度分析

以克隆巴赫系数（Cronbach's α）检视问卷信度，是对问卷内部一致性系数的体现，也是当前较为常用的信度分析方法，最早于1951年由李·克隆巴赫提出。根据Nunnally指出，量表的值若高于0.7，表示问卷具有相当良好的内部一致性。[1]

在本书中，通过对问卷各组织转型维度分别进行"重要度"和"满意度"的信度检验，可以发现，如表4所示，该问卷重要度部分各维度Cronbach's α系数分布在0.824—0.953之间，满意度部分各维度Cronbach's α系数分布在0.944—0.978之间，故问卷信度良好。

---

[1] 邱皓政. 量化研究与统计分析[M]. 台北：五南图书出版股份有限公司，2007：111.

表4 贵州工程应用技术学院问卷信度检验

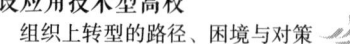

转型维度	项目数	重要度 Cronbach's α	满意度 Cronbach's α
组织战略转型	7	0.944	0.962
组织领导转型	8	0.916	0.944
资源配置转型	10	0.927	0.978
组织结构转型	9	0.921	0.958
组织流程转型	12	0.953	0.976
组织文化转型	8	0.824	0.953

(三)雷达图分析

根据研究设计,对贵工程进行雷达图分析,旨在从宏观各转型维度,即从"组织战略转型""组织领导转型""资源配置转型""组织结构转型""组织流程转型"和"组织文化转型"来探讨该校组织转型的现状。关于贵工程组织转型现状的雷达图分析结果如图18所示。

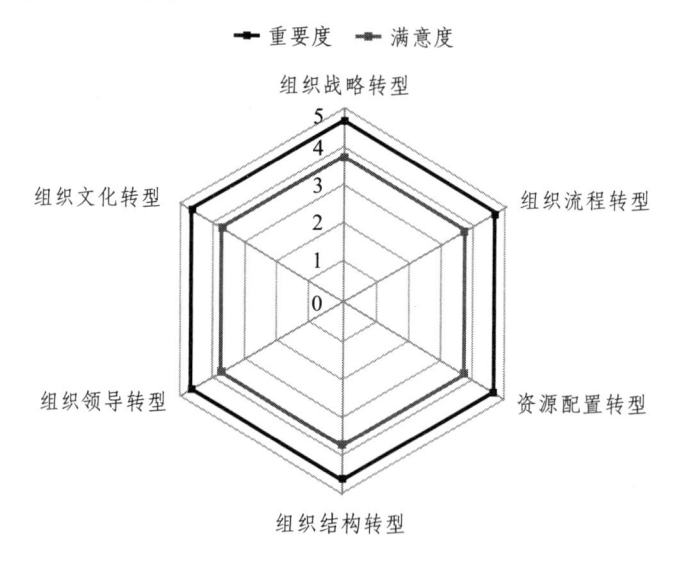

图18 贵州工程应用技术学院组织转型现状的雷达图分析

从图18所显示的分析结果来看,各满意度指标值均位于重要度指标值之内。这说明贵工程教职工对于学校转型现实表现的满意度均低于原本对学校转型成就认知的期望。也就是说,宏观上,从学校教职员工对转型发展期望的角度,当前贵工程在六大转型层面均存在不同程度问题,处于需加以改善状态。

同时,通过计算各转型维度指标静态值和动态值的差,即重要度与满意度之间的距值，其结果分别为：在组织战略转型方面，重要度为4.65，满意度为3.85，距值为0.80；在组织领导转型方面，重要度为4.69，满意度为3.90，距值为0.79；在资源配置转型方面，重要度为4.64，满意度为3.79，距值为0.85；在组织结构转型方面，重要度为4.39，满意度为3.84，距值为0.55；在组织流程转型方面，重要度为4.61，满意度为3.83，距值为0.78；在组织文化转型方面，重要度为4.40，满意度为3.80，距值为0.60。因此，具体就各组织转型维度的两两比较而言，在当前贵工程向应用技术型高校组织转型过程中，各六大转型层面存在相应问题的严重程度以及需要加以改善的先后次序，分别为"资源配置转型"（0.85）、"组织战略转型"（0.80）、"组织领导转型"（0.79）、"组织流程转型"（0.78）、"组织文化转型"（0.60）和"组织结构转型"（0.55）。

（四）绩效评估矩阵分析

根据研究设计，对贵工程的组织转型开展绩效评估矩阵分析，其主要目的是从更微观角度来评估调查问卷中所涉学校组织转型各具体题项的转型现状。关于贵工程组织转型现状的绩效评估矩阵分析如图19所示。

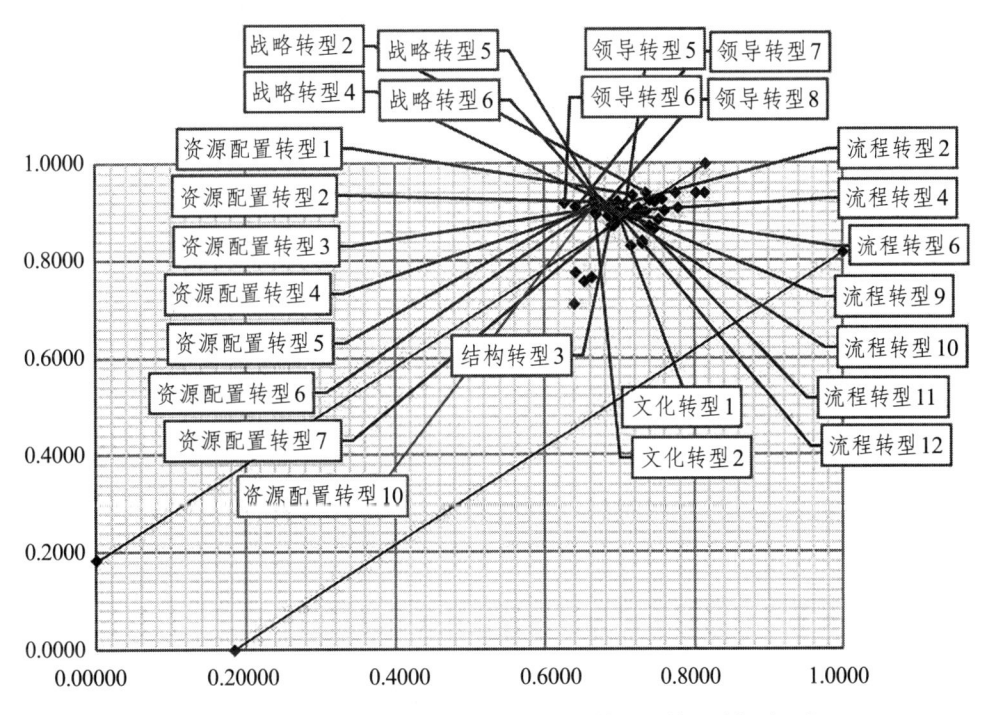

图19 贵州工程应用技术学院组织转型现状的绩效评估矩阵分析

分析来看，贵工程组织转型问卷设计共计54个转型题项，坐标点分布主要偏于管制线上方的区域，即偏于存在问题的待改善区。具体而言，有26项处于矩阵的管制线上方，位于存在问题的待改善区；28项处于矩阵的管制线中间区域，位于转型相对较好的维持现状区；0项处于矩阵的管制线下方，位于转型满意度高于重要度区域。

在上述26个处于存在问题的待改善区题项中，组织战略转型维度有4项，涉及题项是："学校要从师范型、学术型、封闭型向多科型、应用型、开放型转型（战略转型2）""学校要在2020年成为国内有一定影响、省内一流、特色鲜明的高水平应用技术大学（战略转型4）""学校组织院系间的交流、学习来增进教职工对转型的认同（战略转型5）""学校组织外出考察来增进教职工对转型的认同（战略转型6）"。

组织领导转型维度有4项，涉及题项是："各二级学院成立转型发展工作组（领导转型5）""学校注重对教职员工的物质激励（领导转型6）""学校注重对教职员工的精神激励（领导转型7）""学校领导会就转型疑惑与教职工保持沟通（领导转型8）"。

资源配置转型维度有8项，涉及题项是："学校借助试验区的政治优势争取办学资源（资源配置转型1）""学校借助对口支援高校争取办学资源（资源配置转型2）""学校借助校企合作争取办学资源（资源配置转型3）""学校借助校地合作争取办学资源（资源配置转型4）""近年来，学校科研经费得到提高（资源配置转型5）""近年来，学校区域影响力逐步增强（资源配置转型6）""学校资源分配在竞争机制下进行（资源配置转型7）""学校的职称评定向双师型倾斜（资源配置转型10）"。

组织结构转型维度有1项，涉及题项是："广大教职工有途径参与到学校的决策（结构转型3）"。

组织流程转型维度有7项，涉及题项是："学校围绕'一线教师'的培养构建专业群（流程转型2）""学校推出人才培养'立交桥'工程（流程转型4）""学校实施人事分配制度改革（流程转型6）""学校科研主要服务于地方经济社会的发展（流程转型9）""学校加强实践育人体系建设（流程转型10）""学校加强创新创业教育体系建设（流程转型11）""学校加强教学质量评价体系建设（流程转型12）"。

组织文化转型维度有2项，涉及题项是："学校日渐形成进取心强的氛围（文化转型1）""学校注重科研团队的建构（文化转型2）"。

二、对上海应用技术大学的现状分析

（一）问卷基本情况分析

在对上应大开展问卷调查过程中，共计发放问卷100份，回收问卷100份，其中有效问卷93份，问卷回收率100%，问卷有效率93%。根据调查问卷中"个人资料"的题项设置，学校被调查教职工分别在性别、年龄、学历、在校工作时间及在校身份的情况主要分布如表5所示。

表5　上海应用技术大学调查样本情况

		频率
性别	男	48.39%
	女	51.61%
年龄	25—34岁	48.38%
	35—44岁	41.94%
	45岁以上	9.68%
学历	本科	12.90%
	硕士	32.26%
	博士	54.84%
在本校工作时间	5年以下	3.23%
	6—10年	32.26%
	11—20年	51.61%
	20年以上	12.90%
在校身份	教师	29.03%
	行政人员	54.84%
	双肩挑	16.13%
总计		100%

（二）信度分析

在本书中，通过对问卷各组织转型维度分别进行"重要度"和"满意度"的信度检验，可以发现，如表6所示，该问卷重要度部分各维度Cronbach's α系数分布在0.939—1.000之间，满意度部分各维度Cronbach's α系数分布在0.932—0.992之间，故问卷信度良好。

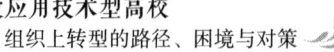

表6　上海应用技术大学信度检验

	项目数	重要度 Cronbach's α	满意度 Cronbach's α
组织战略转型	7	0.977	0.980
组织领导转型	5	1.000	0.992
资源配置转型	6	0.968	0.959
组织结构转型	7	0.939	0.932
组织流程转型	18	0.995	0.983
组织文化转型	6	0.975	0.972

（三）雷达图分析

根据研究设计，对上应大进行雷达图分析，是旨在从宏观的各转型维度，即从"组织战略转型""组织领导转型""资源配置转型""组织结构转型""组织流程转型"和"组织文化转型"来探讨该校组织转型的现状。关于上应大组织转型现状的雷达图分析结果如图20所示。

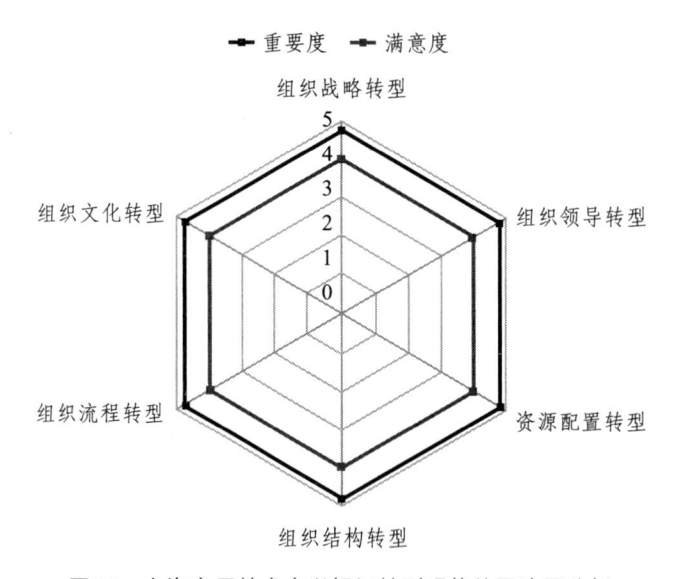

图20　上海应用技术大学组织转型现状的雷达图分析

从图20所显示的分析结果来看，各满意度指标均位于重要度为指标的内圈位置。这说明上应大教职工对于学校转型现实表现的满意度均低于原本对学校转型成就认知的期望。也就是说，宏观上，从学校教职员工对学校转型发展期望角度，当前上应大在六大转型层面均存有不同程度问题，处于需加以改善状态。

同时，通过计算各转型维度指标静态值和动态值的差，即重要度与满意度之间的距值，其结果分别为：在组织战略转型方面，重要度为4.65，满意度为3.89，距值为0.76；在组织领导转型方面，重要度为4.94，满意度为4.14，距值为0.80；在资源配置转型方面，重要度为4.89，满意度为4.11，距值为0.78；在组织结构转型方面，重要度为4.81，满意度为4.13，距值为0.68；在组织流程转型方面，重要度为4.80，满意度为4.08，距值为0.72；在组织文化转型方面，重要度为4.83，满意度为4.12，距值为0.71。因此，具体就各组织转型维度的两两比较而言，当前上应大向应用技术型高校组织转型过程中，各六大转型层面存在相应问题的严重程度以及需要加以改善的先后次序，分别为"组织领导转型"（0.80）、"资源配置转型"（0.78）、"组织战略转型"（0.76）、"组织流程转型"（0.72）、"组织文化转型"（0.71）和"组织结构转型"（0.68）。

（四）绩效评估矩阵分析

根据研究设计，对上应大的组织转型开展绩效评估矩阵分析，其主要目的是从更微观角度来评估调查问卷中所涉学校组织转型具体题项的转型现状。关于上应大组织转型现状绩效评估矩阵分析结果如图21所示。

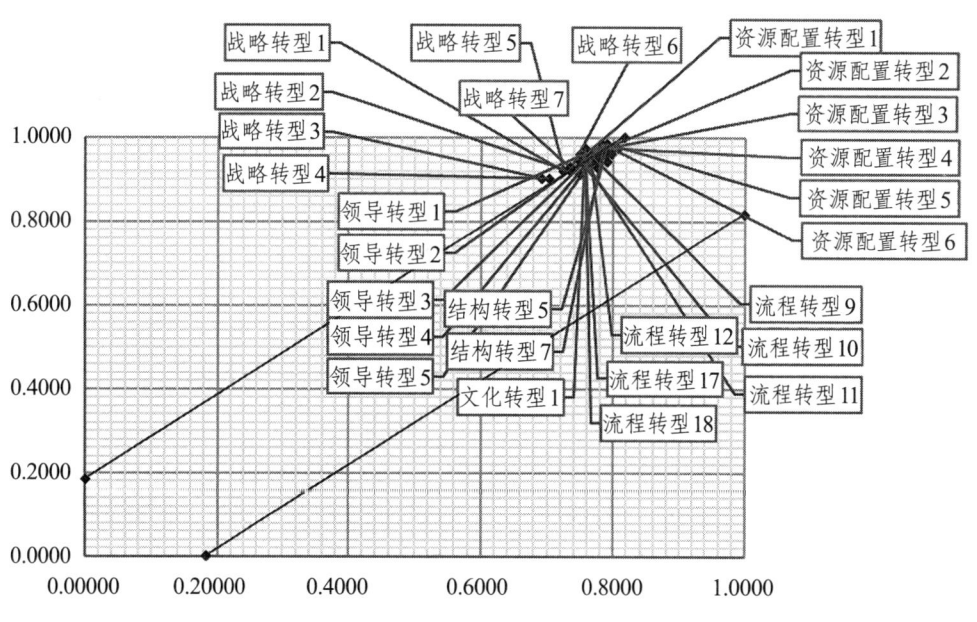

图21 上海应用技术大学组织转型现状的绩效评估矩阵分析

从分析来看，问卷设计共计49个转型题项，坐标点分布主要偏于管制线上方的区域，即偏于存在问题的待改善区。具体而言，有27项处于矩阵的管制线上方，位于存在问题的待改善区；22项处于矩阵的管制线中间区域，位于转型相对较好的维持现状区；0项处于矩阵的管制线下方，位于转型满意度高于重要度区域。

在上述27个处于存在问题的待改善区题项中，组织战略转型维度有7项，涉及题项是："学校把'建设具有国际影响力的高水平应用技术大学'作为战略目标（战略转型1）""学校把'特色立校、人才强校和协同发展'作为战略支撑点（战略转型2）""学校清晰地描绘了到'十三五'末期、到'2030年'和到'本世纪中叶'三阶段的发展目标和路径（战略转型3）""学校借助上海市的'085'工程建设来实现战略目标（战略转型4）""学校借助上海市作为国家教育综合改革试验区来实现战略目标（战略转型5）""学校通过开展综合改革来实现战略目标（战略转型6）""学校在不断发展与进步中逐渐实现战略认同（战略转型7）"。

组织领导转型维度有5项，涉及题项是："在转型发展上，学校领导班子信念坚定（领导转型1）""在转型发展上，学校领导班子思路清晰（领导转型2）""在转型发展上，学校领导班子善于学习（领导转型3）""学校通过加强干部队伍建设来形成转型向心力（领导转型4）""学校通过完善教师激励政策来激活转型潜能（领导转型5）"。

资源配置转型维度有6项，涉及题项是："学校建立'科学配置资源要素、合理调整资源投向、充分发掘资源潜力、逐步提升资源效率'的体制机制（资源配置转型1）""学校通过应用型科研的开展来提升办学资源的获取能力（资源配置转型2）""近年来，学校科研经费得到提高（资源配置转型3）""近年来，学校生源质量得到提高（资源配置转型4）""学校优先把资源投入人才培养方面（资源配置转型5）""近年来，学校加大实践教学的投入（资源配置转型6）"。

组织结构转型维度有2项，涉及题项是："行业企业能参与学校决策（结构转型5）""学校通过扩大二级学院办学自主权来推进管理重心下移（结构转型7）"。

组织流程转型维度有6项，涉及题项是："学校深化招生制度改革，构建应用技术型人才培养'立交桥'（流程转型9）""学校探索具有应用技术特色的研究生培养模式（流程转型10）""学校完善人才培养质量保障机制（流程转型11）""学校优化学科布局，强化高峰高原学科建设（流程转型12）""学校抢抓'中国制造2025'和'一带一路'倡议机遇来确立国际化办学体系（流程转型17）""学校探索与世界高水平应用技术型大学的实质性合作模式（流程转型18）"。

组织文化转型维度有1项，涉及题项是："学校有传播'应用技术型'办学理念的物质载体（文化转型1）"。

第四节 应用技术型高校组织转型困境的"倒金字塔"模式

上文中，本书已就贵州工程应用技术学院和上海应用技术大学两所案例高校的组织转型现状分别开展了雷达图分析和绩效评估矩阵分析，并得出了两所案例高校在转型中所存在的问题。本小节则主要依据这些分属两所案例高校的问题，归纳和总结出存在的共性问题，以期通过以小见大，形成普遍适用于我国地方普通本科高校向应用技术型高校转型在组织上所存在问题的结论，达到见微知著的目的。总体来看，主要形成了如图22所示的我国地方普通高校向应用技术类转型存在问题的"倒金字塔"模式，具体分析如下。

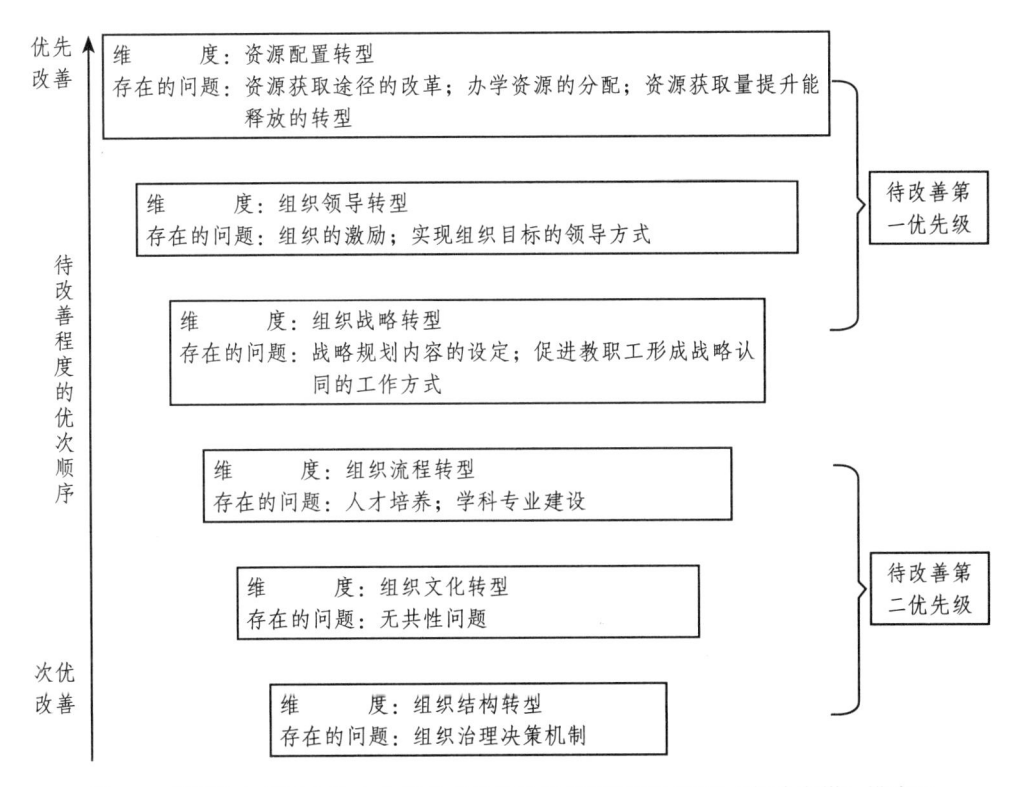

优先改善

| 维　　度：资源配置转型
| 存在的问题：资源获取途径的改革；办学资源的分配；资源获取量提升能释放的转型

| 维　　度：组织领导转型
| 存在的问题：组织的激励；实现组织目标的领导方式

}待改善第一优先级

| 维　　度：组织战略转型
| 存在的问题：战略规划内容的设定；促进教职工形成战略认同的工作方式

待改善程度的优次顺序

| 维　　度：组织流程转型
| 存在的问题：人才培养；学科专业建设

| 维　　度：组织文化转型
| 存在的问题：无共性问题

}待改善第二优先级

次优改善

| 维　　度：组织结构转型
| 存在的问题：组织治理决策机制

图22　我国地方普通高校向应用技术类高校转型所存在问题的"倒金字塔"模式图

一、六大维度的转型现状均处于待改善状态

基于对上述两所案例高校的实证分析，总体上看，我国地方普通高校在向应

用技术类转型过程中,六大转型维度,即组织战略转型、组织领导转型、资源配置转型、组织结构转型、组织流程转型、组织文化转型,均存在不同程度的问题,转型现状均不能满足学校教职员工对成功转型的期望,亟待改善。这无论是从雷达图分析的角度还是从绩效评估矩阵分析的角度,结论都趋于一致。在雷达图分析方面,无论是在贵工程还是在上应大,通过各转型维度满意程度与重要程度之间的距值,即可发现以满意程度为代表的动态指标下的第2级权利指标值均被包含于以重要程度为代表的静态指标下的第2级权利指标值,这说明两案例高校的教职工对于学校向应用技术型高校转型在组织上的表现,其满意度均低于自身对组织转型所抱有的期望,存在需要改善的空间。同样,在绩效评估矩阵分析方面,根据两所案例高校组织转型现状绩效评估矩阵分析的结果图显示,其中关于各转型维度下具体转型题项坐标点的分布,两所学校都主要偏于管制线上方的区域,即主要偏于存在问题的待改善区,这总体反映了两所案例高校在转型发展过程中均需一定程度上的改善。同时,精确到各高校处于待改善区的转型题项占所有转型题项的百分比来看,在贵工程,共有转型题项54项,转型存在问题的题项为26项,占比为48.15%;在上应大,共有转型题项49项,转型存在问题的题项为27项,占比55.10%。如此来看,两校存在问题的转型题项占总转型题项都接近或超过50%。这也反映出当前组织转型处于亟待改善的整体现状。

二、待改善严重程度依次是组织资源配置、领导、战略、流程、文化、结构转型

从各转型维度待改善严重程度的次序来看,依次是资源配置转型、组织领导转型、组织战略转型、组织流程转型、组织文化转型、组织结构转型,同时,这一次序也反映了各维度转型情况的优良程度。这一结论主要依据雷达图分析结果,具体来看,对于贵工程而言,其六大转型维度待改善的先后顺序及其距值表现分别依次为:资源配置转型(0.85)、组织战略转型(0.80)、组织领导转型(0.79)、组织流程转型(0.78)、组织文化转型(0.60)、组织结构转型(0.55);对于上应大而言,依次为:组织领导转型(0.80)、资源配置转型(0.78)、组织战略转型(0.76)、组织流程转型(0.72)、组织文化转型(0.71)、组织结构转型(0.68)。通过综合两案例高校各维度距值加和并取其平均值,即可得到的次序结果是:资源配置转型(0.815)、组织领导转型(0.795)、组织战略转型(0.780)、组织流程转型(0.750)、组织文化转型(0.655)、组织结构转型(0.615)。这也就正好反映出当前我国地方

普通高校在实现向应用技术类转型过程中，需予改善的先后次序。

此外，值得补充的是，通过对比分析贵工程和上应大的各转型维度的改善次序，总体上看，两校具有相似性，其中关于组织战略转型、组织领导转型和资源配置转型，两校虽然次序稍有不同，但都分别处于待改善维度的前三位，是第一个需要改善的优先级，而在组织流程转型、组织文化转型和组织结构转型方面，两校次序一样，都分别处于待改善维度的后三位，是需要加以改善的第二个层次。这就是说，我国地方普通高校在向应用技术类转型过程中，所存在的问题大体一致，这是各转型维度待改善次序的研究结论，有望成为能指导各高校实现成功转型的一般规律。

三、资源配置是转型难点且获取与分配方面都存在问题，欠发达地区高校尤为突出

依前述雷达图分析结果，总的来看，资源配置转型处于待改善维度次序的第一位。同时，分别就各案例高校来看，在贵工程，资源配置处于待改善次序维度的第一位；在上应大，则处于待改善次序维度的第二位。这说明，由于学校所处区位的发达程度和资源禀赋程度的不同，涉及资源配置诸项改革中所存在的问题就有不同。资源相对趋紧的学校在实施改革方面存在问题相对较大，而资源相对丰富的学校在实施改革方面存在问题相对较小。同时值得注意的是，在所处区位资源相对丰富的上应大，虽然资源配置转型存在问题的严重性不是处于第一位，但也位列第二，这说明在地方普通高校向应用技术型高校转型的过程中，资源配置转型的问题普遍较为严重，是共性问题，需引起改革者的注意。

具体到两校资源配置转型中待改善题项的分析来看，总体而言，两校无论是在"办学资源的获取"还是在"办学资源的分配"改革方面，都存在着不同程度的问题。首先是关于资源获取途径的改革方面存在一定问题，如贵工程所实施的试图借助所处区位的政治优势、通过对口支援高校、校企合作、校地合作等途径来扩大资源供给，以及上应大努力通过应用型科研的开展来提高资源获取量，就处于待改善区域，存在完善的空间。其次是全校教职工对于学校办学资源获取量的提升没有很深刻的感受，也就是说学校对相关资源配置的改革并未释放出能让全校教职工有明显感受的政策红利。这可以从贵工程相关科研经费的提高、区域影响力增强的题项，以及上应大相关科研经费的提高、生源质量的提高的题项都处于待改善区域得以论证。再次是办学资源分配方面存在的问题，如贵工程所实

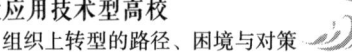

施的在竞争机制下的资源分配模式和职称评定主要向双师型教师队伍倾斜，以及在上应大所实施的加大办学资源向人才培养和实践教学方面的投入等均处于待改善区域，这些都是具体表现。

四、组织领导随转型深入需重点改善，组织激励与领导方式是共性问题

关于组织领导转型，从总的待改善维度次序来看处于第二位。同时，分别从各案例高校的情况来看，在贵工程是第三位，在上应大是第一位。这就说明，作为"先发转型"高校的上应大，随着转型的不断深入，就亟待一种能够驾驭转型全局的力量来持续不断地激活转型的整体动力，并摆在优先改善的位置。

具体到两校在组织领导转型方面待改善题项的分析来看，首先从两校所反映的共同问题来看，关于组织的激励和具体实现组织目标的领导方式这两方面，是两校在组织领导中存在的共性问题。在组织激励方面，如贵工程对教职员工所分别实施的物质激励和精神激励，以及上应大所实施的完善教师激励政策都处于待改善区域。在实现组织目标的领导方式方面，如贵工程在各二级学院成立的转型发展工作组和上应大通过加强干部队伍建设来形成转型向心力，也都处于待改善区，需予以完善。

五、组织战略在转型初期需重点改善，战略内容设定与战略认同是共性问题

关于组织战略转型，在总的待改善维度次序层面处于第三位，而分别就两案例高校的情况来看，在贵工程处于待改善次序的第二位，上应大则处于待改善次序的第三位。如此来看，在地方普通高校实现向应用技术型高校转型过程中，关于组织战略层面转型实施的相关问题，应予以密切关注。同时，对比以贵工程为代表的后发转型高校和以上应大为代表的先发转型高校，在后发转型高校中，组织战略转型在六大转型维度的待改善次序中明显处于更加靠前的位置，这就说明战略转型是作为一类极容易令学校教职员工不易适应和让学校教职工相对敏感的转型维度，在学校转型发展早期，如何实施好组织战略转型显得尤为重要。

具体到两个案例高校在组织战略转型维度下具体待改善题项的分析来看，学校对战略规划内容的设定和学校在促进教职工形成战略认同的具体工作方式，是共性问题，需予完善。具体来看，在战略规划内容设定方面，如在贵工程，无论

是学校所提出的要从师范型、学术型、封闭型向多科型、应用型、开放型转型，还是学校要在2020年成为"国内有一定影响、省内一流、特色鲜明的高水平应用技术大学"，都处于待改善区域；同样，在上应大，学校要把"建设具有国际影响力的高水平应用技术大学"作为战略目标、学校把"特色立校、人才强校和协同发展"作为战略支撑点，以及学校清晰地描绘了"到'十三五'末期""到2030年"和"到本世纪中叶"三阶段的发展目标和路径也都处于待改善区。这说明，在学校设定相应发展战略时，其内容本身并不能为全校教职工所认同和满意。在促进学校教职工形成战略认同的具体工作方式方面，在贵工程所尝试的通过组织学校院系间的交流、学习以及组织教职工外出考察的方式来加强学校教职工对学校未来发展战略的认同就处于待改善的区域，存在一定问题；在上应大，经对学校领导的访谈可总结得出，学校是在不断发展与进步中逐渐实现战略认同的，也并不能为全校教职工所满意，处于待改善区。

六、组织流程转型现状相对较好，人才培养和学科专业建设是共性问题

从总的待改善维度次序来看，关于组织的流程转型处于第四位。同时，分别从各高校待改善维度的次序来看，也都处于第四位，故不属于较为优先的待改善维度。这是由于在我国地方普通高校向应用技术类转型的过程中，关于组织流程的内容，其主要涉及组织管理、人才培养、科学研究及社会服务等方面的变化和转型，而这些方面相较于"资源配置""组织领导"和"组织战略"三个维度而言，显得转型内容更为具体，可操作性更强，因而来自组织流程层面微小的变化都会让全校教职工体会更加深刻，对学校在此维度下转型较好的方面，其满意度会大大提高。这也同时说明，在我国地方普通高校向应用技术类转型的过程中，实现组织流程的成功转型，相对来说是较易实现的维度之一。

具体到两个案例高校在组织流程转型维度下待改善题项的分析来看，涉及"人才培养"和"学科专业建设"的转型事项成为案例高校在组织流程转型方面所呈现出的共性问题。在人才培养方面，如在贵工程，学校所推出的人才培养"立交桥"工程，所实施的加强实践育人体系、创新创业教育体系和教学质量评价体系建设等，就处于待改善区域；在上应大，关于应用技术型人才培养"立交桥"的构建，以及应用技术特色的研究生培养模式和完善人才培养质量保障机制等，位于待改善区。在学科专业建设方面，如贵工程围绕"一线教师"的培养来

构建专业群和上应大通过优化学科布局来强化高峰高原学科建设，都位于待改善区域。

七、组织文化转型体现出特殊性，文化内涵提升要基于各自办学特色

在组织文化的转型方面，无论是置于总的待改善次序维度，还是从各案例学校的待改善次序维度来看，都是处于第五位，属于待改善紧迫程度相对较低的维度。在前文第四章路径分析中组织文化转型任重而道远，且基本没有破题的情况下，这一方面说明我国地方普通高校在向应用技术类转型的过程中，学校教职工对于学校当前的组织氛围和工作状态是满意和认同的，另一方面也说明应用技术型高校组织文化的内涵极有可能就是基于当前案例高校所呈现的文化特征和文化内容的不断演变和升华。同时，从找寻共性问题的角度，未发现能体现共性问题的题项，这也说明各高校在推动组织文化建构时各有其特殊性，不同学校的组织文化转型并不套用同一模式。

八、组织结构转型现状最佳但微观机制是转型难点，治理决策机制是共性问题

在组织结构转型层面，从总的待改善维度次序来看处于第六位，且分别从各案例高校的待改善维度次序来看，也都是位列第六。这就说明，无论是在总体层面还是在案例层面，当前地方普通高校向应用技术型高校转型过程中，相比于其他转型维度，关于组织结构的转型是出现待改善问题最少的维度，同时也说明是最容易成功实现的维度。这主要是因为学校组织结构，特别是学校院系结构、行政组织结构及专业结构转型前后变化明显，如相关服务应用技术办学特征组织的出现和注重工程与技术积累的专业、院系的出现等，能让学校教职员工有更深刻的体会，进而产生了较高的满意度。

基于两案例高校在组织结构转型维度下各具体待改善题项的分析来看，有关组织的治理决策机制明显成为两高校的共性问题，如在贵工程，学校能让广大教职工有途径参与到学校的决策；在上应大，行业企业能参与学校决策。这些方面就都处于待改善区。需要说明的是，这个组织治理与决策机制，其主要涉及办学的微观机制层面，而对比行政组织、院系结构等宏观层面的调整，其操作性明显更趋模糊，目标性更弱。因此，这也就再次印证了在上述"组织流程"中所提及

的，在我国地方高校向应用技术型转型过程中，所涉及转型内容越具体、可操作性越强，就越容易成功；而越涉及组织微观机制转型意义上的事项，由于转型目标模糊，可操作性弱，其也就难以成功转型。当然，这同时也说明学校的转型发展已触及深处。

第六章 结　论

第一节　以组织流程转型为核心的六要素相关关系

由于本书形成的组织转型分析框架是以功能主义为基础的卡斯特和罗森茨韦克系统分析方法，其强调系统的每一部分（子系统）都有其自身功能，而各部分（子系统）在功能上又具有相关性，并以此相互联结形成有机整体。这对于推动各子系统转型的具体要素而言，必然也强调这些要素的紧密联系和相互关联，且各要素不可能独立发挥作用。也就是说，本书所涉及的组织战略、组织领导、资源配置、组织流程、组织结构和组织文化这六要素也应相互间存在着联系。综合前文研究内容，主要形成了以组织流程转型为核心的六要素相关关系，如图23所示，主要分析如下。

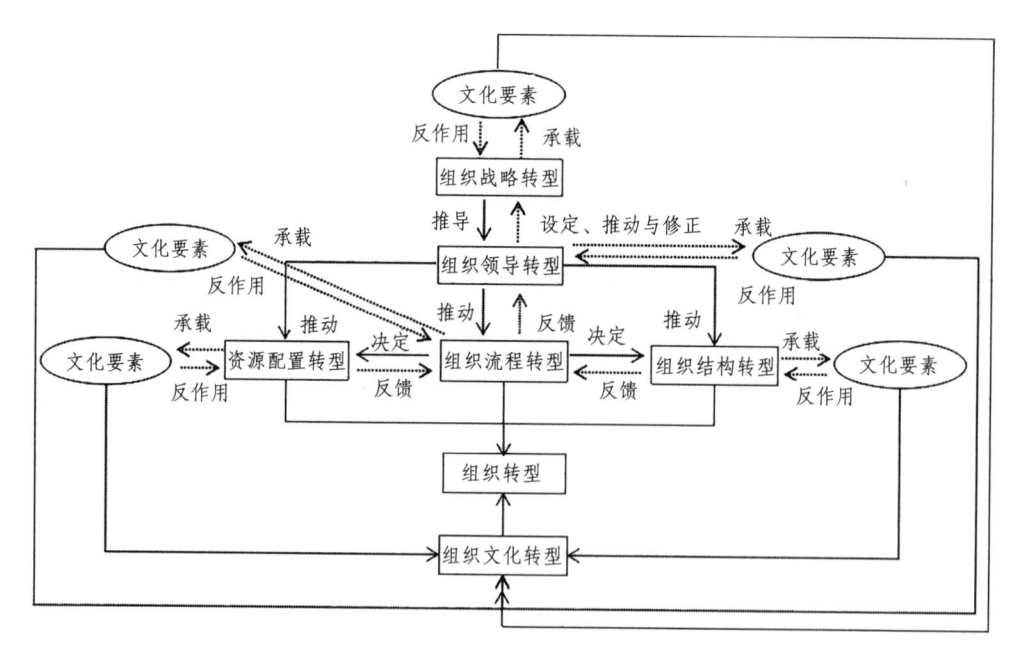

图23　以组织流程转型为核心的六要素相关关系图

一、作为转型核心的组织流程与其他要素的关系

组织流程转型对资源配置和组织结构转型起决定性作用。在组织流程决定资源配置方面，从办学资源获取来看，学校对于办学资源的获取除了来自国家财政拨款和学费外，组织流程下的产教融合也是作为资源获取的主要来源之一。同时，在资源的分配方面，组织流程下的人才培养普遍成为转型发展学校所设置的优先级，也就是说资源配置维度下的获取与分配都与组织流程紧密关联，因而其转型也势必要受制于组织流程转型；在组织流程决定组织结构方面，在高校组织结构转型维度下，如院系结构会随着组织流程下专业结构的优化而发生调整，制度体系要围绕着学校办学主业即应用技术型人才培养的实施来予以重新设计，权力配置模式也会随着组织流程里一个个科研团队的构建以及校企合作、产教融合项目的实施而发生变革等。

当然，组织流程决定着资源配置转型与组织结构转型，但其也会接受来自资源配置转型与组织结构转型的信息反馈，也就是说存在着一种反馈机制，根据资源配置和组织结构转型中的实际，将自身在转型过程中所遇到的问题、困难及相关信息反馈至组织流程，进而使得组织流程的转型发生相应调整。如，在资源配置维度中办学资源获取优势（如欠发达地区的政治优势或发达地区的经济优势）不够理想的情况下，就会反馈至组织流程下的产教融合，促使其进一步调整实现深度合作的形式或寻找其他校企合作、校地合作的实施形式等。在组织结构维度，因办学传统不同而形成的院系结构差异化特征，也就会反馈至组织流程转型中关于专业结构优化的实施，进而形成不同学校专业群的差异，如有师范办学传统的学校在院系结构设置时要保留师范学院，形成经优化后的师范类专业群。

组织流程转型要接受来自组织战略指导下组织领导的推动。由于学校各项办学流程，如人才培养转型、专业结构优化、师资队伍建设、科研团队构建和产教融合等多方面变革的实施都需要围绕学校"应用技术型"办学战略作为核心，而作为静态纲领性的组织战略，其并不具有指导的动态属性，因而就需要借助具有动态属性的其他转型要素的力量来予以具体实施，也就是说要通过另一要素来完成对组织流程所涉内容的指导，其中组织领导作为与"动态指导属性"相符的唯一转型要素，就自然成为接受组织战略指导的主要转型要素，成为组织战略的领会者和推动者，通过发挥其"推动"作用来保障上述的流程再造能符合战略意图，如在组织领导转型中各高校都普遍要建立一套对转型信念坚定并具深刻认识的领

导班子、强调通过中层干部队伍建设来形成转型向心力以及注重组织激励等。当然，在组织流程转型的过程中，组织流程并不是单一地接受来自组织战略指导下组织领导的推动，其也会对组织领导形成反馈机制。各案例高校在组织领导转型中对"组织沟通"的注重，就很好地解释了该反馈机制的存在。同时，这一来自组织流程的反馈信息又会经组织领导对组织战略加以进一步修正和调整，使组织战略更具指导转型全局的作用。

在组织流程与组织文化转型的关系方面，如前文所述，"组织文化转型无共性问题，文化内涵或基于对当前组织氛围的演变与升华"，这就是说，组织的文化要素往往散布于组织的各个场域，组织文化转型的最终实现是基于组织转型各维度所承载所有文化要素合集后的提炼、总结与升华。而组织流程作为组织转型的重要维度，也自然要承载着相应的文化要素，体现不同组织间组织流程转型的主要特征，并与其他维度之下的文化要素一起形成合力，推动着文化转型的实现。当然，除了各转型维度有承载文化要素的功能外，所承载的文化要素又会对各维度的转型发展产生反作用，这种反作用主要指组织气氛对组织行为所产生的深刻影响。

之所以组织流程转型处于组织转型的核心地位，本书认为主要源于以下两个方面。一是基于转型的政策目的层面，国家关于转型政策的肇始让组织流程转型理应位于核心地位。从政策的目的来看，国家引导地方普通高校实现向应用技术类高校转型，其重点就在于一改因各地方普通高校办学定位趋同而导致人才培养同质化，不能满足行业、产业发展实际需要这一现实性问题，即旨在完善应用技术型人才培养。而根据前文中基于对组织流程转型的内涵分析，组织流程作为人才培养在组织分析中的上位概念，也就自然成为六大组织转型要素中国家政策所关注的重点。也就是说，正是得益于完善应用技术型人才培养作为政策的主要目的，才使得组织流程转型成为国家政策所关注的核心。因此，具体到组织转型的分析中，锚定于实现国家政策的意图，相较于其他转型要素，流程转型就应成为整个组织转型的出发点，理归核心地位。二是基于转型的现实层面，组织流程转型往往被各高校作为实施组织转型的主要方面。这主要可从前述各案例高校在组织转型的具体实施中得以体现，如在组织转型路径的共同特征方面，相较于其他五类型转型要素，涉及组织流程转型的事项明显最多、内容最广，这说明我国地方普通高校在实现向应用技术类转型的道路上，都普遍把对组织流程的再造作为重点。同时，从差异化特征来看，组织流程转型是唯一受到"学校所处区位""转型的时间起点"和"办学传统"三因素影响的维度，这即可说明组织流程转型所涉事项相对宽泛，任一不同办学背景的差异都能对各学校的组织流程转型形成差异化路径。此外，从组织转型现状实证分析的角度，组织流程转型是作为转型现状相对较好的维度，处于待改善的第二优先级，这说明各高校关于组织流程的改革已经产生了一定的效果，而这一效果的产生也应得益于各高校付诸了大量的精力把组织流程转型作为转型的重点。

二、其他五要素的相关关系

从组织战略转型与其他转型要素的关系来看，主要体现在组织战略以统领学校转型全局的高度来对其他转型要素形成指导作用。正如各案例高校所形成组织战略转型路径的共同特征，即有明确战略定位、目标与体系化的战略内容等，便是组织战略用于指导其他各要素转型实施的内容与标准。但需要说明的是，组织战略作为一种静态化的组织纲领，其并不与指导的动态属性相符，因而需要借助具有动态属性其他转型要素的力量来具体实施，也就是说要通过指导另一要素来完成对剩余各要素的指导，而组织领导作为与"动态指导属性"相符的唯一转型要素，就自然成为接受组织战略指导的主要转型要素。这主要从因转型时间起点不同而形成的组织战略差异化特征，即"在不同转型时间起点的高校，学校领导班子分别推动了不同的战略认同形式"便可说明。当然，组织领导由于其动态属性自然不会被动地接受组织战略的指导，其会对组织战略形成"修正、设定与推动"的反作用，这主要体现在组织战略的最初设定本身就源自组织领导的决策，且随着转型的深度实施，组织领导还会根据其他转型要素的反馈来进一步对组织战略予以修正与调整，以使组织战略能更加符合指导转型全局的要求。

从组织领导与其他转型要素的关系来看，主要体现在由组织领导对其他要素的推动机制和其他要素对组织领导所形成的反馈逻辑。正如案例高校在组织领导转型中所呈现的共同特征与差异化特征，所有案例高校都会采取组织激励与沟通，并形成对转型有统一和深刻认知的"领导班子"，特别在后发转型高校还会形成"驾驭转型全局的领导中心"等，这正是组织领导发挥推动作用的具体形式。同时，在组织领导中有关沟通机制的建立，又为其他转型要素形成对组织领导的反馈创造了条件。也就是说，组织领导一方面接受着学校新发展战略的指导，并在此基础上来激活转型潜能，持续推动组织战略、资源配置、组织流程和组织结构各维度转型的实施。另一方面，它还要根据学校转型发展的实际，如在组织流程、资源配置和组织结构转型过程中所存在的问题和不足，及时获取反馈，并根据这些反馈信息，又对组织战略的转型实施动态设定与修正。也正是由于组织领导持续性的推动作用和动态性功能调整，使得组织领导要一以贯之于组织转型的始终。

从资源配置转型与组织结构转型的角度来看。首先，具体到二者与其他转型要素的关系，二者都"受决定"于组织流程的再造，并共同对组织流程形成反馈，进而对组织领导形成反馈，最终也就在一定程度上使得组织战略得到修正。其次，具体到二者本身之间的关系，主要是一种相互支持的合作关系，这重点主要落脚于反馈机制上。二者对于组织流程转型的反馈，在实质上也是一种保障，主要保障转型的实施更加符合组织战略的发展意图。不同的是，资源配置维度下的转型主要是为组织的转型发展提供物质保障，旨在激活学校办学资源的获取和提高资源利用的效率；而组织结构维度下的转型主要为组织的转型发展提供体制机制层面的保障，意在构建起符合应用技术型高校办学特征的组织机构设置，形成科学的制度体系和合理的权力配置模式，并最终提高学校体制机制的运行效率。正是得益于物质和体制的合力保障，也就促进了组织的成功转型与发展。

从组织文化转型的角度来看。在组织转型现状的实证分析中，关于组织文化转型的实证结论，即"组织文化转型无共性问题，文化内涵或基于对当前组织氛围的演变与升华"，这便说明组织的文化要素散布于组织各场域，组织文化转型的最终实现是基于组织转型各维度所承载所有文化要素合集后的提炼、总结与升华。也就是说，在组织转型的背景下，各转型维度皆有承载文化转型的内涵和要素，根据这些文化要素，即能辨别出不同组织所独有的各维度转型特征。同时，也正由于这些文化要素所形成的合力，就推动了文化转型的实现。当然，除了各转型维度有承载文化要素的功能外，所承载的文化要素也会对各维度的转型发展产生反作用。正如各案例高校在转型路径的共同特征中所呈现出来的进取心、向心力及团队精神等，组织气氛不只会对组织成员的行为产生影响，甚至对于整个组织行为都能形成影响。

第二节 以改革人才培养模式为核心的组织转型路径

人才培养作为组织流程转型的重要内容之一，综合前文研究，本书认为在我国地方普通本科高校向应用技术型高校转型过程中，在组织层面主要形成了以改革人才培养模式为核心的转型路径，具体内容如下。

一、以组织流程转型促进人才培养模式改革

（一）实现了从"招生制度改革"到"毕业标准完善"的人才培养全流程再造

实现人才培养的"全流程再造"是指实施从人才培养的"入口到出口"的系统调整。这主要涉及招生制度改革、人才培养重新定位、专业结构调整、课程内容改革、质量保障机制调整、考试评价完善、毕业标准修订以及创新创业教育改革等。

在不断深化招生制度改革方面，各高校都试图通过构建人才培养"立交桥"的方式，努力达成完善应用技术型人才培养的目的；在人才培养重新定位方面，要求能准确地描绘出人才培养的侧重和规格区间，如一般都要求突出实践能力和技术服务能力的培养等；在专业结构调整方面，主要结合自身办学传统优势与地方产业特色，进而形成与产业相对接的专业群；在课程内容改革方面，主要形成具有应用技术特征的专业核心课程与通识课程的组合；在质量保障机制调整方面，主要引入了校企协同的育人机制和教学质量保障机制；在考试评价完善方面，通过改革传统的以单一考试成绩评价为主的考核方式，形成更加科学合理的多元评价机制；在毕业标准修订方面，强调"双证通融"成为学生毕业的主要标准；各学校加强创新创业教育改革，提升学生的创新意识和创业能力。

（二）以教师队伍建设、科研团队建构和产教融合服务人才培养改革

在教师队伍建设方面，为实现高质量应用技术型人才培养，通过"引进来"与"走出去"的方式来加强"双师双能型"教师队伍建设是主要特点。具体来看，就是把学校的教师送到企业去，同时把企业有实际经验的教师引到课堂上来。为此，各学校还制定了适合"双师双能型"队伍引进、聘任、培养及考核的系列制度，尤其注重完善相应的教师专业技术职务聘任和薪酬制度。在科研团队建构方面，面对办学资源紧张、办学实力尚微的情况，强调实行分散资源整合，从而

强化团队建设，同时这也是学校为争取后发赶超、实现成功转型的重要举措。在产教融合方面，通过产教融合的实施不仅能增强获取办学资源的能力，还能服务于应用技术型人才培养，因为通过产教融合能不断强化与行业企业的联系，将行业企业的岗位要求转化为专业教学内容和教学标准，学生还能以参与科研项目的形式深入实践一线，了解到未来职业的岗位要求，达到应用技术型人才培养的目的。从服务人才培养来看，主要聚焦于进一步探索改革交叉学科支持机制，切实打破学院学科壁垒，推进优势学科的关联渗透与交叉融合。这样，学生作为科研团队的次级梯队，就能在团队所承接的一个个科研项目的具体研究过程中，收获更丰富的跨学科知识与研究经验。

二、以组织战略转型确定人才培养改革目标

（一）转型后的战略定位明确了人才培养改革要以服务地方为目标

战略定位作为组织战略的重要内容，是组织战略转型的关键内容，一般而言，战略定位与战略目标关系紧密，一所有明确战略定位的高校，在实现其战略目标时，也自然会形成清晰的能完成战略目标的时间节点，进而推动整个组织转型的顺利实现。从各案例高校在组织战略转型的实际表现来看，无论是贵工程的"服务毕节试验区是毕节学院根脉所系"，还是上应大的"一定要在服务上海都市工业、都市服务业方面有所发展、有所贡献"，都明显体现出两校要竭力服务地方发展的办学定位。在这一为地方服务的战略定位之下，也就自然形成了要服务地方经济社会发展的办学目标。同时，从学校为地方经济社会发展服务的主要形式和内容来看，无论是学校为地方所提供的知识咨询型服务还是科技成果式服务，归根结底都需要通过人才培养来实现。也就是说，转型后在学校战略定位锁定在服务地方为主的背景下，所涉人才培养的规格、应具备的能力和未来的就业或服务方向也需要根据服务地方的战略定位加以优化和调整。

（二）转型后体系化战略内容的构建是实现应用技术型人才培养目标的抓手

体系化战略内容的构建，其实质上反映着整个学校实施转型发展的具体思维，是不断实现战略目标的重要抓手，也是待转型高校能达成战略定位的重要基础。从案例高校战略内容的构建来看，贵工程推出了九大战略工程，上应大也提出了七方面的战略转型内容。从其共同特点来看，主要都围绕完善应用技术型人才培养而构建，如贵工程的"应用型专业体系建设工程""'双师双能型'教师

队伍建设工程""'12224'应用型人才培养模式改革工程""创新创业能力提升工程""产教融合平台建设工程""人才培养'立交桥'工程"等，以及上应大的"应用技术型人才培养模式""学科发展与科研管理的体制机制""学生工作的体制机制"改革等。正是这些战略内容中一项项工程式改革的实施，推动了学校关于应用技术型人才培养目标的实现。

三、以组织领导转型增进人才培养改革的动力

（一）形成对应用技术型人才培养有深刻认识的领导班子并坚定地推动改革

从案例高校的转型表现来看，在组织领导方面，能组建一套对应用技术型人才培养有深刻认识且信念坚定的学校领导班子，是地方普通本科高校实现向应用技术类高校转型的重要内容。一般而言，学校"一把手"早年的求学经历和工作经历对其转型理念的形成和应用技术型人才培养的认识起着关键性的作用。如，贵工程校长在20世纪80年代接受中职教育，后又进入工厂，而后攻读硕士、博士，就使其对"应用技术型人才培养有独到的见解"。上应大校长在就任校长之前，一直担任上海市教育委员会副主任，且主要分管上海应用技术型高校建设，对于应用技术类高校如何转、如何建有相当清晰的认识。也正因为他们对应用技术型人才培养有着深刻的认识，才能明晰转型对于学校未来发展的重要性，进而孜孜不倦地追求，即通过统一学校领导班子对应用技术型人才培养的认识，笃定"义无反顾"的信念，强调领导班子成员之间明确的责任分工，并形成"绝配"式工作格局，最终来自学校领导层的力量坚定不移地推动着应用技术型人才培养的各项改革。

（二）通过组织激励与沟通调动全校教职工参与人才培养模式改革的积极性

从案例高校的转型表现来看，从组织激励的角度重点体现在激励的形式上，通过物质与精神的双向激励，并以精神激励为主，可谓是各转型高校的共同特征。在精神激励层面，如通过设立特别贡献奖，为教职工攻读硕士、博士提供有利条件以及强调"人文关怀和情感投资，凝聚人心和关爱弱势群体"等。在物质激励层面，如多关注教职工的待遇、薪酬制度的改革以及民生工程的建设等。在组织沟通方面，领导班子把注重实地调研作为主要工作方式，平时深入各二级部门，倾听教职工在工作上所遇到的难题等，以形成上下级之间顺畅的沟通机制。之所以组织激励与沟通能积极调动全校教职工参与人才培养模式改革的热情，并形成改

革动力，是因为通过对学校教职工实施组织激励，可以让学校教职工群体能够及时分享学校在转型发展中所产生的改革红利，从而更加增强教职工对于转型的期待和信心，在未来能更积极地投身于学校关于应用技术型人才培养的各类转型事业。如，各学校通过及时提拔对转型发展做出突出贡献的干部、将其任务考核与其薪酬相挂钩等激励形式，强调对干部队伍尤其是中层干部队伍向心力的构建，极大地调动了中层干部队伍对于转型发展和投身实现应用技术型人才培养目标的积极性。通过与学校教职工的沟通，可以让教职员工了解学校实施转型发展的组织意图，认识到实施应用技术型人才培养的重要性和学校未来发展图景，进而可以更加坚定教职工对于成功转型的信念，最终达到增进组织转型动力的目的。

四、以资源配置转型提供人才培养改革的物质保障

（一）将有利于应用技术型人才培养的事项设为办学资源分配的优先级

在办学资源分配方面，"将有利于应用技术型人才培养的相关事宜设为资源分配的优先级"是以资源配置转型为人才培养改革提供物质保障的最突出特点。具体来看，作为向应用技术类高校转型的地方普通本科高校，面临办学资源紧缺是共同现象。尽管在实现转型发展的道路上，学校资源的获取能力得到了明显的提升，但资源分配捉襟见肘仍然是现阶段办学中的一大现实性难题。为此，各学校都普遍设立了资源分配的优先级，其中关涉人才培养的方面往往被作为各学校的首要方面。如，办学资金往往都用于支持加强实训中心的建设；加强能使学生在校企合作、产教融合中受益的项目建设；增加本科生教学日常运行支出经费、本科专项教学经费、实验教学经费、教学科研仪器设备经费等。同时，关于职称评定以及人事竞聘制度改革方面，也都主要向适应转型发展的"双师型"教师队伍倾斜等。

（二）以服务应用技术型人才培养的产教融合来拓展办学资源获取渠道

在办学资源的获取方面，各高校除了国家财政拨款和学生学费之外，通过产教融合来扩展办学资源获取渠道是主要方式之一。随着校企合作、校地合作以及立足为区域经济发展服务等产教融合项目的推进，学校获取资源的能力得到了逐步增强，同时还随着校企、校地合作不断推进而形成学校办学声誉的不断扩大，又进一步增强了办学资源的吸附能力。如，贵工程实现科研经费总量由2013年的642.7万元到2015年的1000万元的提升，上应大科研经费总量中的1.7亿元有60%

是来自和企业的合作。在这个过程中,也为培养应用技术型人才创造了条件,因为随着产教融合的实施,能够不断强化与行业企业的联系,将行业企业的岗位要求转化为专业教学内容和教学标准,学生还能以参与科研项目的形式,深入实践一线,了解未来职业的岗位要求,最终促进学生技术技能水平的提升。

五、以组织结构转型提供人才培养改革的体制支持

(一)以突出工程与技术特征的组织机构设置来支撑应用技术型人才培养

院系设置和行政教辅机构的调整是组织结构转型的重要内容。无论是院系结构调整还是学校行政机构的设置,都能突出工程与技术特征是转型的最明显特点,其主要途径就是通过改设或增设直接面向工程技术领域的院系,以及建立服务于技术积累和技术转化的行政组织等。也正是得益于这些组织机构的调整和设置,满足了应用技术型人才所需要的组织载体支持,成为各学校实施应用技术型人才培养的重要平台。在校内院系结构调整方面,贵工程为突出应用,优化"两师"人才培养,提升服务区域经济社会发展的能力,经调整后理工科类院系约占到了学校所有院系的50%;在上应大设置的19个二级学院中,有11个二级学院直接面向工程技术领域,约占58%。在行政组织机构的设置方面,设置了各学校工程训练中心、技术转移中心等。

(二)合理的权力配置模式与科学的制度设计为应用技术型人才培养提供体制保障

学校的权力配置模式与办学制度的设计也是作为组织结构方面的重要内容。在权力的配置方面,主要形成了以集权为主和适度分权相结合的权力配置模式。具体来看,一些需要与校外谈判和合作方面的事项,如设备购置、校企合作、产教融合等处于集权管理状态,这便于转型发展过程中信息流、命令链的及时衔接,增强校部层面对全校资源统合和调动能力,而关于诸如人事聘任、拨付后的经费使用、相关学术管理事项以及学科建设、人才培养等事项属于分权管理状态。也就是说,涉及人才培养的权力配置,是一种在集权体系下充分调动二级院系人才培养主动性与保障人才培养水平之间的动态平衡,其一方面采取分权措施来明确二级院系在人才培养方面的责任以发挥其主动性,另一方面,又着重在产教融合、校企合作等事项方面加强集权,形成对全校资源的统合和调动,不断推进高质量的产教融合,让人才培养在校企合作或具体的产教融合项目中受益,进

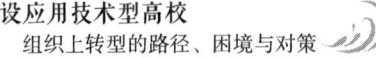

而促进应用技术型人才培养,并保障培养人才的质量。

在办学制度的设计方面,科学化的制度设计是各学校要突出的主要方面,从宏观层面来看,各学校都纷纷注重顶层设计,强调以大学章程建设为引领,全面梳理学校现有的制度体系和治理规则。具体到校内治理机制的微观层面,各学校都普遍注重治理体系的科学化构建和治理能力提升,即各学校通过努力构建多元化的共享型科学决策模式,引入学校发展的利益相关者代表,如来自行业、企业和地方政府的代表,并在必要时邀请学生代表等参与到学校重大决策。正是这种在宏观层面以大学章程为基础的制度设计和在微观制度层面形成多元化的共享型科学决策模式的构建,形成了能及时倾听来自社会需求如企业、行业等的声音,甚至学生自己的心声,这对于完善应用技术型人才培养机制有重要作用。

六、以组织文化转型承载人才培养改革的内涵实质

所谓文化转型承载人才培养改革的内涵,主要指用在组织转型中形成的组织气氛来支撑人才培养改革的实施,同时又能将组织文化氛围内化为所培养人才的精神特质,让培养的人才能接受到来自转型中积极组织气氛的熏陶。具体到当前案例高校文化转型的现状来看,文化转型难以破题,任重而道远,但以物质载体引领转型,形成进取心、向心力及团队精神的文化内涵可被概括为文化转型的总特征。这就是说,尽管存在文化转型尚难推进的情况,但各学校以物质载体来引领文化转型,即可突显出在应用技术型人才培养中工程与技术的特色,同时所形成的组织气氛,如进取心、向心力及团队精神等,既可以积极感召学校全体教职员工,激发教职员工为顺利推进学校转型事业努力奉献,又可以作为文化内涵深深地影响着一批又一批学子,并演化为学生个人的精神特征,最终成为应用技术型人才群体的文化标签。

第三节 影响各要素转型路径的理论逻辑

前文理论基础部分已就组织理论视域下的应用技术型高校组织转型进行了分析和探讨,具体到不同的转型要素,其背后都存在源自不同组织理论的隐形逻辑并发挥着作用。

一、影响组织战略转型：组织学习逻辑与制度逻辑

（一）战略认同遵循组织学习逻辑的内涵

根据组织学习逻辑的理论意涵，组织是开放的，环境是组织必须学习、适应或控制的重要因素，组织的认识、知识和信息通过学习得以增强，并获得改善组织行为的能力。在地方普通本科高校向应用技术型高校转型的过程中，为实现战略认同，强调待转型高校不能仅凭自我封闭式地摸索，而是需要与环境或其他组织在多方面开展交流，这明显就遵循着组织学习的逻辑，特别是在"后发转型高校"的战略认同上又尤为明显，如其所形成的"运动式"的战略认同模式，就是试图通过内部学习、外出考察向转型较好的高校学习来强化战略的认同。当然，在先发转型高校，虽然作为一种渐进式的战略认同模式，主要强调在不断的发展与进步中实现战略认同，但是学校在决定走应用技术型道路之初，也需要向国外学习以及与国内诸多有共同发展目标的高校开展交流等。

（二）制度逻辑下的组织外部环境因素影响战略的定位与实施

根据制度逻辑的理论意涵，认为总存在着一个由众多制度要素所构成的制度环境影响并制约着组织层面的转型，如国家的制度安排、区域的经济社会发展状况等。在地方普通本科高校向应用技术型高校转型过程中，表现较为明显的当属对战略定位的影响，如所处不同区位的学校在转型后所形成的战略定位就不同。一般而言，不同学校的战略转型定位会深深烙下所处区位的典型特征，如区位国际化特征和区位本身发展定位都会自然成为各学校战略定位的内容。同时，在战略的实施方面，也会受制于区位政策环境与制度安排的影响，明显地，一个学校在转型发展过程中若存在可依赖的优渥政策环境，则可以更容易实现和推进办学目标与战略的实施，反之则较难。

二、影响组织领导转型：制度逻辑

（一）强调领导班子这一关键行动者对转型有深刻认识是以制度逻辑为基础

社会学制度主义的认知逻辑认为，行动者的认知方式与政策变迁存在一定的相互影响关系。政策的锁定与行动者群体的思维定式可能存在互为因果的关系。[1]

---

[1] 周光礼.中国大学办学自主权（1952—2012）：政策变迁的制度解释[J].中国地质大学学报（社会科学版），2012（3）：82.

也就是说，强调行动者"认知"，即是在考量政策变化中行动者"价值观念"会发挥的影响作用。在地方普通高校向应用技术类高校转型的过程中，主要形成了一套对转型有深刻认识、信念坚定且分工明确的领导班子，特别是强调各学校"一把手"都因其早年求学或工作经历，而深谙应用技术型高校建设的必要性，并有自己的办学理念，这些可谓是突出的共同特征。各学校都有对转型有深刻认识的关键行动者，在他们的思维观念和价值理念被锁定要坚定不移地走应用技术型高校发展道路的背景下，通过采取持续性的沟通和激励，以促进学校整体价值认识的改变，最终促进学校转型发展的不断进步。

（二）制度逻辑下的价值认识因素影响学校领导驾驭中心的形成

在制度环境中，群体的价值认识是重要内容之一。在地方普通本科高校向应用技术型高校转型过程中，后发转型高校建立了专门负责转型建设的领导中心，而这在先发高校中是没有的。从群体价值认知的角度来看，这主要是因为关于应用技术型高校的转型建设，在先发高校早已提上日程，相关建设应用技术型高校的事项，俨然已成为学校的工作常态，在学校教职员工中形成了一定的认识和规制，自然就无须设立特别的组织来加以推动和强化。而作为后发高校，当新的价值和认识对学校形成冲击时，学校各群体自然会产生一定的不适应，这也就说明了为什么在案例高校会出现不理解甚至反对的情况，因而在领导形式上，就急切需要强有力的驾驭中心来协调全局，为实现学校的成功转型提供坚实的领导力保障。

三、影响资源配置转型：资源依赖逻辑

（一）以产教融合拓展办学资源获取渠道阐释着资源依赖逻辑的内涵

资源依赖逻辑特别强调，组织通过与它所依赖的环境中的因素，比如与其他组织的互动来获取维持生存的重要性。在地方普通本科高校向应用技术型高校转型的资源配置方面，各学校主要借力产教融合来全面提升办学资源的获取能力可谓一大特点，这便深刻体现出了资源依赖逻辑对组织转型的影响，因为在地方高校发展面临办学资源普遍不足的情况下，开展产教融合、校企合作，积极拓展办学资源获取的其他渠道是各学校做出的重要选择。如，学校通过深化与所处环境中的行业、企业及地方政府的合作与互动，为其提供科技咨询与服务，同时还共建研发中心、技术转移中心、实训中心等，稳步提升科研经费等资源的获取能力。

（二）办学资源获取优势的不同反映着来自资源依赖逻辑中环境因素的影响

资源依赖逻辑是强调组织需要通过与环境中的其他组织互动来获取维持组织得以生存的资源。因此，组织所处环境中的资源禀赋和资源优势，就成为影响组织资源获取的重要方面。而这在地方普通高校向应用技术高校转型的过程中，也有明显体现，如各案例高校在实现组织的转型过程中，随着学校所处区位即环境的不同，其资源获取的途径、优势及数量就存在着差别。在资源获取的途径与优势方面，西部欠发达地区高校主要借助其所处区位的政治优势，如对口帮扶等形成资源获取途径，而东部发达地区高校则主要依靠所处环境的经济优势，为区域内企业组织提供服务等方式来获取办学资源。在办学资源获取的数量方面，毕竟所处欠发达地区学校由于区位资源获取有限，所获得资源远远低于处于发达地区的高校。

四、影响组织结构转型：松散耦合、资源依赖与制度逻辑

（一）形成的权力配置模式体现出了趋于"紧密耦合"的"松散耦合"

"松散耦合"作为大学组织的特性，认为系统内的要素既相互联系又相对分离，即使相互依赖程度最低的诸因素之间也存在着不紧密或不频繁的联系。对于向应用技术型高校转型的地方普通本科高校而言，作为大学组织的一类，自然也遵循着"松散耦合"特性。其中，其形成的"以集权为主与适度分权相结合"的形式，就能体现出这一理论实质。由于组织的耦合形式除了"松散耦合"之外，还存在着"紧密耦合"和"去耦合"，因而在地方普通本科高校向应用技术型高校转型中形成的以集权为主的权力配置情境下，明显是趋于"紧密耦合"的"松散耦合"状态。这一方面是由于办学的规模及管理幅度等因素决定着学校命令链、信息流能得到及时反馈，便于形成以集权控制为目的的趋于"紧密耦合"，另一方面还由于学校正处于转型发展时期，也需要形成强有力的驾驭中心来强力推动学校各类转型事项，因而也就需要加大集权形成趋于"紧密耦合"。

（二）资源依赖逻辑是影响产教融合归于集权管理的主因

根据资源依赖逻辑的观点，除了强调组织资源本身、从外部获取资源及资源使用的重要性外，还强调决策过程中组织内部权力分配的重要性。从各案例高校所形成的"以集权为主，适度分权相结合"权力配置模式之下具体的权力事项分

布来看，需要与校外谈判和合作方面的事项，如校企合作、产教融合等都属于集权事项。这便体现出了资源依赖逻辑对学校具体权力事项配置的影响。这是因为产教融合是作为各转型高校扩大办学资源获取的主要途径，各学校势必要极力推进，通过调配全校最优势的资源来对产教融合进行支持，自然就需要将其纳入集权管理，以增强对学校资源的整体调配能力。

（三）制度逻辑下的历史因素影响院系结构的调整

制度逻辑重视历史因素在组织层面的影响，作为一种积淀效应对组织的转型产生着影响和作用。在地方普通高校实现向应用技术型高校的组织转型过程中，就明显受到来自学校发展历史和办学传统的影响。具体来说，有着不同办学传统的学校，在实施学校院系结构的调整时，各自都不会轻易地放弃原有办学历史和传统，而是将其加以保留，进而体现出自身的办学底色与办学特色，如有师范类办学传统的高校，一般都会继续保留师范学院。

五、影响组织流程转型：声誉逻辑与制度逻辑

（一）声誉逻辑是实施组织流程再造的原因

从引导地方普通高校向应用技术类高校转型的政策目的来看，旨在解决当前地方普通本科高校办学定位不清晰、人才培养不能满足经济社会发展需求、社会认可度不高等问题。其中，关于社会认可度的问题就涉及办学声誉的问题。根据声誉逻辑的理论意涵，其经济学逻辑强调声誉取决于组织内部能提供高质量产品或服务的自我努力，社会网络理论逻辑强调声誉决定于组织和个人在社会网络结构中的地位，制度学派的逻辑强调声誉决定于社会的认可。

在地方普通本科高校向应用技术型高校转型过程中，组织流程是转型核心，而人才培养流程的再造又是组织流程转型的最重要内容之一。从声誉逻辑的经济学视角解释，高校所提供的最主要产品莫过于人才，产出的科技成果和社会服务也都要以人才的培养为基本保证之一，也就是说，在组织流程转型中，所实施的人才培养模式改革，力图培养出符合社会经济发展所需的应用技术型人才是地方普通本科高校力图化解办学声誉危机的重要表现。同时，在组织流程转型领域，各高校所力推校企、校地合作等，也可被视为化解办学声誉问题的表现之一。因为随着学校与行业、企业及政府的深度合作，科研服务项目的持续推进，会让越来越多的企业等其他组织了解到学校的办学水平与实力。在合作及进展顺畅的情况下，会让其他组织对学校形成信任和良好口碑，进而更加愿意在未来继续与之

合作，向其寻求技术服务，最终提高办学声誉。

（二）制度逻辑下的历史因素影响人才培养定位与专业结构优化

如前文已述，制度逻辑强调历史因素对组织转型的影响。而关于制度逻辑下历史因素对于组织流程转型的影响，就主要体现在人才培养的定位与专业结构的优化。如前文中关于案例高校组织转型路径的差异化特征，各学校转型前的人才培养定位与专业结构都会对转型后所形成的新人才培养定位与专业结构形成影响，且新形成的人才培养定位与专业结构会深深地留下办学历史的印记，各学校都不主张轻易放弃办学传统，而是加以精细地优化和传承，特别是对于曾经的优势学科和专业，在实施转型发展时，一般会纳入重点建设名录。

六、影响组织文化转型：制度逻辑

制度逻辑对组织文化转型的影响是不言而喻的，这是因为文化的形成往往得益于历史因素的积淀。在制度逻辑的视阈下，对地方普通高校向应用技术型高校转型的影响，主要体现在组织文化的转型模式上。在应用技术型高校的组织特征中，能突出工程与技术是明显特点，因而在学校文化内涵中，就必然要形成与之配套的工程与技术类文化。这样在办学历史上是否存在工程技术办学传统就成为直接影响各转型高校文化转型的关键。其中，对于存在工程技术办学传统的学校而言，其明显是属于一种"内涵提升式"的文化转型模式，而对于没有工程技术办学传统的高校，又属于"外延扩张式"的文化转型模式。前者主要是考虑如何深度挖掘和进一步繁荣工程师文化，如何让全校师生尽快形成对于本科办学和向应用技术型高校转型发展的认同。而后者的侧重点在于如何成功"移植"或"嫁接"工程技术文化。

综合前文中关于组织转型现状的实证分析、组织转型的路径研究以及各转型要素背后隐形逻辑分析等内容，可总结形成如图24所示的以改革人才培养模式为核心的应用技术型高校组织转型路径，即转型的核心目标是改革人才培养模式，从里圈到外圈，分别是组织结构转型为人才培养改革提供体制支持，组织文化转型承载人才培养改革的内涵，组织流程转型促进实施人才培养改革，组织战略转型确定人才培养目标，组织领导转型提供转型动力，资源配置转型提供物质保障。之所以会形成如此次序，主要是结合转型现状研究中的实证分析结果，即越往外，转型难度依次增大，存在问题越多，待改善情况越紧迫。从各转型要素背后的逻辑来看，组织流程转型主要受声誉逻辑与制度逻辑的影响，组织领导转型主要受制度逻辑的影响，组织战略转型主要受制度逻辑与组织学习逻辑的影响，资源配置转型主要受资源依赖逻辑的影响，组织结构转型主要受松散耦合逻辑、资源依赖逻辑、制度逻辑的影响；组织文化转型主要受制度逻辑的影响。

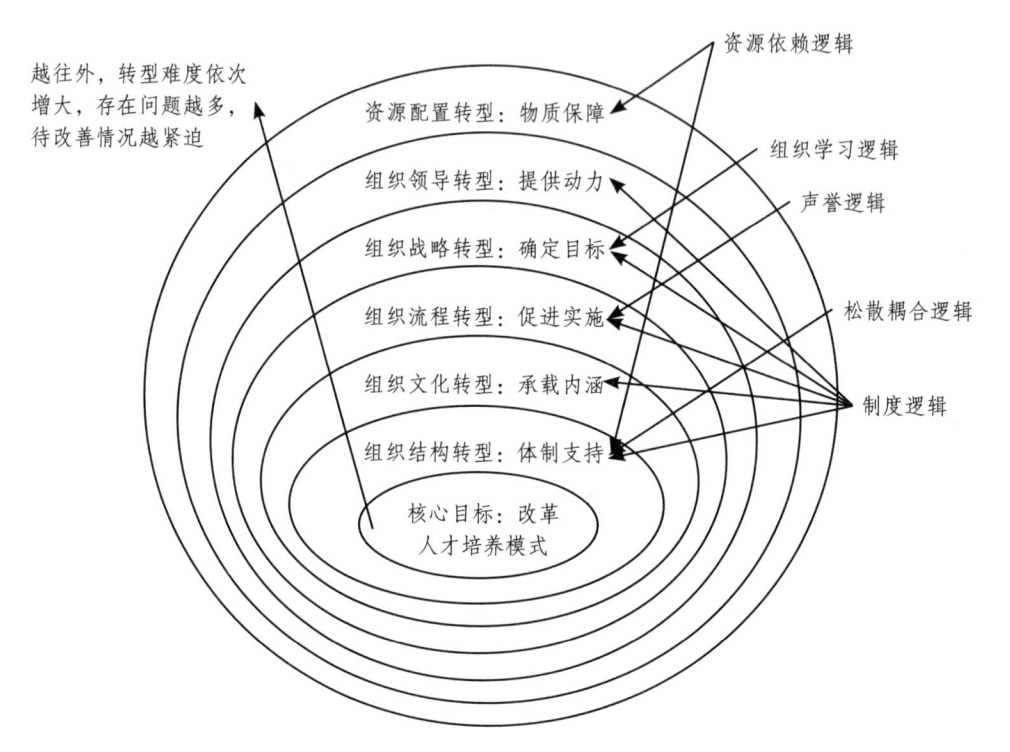

图24 以改革人才培养模式为核心的应用技术型高校组织转型的路径

第四节 应用技术型高校组织转型路径的特性

应用技术型高校作为高等教育的一种类型，相较于其他类型的高等学校，在转型模式上也应呈现出一定的特异性。在本小节中，将以创业型大学、研究型大学和高职院校组织转型研究的代表性理论成果为基础，通过将应用技术型高校组织转型与这三类高校组织转型进行对比分析，以实现对应用技术型高校组织转型路径的特异性探讨。

一、以变革人才培养模式为目标的应用技术型高校组织转型模式

如前所述，在地方普通本科高校向应用技术型高校转型过程中主要形成了以"改革人才培养模式"为核心的转型路径，其中组织流程转型直接实施人才培养改革，组织战略、组织领导、组织结构、资源配置及组织文化转型也主要围绕人才培养改革而开展并提供相应支撑。总结来看，在组织流程方面，实施多维度的人才培养流程再造是流程转型的核心，同时为进一步保障人才培养的实效，还重点强化以服务应用技术型人才培养为主要目标的"双师双能型"教师队伍建设，构建科研团队并推动产教融合等。在组织战略方面，高校的发展战略定位、目标与内容一般都与地方经济社会发展紧密联系，以保障所培养的应用技术型人才能立足区位发展实际并直接为所处区域服务，同时在战略转型中体系化战略内容的构建也作为实现人才培养目标的关键抓手。在组织领导方面，各学校一般会形成对转型发展特别是对应用技术型人才培养有深刻认识的一套领导班子；注重组织激励，让教职工能及时分享来自转型发展的改革红利，特别是注重中层干部队伍向心力的建构，以便他们有更高的热情投身于应用技术型人才培养和其他转型事业；强调组织沟通，让学校成员真正领会和认可应用技术型人才培养和转型的实施。在组织结构方面，形成能突出工程与技术的组织机构设置来支撑应用技术型人才的培养，如院系设置要以地方产业发展所需求的工程与技术类型为导向，行政组织机构的设置保留服务于技术积累和技术转化的相关部门，进而为应用技术型人才培养的实现提供保障；建立起以集权为主和适度分权的权力配置模式，便于转型发展过程中信息流、命令链的及时衔接，特别是对于涉及对外谈判，如校企合作与产教融合等事项，应实施集权管理，增强校部层面对全校资源统合和调动能力，全力推动产教融合，让应用技术型人才培养可以在产教融合中受益，同时还在人才培养方面明确二级院系的责任，充分调动其在人才培养方面的主动性；建立能积极引入政府、行业、企业甚至学生代表参与学校决策的科学制度体系，以保障能倾听来自企业行业及学生本人的心声，使得应用技术型人才培养更能符合行业标准和企业需求。在资源配置上，在办学资源的拓展上，除了财政拨款和学费作为经费来源之外，因积极开展产教融合而形成办学资源就成为主要途径之一，同时这也成为应用技术型人才培养的有益载体；在资源分配方面，明确把办学资源优先用于利于应用技术型人才培养的事项上。在组织文化方面，各学校以物质载体来凸显应用技术型人才培养工程与技术的特色，同时还形成了由各

组织转型维度综合升华出的向心力、进取心、团队精神的组织气氛等，这些组织气氛一方面可以感召学校教职工为实现成功转型和人才培养目标而积极奉献，另一方面也让学生在接受培养过程中获得来自积极组织气氛的熏陶，并升华为应用技术型人才群体的文化标签。

二、以提高办学资源获取能力为目标的创业型大学组织转型模式

关于创业型大学组织转型，从其实施背景来看，主要因自20世纪70年代起，世界各国开始实施高等教育财政的紧缩政策，导致大学普遍陷入财政危机，加之随着大学逐渐走向社会的中心，面对社会对大学超负荷的期待，大学本身也逐渐呈现出资金不足、结构僵化等问题，影响了大学组织对外部环境的适应性，导致大学转型势在必行。在这个意义上，努力提升办学资源的获取能力显然成为各高校实现向创业型大学转型的主要目标。

同时，从相关创业型大学组织转型路径的研究来看，服务"提高办学资源获取能力"也是一个突出的主题。关于创业型大学组织转型路径的相关研究，美国高等教育学者伯顿·克拉克对欧洲5所创业型高校的研究成果一直被学界奉为上宾。他把"强有力的驾驭中心"（组织领导）、"不断拓展的发展外围"（组织结构）、"多元化的资助基地"（资源配置）、"激活的学术心脏地带"（组织流程）及"整合的创业文化"（组织文化）作为组织转型分析的五大核心转型要素（维度），并对各学校在各要素下具体的转型实施进行了分析和总结。其中，资源配置转型的核心主要表现在形成多元化的资助基地，多元化的资助基地主要指除去政府部门常规拨款和来自政府的竞争性科研经费之外的第三渠道，即大学自身收入、其他政府部门和地方政府资金、专利税、私人组织资金、校友筹款等。多样的资金来源保障了学校对各学科学术的资助，保障了学校学术的稳步发展。

其他转型维度，如在组织领导转型驾驭中心的构建方面，认为应建立强有力的行政核心并使其处于大学转型的头等重要地位，行政骨干应善于把新的经营价值观，即创业精神的概念与传统的学术价值观融合起来，同时还应形成从校长到院长再到系主任的权力直线结构，也可以越过院长，从中心到系主任的权力平坦机构。也就是说，既可以是集权管理，也可以是分权管理。在组织结构转型维度下组织外围的扩展方面，创业型大学主要实施校外机构的扩张，以强化学校、政府以及企业之间的紧密关系。一些新型的外扩单位主要有两类：一是专业化的校外办事处，事务范围包括工业联系、知识转让、知识产权开发等方面；二是跨

学科学术单位，其主要致力于攻克经济社会发展中的实际问题。[①]在组织流程转型中激活的学术心脏地带，被认为是传统学术价值的根基所在，也是最保守的地带。所谓激活，就是指应将学校新的管理和外扩理想融入原有观念中，将学术理想与创业理想相结合，让传统的院系陆续成为一个个创业性的基础单位。通过实施交叉补助，不断提升传统科系的学术水平，找到教育和经济价值的结合点。[②]在组织文化转型中整合创业文化方面，认为作为精神象征的信念不具有预设性，必须在具体的实践中一步步形成，诸多理念彼此激荡融合，逐渐提炼为整个机构的信念和文化。[③]

三、以激发知识创造为目标的研究型大学组织转型模式

知识生产是研究型大学的重要使命。从研究型大学组织转型的背景来看，随着社会发展进入知识经济时代，由于社会公众对研究型大学在承担知识生产任务方面的期待也越来越高，使得研究型大学在知识创造方面的任务变得愈加艰巨，对研究型大学组织转型提出诉求。也就是说，如何持续地激发和实现知识创造是实施研究型大学组织转型的主要动因。

关于研究型大学组织变革方面的研究，周玲（2009）着眼于知识经济时代的视角，围绕着知识的创造，提出了研究型大学要向"知识型组织过渡"的必然，并认为"跨学科矩阵组织"和"虚拟型组织"在研究型大学的成立与构建是研究型大学组织模式转型的方向与实践。[④]朱丰良（2006）以华中科技大学为具体案例，研究其从一所纯粹的工科大学到多学科并重的综合性研究型大学的转型过程，所表现出来的知识生产内容的扩展，提出了"自主创新型或积极进取型的领导核心""加强的师资队伍""综合化的学科结构""建立教学和科研两个中心""建立研究生院"是实现转型的主要途径。[⑤]

[①] 伯顿·克拉克.建立创业型大学：组织上转型的途径[M].王承绪，译.北京：人民教育出版社，2003：5.
[②] 伯顿·克拉克.建立创业型大学：组织上转型的途径[M].王承绪，译.北京：人民教育出版社，2003：174.
[③] 胡春光，黄文彬.创业型大学的组织转型及其启示[J].北京教育（高教版），2005（Z1）：17.
[④] 周玲.研究型大学的组织变革与转型[J].现代教育管理，2009（11）：27.
[⑤] 朱丰良.我国自主创新型大学组织转型的途径——以华中科技大学为例[J].医学教育探索，2006（9）：800.

综合分析来看，研究型大学组织转型主要涉及组织领导、组织结构和组织流程三个方面。其中，组织结构是研究型大学转型的核心，包括成立跨学科矩阵组织、虚拟组织，建立教学和科研两个中心以及研究生院等，正如朱丰良在研究讨论中所提到的"一个组织的结构决定着组织的特性和文化，影响着一个组织对外部环境的适应能力。要使组织得以延续和发展，就应该不断地改进组织结构，使之具备新的反应能力"[1]。此外，在组织领导转型中主要形成自主创新或积极进取型的领导核心，在组织流程转型中主要要求加强师资队伍建设和构建综合化学科结构。

四、以提高办学层次为目标的高职院校组织转型模式

关于高职院校组织转型，北京大学周志光、郭建如教授就曾以 H 省 C 学院为案例，分析了 C 学院从中专办学层次到国家示范性高职院校的办学历程，总结归纳出了高职院校围绕办学层次的不断提升，在组织变革转型中主要形成了四个核心要素，即领导核心、组织结构和资源配置、组织学习、培养模式变革和校企合作，形成了高职院校组织转型的要素和分析框架。其中，领导核心是转型的最核心要素，在高职院校的组织转型中，组织学习一般由组织领导者推动，并对组织变革形成直接的引导作用，处于中心地位；组织结构和资源配置被视为组织学习的重要保障；积极开展校企合作是学校活力的重要体现，通过双方的交流与资源互换达到彼此双赢的效果，尤其在人才培养上更能契合企业的需求，促进教育质量的提升。[2]

综合分析来看，高职院校的组织转型主要涉及组织领导、组织结构、资源配置、组织流程四个方面，其中，组织领导是转型的核心维度，主要包括组织学习机制与激励机制的形成；组织结构维度主要通过对运行机制和基本制度的改变而形成对院系制度的激活；资源配置维度主要是积极打破校内外的界限，积极调动资源，实现校企资源的交换和融合；组织流程维度主要是培养模式变革和校企合作的开展等。

---

[1] 朱丰良.我国自主创新型大学组织转型的途径——以华中科技大学为例[J].医学教育探索，2006（9）：800.
[2] 周志光，郭建如.高职院校组织转型：要素和分析框架——以某高职示范校建设为例[J].职业技术教育，2013（7）：38.

五、应用技术高校组织转型模式的特性

综合前文，将应用技术型高校组织转型分别与创业型大学、研究型大学及高职院校的组织转型对比分析来看，主要存在如下差别。

在与创业型大学组织转型的差别上，主要表现在五个方面。一是体现为组织转型核心的差别。在应用技术型高校，"组织流程"处于转型的核心，而在创业型大学，"资源配置"则处于转型的核心。二是体现为组织领导转型维度的差别。在应用技术型高校组织转型的过程中，中层干部队伍是转型向心力的保障，是转型中需予以重点加强的群体，在创业型大学则可以形成直接越过中层干部队伍（如院长），从而形成由领导中心直通系主任的平坦式领导结构。三是体现在组织结构转型维度的差别。应用技术型高校注重通过校内机构设置（如院系结构和行政组织）的调整来突出工程与技术特征，而创业型大学则强调组织机构设置的外扩，成立一些以瞄准扩大办学资源获取为目的的办事机构和跨学科学术组织；在权力配置方面，应用技术型高校在实现组织转型的过程中，主要构建以集权为主和适度分权相结合的权力配置模式，而创业型大学在权力配置时可以是集权化，也可以是分权化。四是体现在组织资源配置方面的差别。这主要体现为资源分配的差异，应用技术型高校努力将资源向利于应用技术型人才培养的方面倾斜，而创业型大学则主要用于实现对在创业型办学过程中处于弱势系科的交叉补助，用以提升学校的整体学术水平，也顺势增长弱势学科在未来实现创业的潜力与可能性。五是体现在组织流程转型的区别。应用技术型高校的组织流程转型主要以应用技术型人才培养为核心，无论是"双师双能型"教师队伍建设，还是科研团队的构建或是产教融合的开展，都围绕服务人才培养质量提升的目标，而创业型高校在实施流程再造时，主要努力激活学术的心脏地带，不断提高各科系的学术水平，进而找到教育与经济价值之间的关系，努力让各院系都成为可以最大可能获取办学资源的创业型单位。

在与研究型大学组织转型的差别上，主要体现为三方面。一是组织转型核心的差别。在应用技术型高校，组织流程是转型的核心，主要通过组织流程再造来实现应用技术型人才的培养，而在研究型大学，其转型核心则是组织结构，试图通过组织结构的改变来促进知识的创造和生产。二是组织结构转型的差异。应用技术型高校主要通过设立和调整注重技术积累和技术特征的组织机构来保障应用技术型人才的培养，而研究型大学，主要设立利于知识创造和知识创新的跨学科

组织、虚拟型组织、研究生院，并成立专门的研究中心等一系列知识型组织。三是组织流程转型方面的差异。相比于主要围绕应用技术型人才培养来开展流程再造的应用技术型高校，研究型大学流程转型的重点主要在于学科的综合化，其中所涉及加强师资队伍，也主要围绕能适应综合化学科专业发展的需要。

在与高职院校组织转型的对比上，主要体现为转型核心的差别方面。应用技术型高校组织转型的核心是组织流程，而高职院校的组织转型的核心是组织领导，通过组织领导引入组织学习的机制，如学习或模仿那些已经实现成功转型院校的转型方案、基本制度或运行机制等，进而试图激活各院系办学潜力，不断提高校企合作的深度和广度、变革人才培养模式、提高校企间资源的跨界交融，从而最终推动学校的转型发展，提升学校的办学层次等。

综合应用技术型高校组织转型与其他三种类型高校组织转型的差异，可如表7所示。需要说明的是，由于本书所选取的关于创业型大学、研究型大学、高职院校的组织转型研究成果只是学界部分具有代表性的成果，不同学者在开展不同类型的高校组织转型研究时，所应用的分析框架和视角不一，并不一定都能涉及组织战略、组织领导、组织结构、资源配置、组织流程和组织文化几个维度，所总结出来的差异并不能完全展现出应用技术型高校组织转型与其他类高校组织转型之间的差异。也就是说，表中所列出的差异只是基于本书关于应用技术型高校组织转型的研究结论和当前学界关于其他类型高校组织转型部分代表性研究成果的对比分析，并不能全盘展现出组织转型的差异，只能在一定程度上体现出应用技术型高校组织转型的特异性。

表7 应用技术型高校组织转型与其他类型高校组织转型的差异分析

转型内容	类型			
	应用技术型高校	创业型高校	研究型大学	高职院校
转型的核心	以组织流程转型为核心	以资源配置转型为核心	以组织结构转型为核心	以组织领导转型为核心
组织领导转型	强调中层干部队伍对成功转型的意义	可直接越过中层干部队伍（如院长），形成"平坦式"领导结构	—	—

续表

转型内容	类型			
	应用技术型高校	创业型高校	研究型大学	高职院校
组织结构转型	注重校内机构设置的调整，如院系调整和行政组织设置；权力配置是以集权为主和适度分权相结合	强调组织机构设置的外扩，如办事处和跨学科学术组织；可以集权化，也可以分权化	设立利于知识创造和知识创新的跨学科组织、虚拟型组织、研究生院，并成立专门的研究中心等一系列知识型组织	—
资源配置转型	资源分配向应用技术型人才培养倾斜	资源分配向弱势学科倾斜，以提高整体学术水平	—	—
组织流程转型	围绕应用技术型人才培养而实施的流程再造	努力提高各系科的学术水平，找到教育与经济之间的关系，让各院系都成为可以获得办学资源的创业型单位	重点强调学科的综合化	—

第七章 建 议

第一节　学校层面

一、立足区域发展确立学校战略定位

从战略定位的设立原则来看，一般需兼备现实性和可能性、前瞻性和动态性、宏观性和方向性。[①]所谓立足区域发展的战略定位，是指学校在对战略定位进行设定时，应充分结合区域发展实际，根据现代经济和社会发展需求，并结合学校自身发展目标予以合理设定，让学校发展战略深深烙下区位特征。只有这样，战略定位才能紧密契合区位需求，对学校的资源配置、办学特色、教育教学等发展方向形成有力指导。[②]

关于战略内容的构建，由于战略内容实质上反映学校实施转型发展的整体思路，是学校战略目标得以实现的重要抓手，特别是在学校转型发展早期，战略转型是作为一类很容易令学校教职员工不易适应和让学校教职员工相对敏感的方面，因而能否科学化地构建出适合本校发展实际的战略内容就尤为重要。对此，一方面基于"组织是开放的，环境是组织必须学习的、适应或控制的重要因素，组织可通过学习主动改善自我"这一组织学习理论的意涵，[③]学校可以充分发挥"组织学习机制"的作用，形成"后发高校"向"先发高校"学习、"先发高校"瞄准国际办学规律学习的形态，如一些高校所采取的明目扩胸，派教师前往校外乃至国外交流学习、邀请专家学者特别是转型发展较好学校的主要负责人到校分享成功转型经验等都是组织学习机制在转型实践中的具体形式。另一方面，学校

[①] 王新华，程从柱.地方性高校办学定位的理论思考[J].现代教育科学：高教研究，2005（9）：45.
[②] 杨雄珍.转型发展背景下新建本科院校办学定位的思考与发展探索——以贺州学院为例[J].贺州学院学报，2014（3）：93.
[③] 任玉珊.大学组织转型与要素变革——以应用型本科大学为例[D].北京：北京大学，2009：42.

还应注重对校本特色、区域需求要素的挖掘，努力在深度调研和科学论证的基础上形成科学的战略体系。同时，学校也要设立对战略内容的定期评估机制，结合经济社会发展实际，组织专家论证，对明显不适合未来发展的内容进行动态调整。

关于战略认同形式，由于不同转型时间起点的学校呈现出不同的战略认同模式，一般而言，"先发高校"属于"渐进式"，而"后发高校"则属于"运动式"，待转型学校应结合自己所属类别，采取不同措施来强化全校师生对转型发展的认同。在"渐进式"认同的情景下，学校应对在转型发展中所取得的成就及时总结并加大宣传力度，以潜移默化的方式不断提升教职员工的信心和对转型道路的认同感；对于适合"运动式"的高校，可以通过组织相关转型发展议题的讨论活动，鼓励更多学校教职员工成员外出学习交流等，增强思想和视界冲击，进而增进认同感。值得注意的是，无论采取哪种形式，由于工程与技术特征一直是应用技术型高校被强调的重要方面，对于学校人文社科的教师群体的引导和关怀，应予以重视。

二、建立与组织转型相匹配的组织领导形式

据前文应用技术型高校组织转型困境"倒金字塔"模式的结论，组织领导转型是随着转型不断深入需要予以重点关注的方面，也就是说如何持续优化好组织领导、建立与组织转型相匹配的组织领导形式尤为重要。

在组织激励方面，强调通过物质与精神的双向激励，并以精神激励为主，是本书研究所得的转型路径之一。强调精神激励，旨在有效规避因过多物质激励而引发教职员工对学校发展的短视思维和功利化倾向，违背大学精神。但如何实施好精神激励，精神激励应具体涵盖哪些内容，以及精神激励要遵循怎样的标准等，这将是地方普通本科高校实施转型发展过程中在组织激励形式上应予以重点考虑和不断优化的内容。比如，本书案例高校通过设立特别贡献奖、为教职工升学深造提供便利条件以及强调人文关怀、关注弱势群体等精神激励方式都是可以借鉴的形式。

在领导形式上，"先发高校"和"后发高校"在领导形式上存在区别，在"先发高校"，转型发展的议题已成为学校工作开展的常态，自然无须专设相关承责组织，而"后发高校"则仍处于猛烈的变革期，需要强有力的驾驭中心来协调全局，负责推动的实施。也就是说，是否有形成专门负责转型发展事务的领导驾驭中心是二者差别的主要衡量标准。因此，各高校可根据所属类型来选择有效的领

导方式，推动转型发展。同时，根据本书关于待改善问题分析中的实证结论，有关领导驾驭中心延伸至二级学院层面的领导形式如何有效运作，将是需要予以重点完善的方面。

三、利用区位优势获取办学资源并确立分配原则

办学资源紧张是地方普通本科高校向应用技术类转型所面临的共同问题，转型中的地方普通本科高校是典型的"资源稀缺性组织"。根据"资源依赖理论"的意涵，组织为了生存，在组织本身不能生产维持自身发展所需资源的情况下，就必须与其所依赖的环境中的其他组织发生互动，并形成相关关系，[①]其不只强调组织资源本身和从外部获取资源的重要性，还强调资源使用的重要性。[②]也就是说，各高校在实施转型发展的过程中不仅需要努力扩展办学资源的获取途径，不断盘活资源的获取量，同时还需要不断提高资源分配及其利用效率。

在办学资源的获取方面，各学校能充分利用自身所处的区位优势就相当重要，例如处于东部发达地区的高校可以利用其经济优势，而处于中西部欠发达地区，在经济优势不明显的情况下，可以努力挖掘其他可能性优势，如政治优势等。处于经济优势下的高校，可主动加强产教融合和校企合作，努力在为企业、地方提供服务的过程中实现资源供给的扩展。处于政治优势下的高校，应学会用足"倾斜性政策"，在已有帮扶机制的基础上，借助"政策"来拓展其他资源途径。

在资源分配方面，由于资源总量有限，这就要求必须有效利用好现有资源。其中，把有利于"应用技术型人才培养"的资源设为分配优先级可谓是重要路径，即强调办学经费向支持本科教学、实践教学倾斜；学校基础设施建设强调向产教融合和实习实训中心建设倾斜；职称资源向有利于"双师双能型"教师队伍的建设倾斜等。值得注意的是，在资源分配向上述倾斜时，还应同步考虑该如何平衡好学校不同利益群体的利益诉求。

四、构建与组织目标相一致的权力配置模式

一般而言，组织的结构关系对组织成员的态度和行为有一定影响作用，也是

---

① 马迎贤. 资源依赖理论的发展和贡献评析 [J]. 甘肃社会科学，2005（1）：117.
② 杰弗里·菲佛，杰勒尔德·R. 萨兰基克. 组织的外部控制：对组织资源依赖的分析 [M]. 北京：东方出版社. 2006：265.

解释和预测组织成员行为的重要方面。[①] 在地方普通高校实现向应用技术类高校转型的过程中，能形成"一突出·一尊重"的组织机构设置，并构建合理的权力配置模式是组织结构转型的两个重要方面。

所谓"一突出"，主要指组织机构设置要突出工程和技术特征。由于应用技术型高校本身就是一类注重工程和技术积累的高校，因而在机构设置上理应有所体现。具体而言，在院系的转型调整层面，工程和技术类的院系设置应占据一定比例，尽可能让学校从整体上体现出工科特色和技术特征；在行政服务性组织方面，可以通过改设、增设等途径形成能服务技术成果转化、技术转移、科技成果投资、科技成果孵化的单位和能协调全校资源为科技企业服务的跨部门组织。所谓"一尊重"，主要指组织机构设置要能尊重学校办学传统。在院系调整时，对过去的办学定位及与之相关的院系设置，虽主要采取"缩紧办学资源分配"的方式，但并不是要将传统院系完全抛弃，这样学校才不至于失去办学底色，同时也有助于各学校形成办学特色。

在实现权力的合理配置方面，由于处于转型发展期的高校往往需要形成强有力的驾驭中心来强力推动学校各类转型事项，进而需要加大集权形成趋于"紧密耦合"的松散耦合状态，故可形成"以集权为主和适度分权相结合"的权力配置格局。所谓集权为主，指学校应将多数决策事项收归校部层面，由校部集中决策。这主要由于实施转型发展的地方高校，其组织体量并不庞杂，管理层级、管理幅度及命令链适应于集权化的信息传递；同时，处于转型发展时期的高校也亟须一个组织的驾驭中心，特别是一些要与外界广泛接触和组织谈判的事项，如产教融合、设备购置以及为企业提供技术服务等事项，就更需要学校层面来进行协调各类资源。所谓分权的适度结合，主要指少部分在二级学院层面能予以决策的事项，就可以明确各二级学院所能承担的责任，这主要涉及人才培养、学生学业评价、学科建设等。具体而言，若采用 Helsabeck（1973）[②] 所提供的能简洁勾勒出高等教育机构"集分权事项"分布的四象限表来加以表示，可如图 25 中各权力事项的分布。需要说明的是，图中的第一象限为"分属学院层面的民主决策"，第二象限为"集中学校层面的民主决策"，第三象限为"集中学校层面的集中决策"，

[①] 斯蒂芬·P.罗宾斯，蒂莫西·A.贾奇.组织行为学：第12版［M］.李原，孙健敏，译.北京：中国人民大学出版社，2008：480.
[②] Bess, James L; Dee, Jay R. *Understanding College and University Organization: Theories for Effective policy and Pracitice* ［M］.Sterling, VA: Stylus, 2008, VI: 213.

第四象限为"分属学院层面的集中决策",也就是说第二、第三象限为"集权象限",学校集中决策,而第一、第四象限为"分权象限",决策层级在各二级学院。①

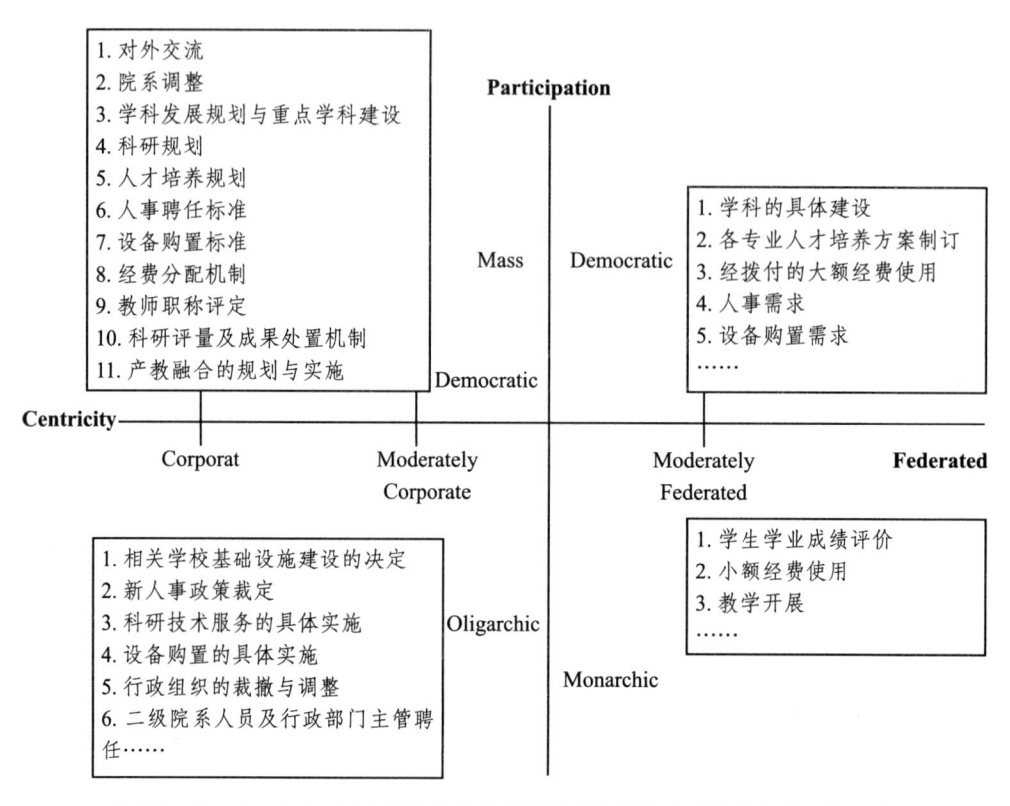

图25 Helsabeck（1973）关于高等教育机构"集分权事项"分布的四象限表

左上象限（Mass Democratic）：
1. 对外交流
2. 院系调整
3. 学科发展规划与重点学科建设
4. 科研规划
5. 人才培养规划
6. 人事聘任标准
7. 设备购置标准
8. 经费分配机制
9. 教师职称评定
10. 科研评量及成果处置机制
11. 产教融合的规划与实施

右上象限（Democratic）：
1. 学科的具体建设
2. 各专业人才培养方案制订
3. 经拨付的大额经费使用
4. 人事需求
5. 设备购置需求
……

左下象限（Oligarchic）：
1. 相关学校基础设施建设的决定
2. 新人事政策裁定
3. 科研技术服务的具体实施
4. 设备购置的具体实施
5. 行政组织的裁撤与调整
6. 二级院系人员及行政部门主管聘任……

右下象限（Monarchic）：
1. 学生学业成绩评价
2. 小额经费使用
3. 教学开展
……

坐标轴：Centricity（横轴：Corporat — Moderately Corporate — Moderately Federated — Federated）；Participation（纵轴）

五、再造人才培养流程并强化"双师双能型"教师队伍建设

如前述，变革人才培养模式是应用技术型高校组织转型的核心目标，因而实施好人才培养流程再造，切实推动应用技术型人才培养对于实现地方普通本科高校向应用技术型高校的成功转型意义重大。具体来看，再造人才培养流程，就是要以全方位的视角把握应用技术型人才培养，要从人才培养的"入口"到"出口"完善各项程序，把好各道关口，所涉及的如人才培养定位、专业结构、招生制度、教学质量保障，以及相关课程内容、考试评价、毕业标准、创新创业教育等多方面的转型和变革，都是各转型高校应予以重点考虑的方面。

---

① Bess.J.L.&Dee, J.R., *Understanding College and University Organization: Theories for Effective policy and Pracitice* [M].Sterling, VA: Stylus, 2008, VI: 214.

高质量人才培养离不开高水平师资，加强教师队伍建设意义重大。对于应用技术型高校教师队伍建设而言，"双师双能型"教师队伍建设情况可以凸显出此类高校办学特征和决定其人才培养水平的差异。因此，如何进一步强化和完善"双师双能型"教师队伍建设，各转型高校都应重点考虑。其中，"引进来"和"走出去"可以是强化"双师双能型"教师队伍建设的主要路径，即把企业有实际经验的教师引到课堂上来，同时又把学校的教师送到企业、行业去。学校在制定相关"双师双能型"教师队伍建设的政策时，需要进一步加强"双师双能型"教师在引进、培养、聘任及考核等方面的制度建设，尤其要注重完善相应的教师专业技术职务聘任和薪酬制度等。

六、加强产教融合并形成突出区位特色与办学传统的专业设置

学校专业设置是学校实施人才培养的重要载体，反映经济社会发展对高校人才培养的需求，是高等学校组织流程中的重要内容。如前文研究结论，在地方普通本科高校向应用技术型高校转型过程中，能否形成突出区位特色与办学传统的专业设置，是各高校实施转型的共同路径。具体而言，在专业设置突出区位特色方面，要求学校在实施专业设置转型时，可主动注入本区域内所含的产业结构、行业结构及人才需求等元素，多对本区域经济社会发展的产业结构现状进行调研，多倾听来自地方政府、企业、行业代表人士的声音，切实做到让大学名副其实地成为扎根并服务于地方的大学。在专业设置突出办学传统方面，主要指学校在向应用技术型转型时，以往的优势专业和办学传统不应轻易放弃。如，有师范办学传统的高校，在围绕地方产业结构扩展工程技术类专业时，也应进一步强化师范专业群建设，并与其他专业群建设在资源配置、组织管理等方面达到平衡；对于原本就属于工程技术类的高校，重点可考虑如何进一步深度挖掘自身办学优势，加强重点建设。这样可保证各高校转型发展不会呈现千篇一律的局面，形成各显特色的转型发展格局。

产教融合的开展是应用技术型高校办学的重要标志之一。从产教融合开展的具体功能来看，一方面能有效地提高学校办学资源的获取能力，另一方面还能有利于应用技术型人才的培养，特别是有利于培养出符合行业、企业需求标准的应用技术型人才。从产教融合的具体实施来看，在经济水平较为发达、工业基础比较深厚的地区，相关高校可直接通过为本区域行业、企业服务来实现深度合作和产教融合，而对于经济发展水平相对落后、工业基础相对薄弱的地区，往往需要

跳出区域外围来寻找可合作的企业，进而实现合作与协同。需要说明的是，虽然本书一再强调应用技术型高校应该突出为所处区域的经济社会发展服务，但是在产教融合的具体实施层面，不应僵化思维，既要锁定本区域，又要放眼域外，特别是在转型发展初期，要注重灵活开展，全面铺开产教融合实施的资源基础。此外，由于为行业、企业提供技术服务是校企、校地合作的重要内容之一，在服务开展时，可能存在非单一学科平台能胜任工作任务的情况，对此，学校应不断强化在产教融合实施方面的资源协调能力，积极构建多学科合作平台，可采取"虚实结合"的原则，即当项目出现时，可试图在校级层面来成立跨部门、跨学科的虚拟组织或临时性委员来专责产教融合事宜，而各二级学院则具体承担实务性科研服务，努力让学校与企业之间的项目合作形成"来之能战，战之必胜"的局面，以此为学校奠定更好的声誉基础。在产教融合服务人才培养方面，本书案例高校探索形成的在区域内各地设立科研工作站、双元制培训模式、联合建立实验室等形式都值得借鉴。

七、以继承办学传统推进组织文化转型

从案例高校的转型实践来看，文化转型难以破题，成功重塑任重而道远，这是当前文化转型的总体局面。之所以会出现如此局面，主要在于组织文化的形成并非一朝一夕，而是在组织发展不断沉淀的基础上，进而形成组织成员所共有的一套意义共享体系，如前文研究结论，"应用技术型高校的组织文化"本身就无特定内涵和标准，故在没有一个普适性文化框架模式的背景下，各转型高校期望能在相对较短的时间内重塑富有应用技术型内涵的组织文化，自然会显得不知所措，以致难以破题。

组织文化指的是组织成员共享的一套能够将本组织与其他组织区分开来的意义体系。[1]因而，各高校在实施文化转型时，不应急于求成，而是应充分尊重文化视域下自身独有的特殊性，注重挖掘特色和形成个性。具体而言，一是要注重对办学传统下文化要素的挖掘，历史因素的积淀往往是作为文化形成的主要因素之一，传统的因素自然应成为文化内涵的组成部分；二是要结合学校自身的办学传统来选择属于自己的文化转型模式，如非工程技术类办学传统的高校应属于

---

[1] 斯蒂芬·P. 罗宾斯，蒂莫西·A. 贾奇. 组织行为学：第12版 [M]. 李原，孙健敏，译. 北京：中国人民大学出版社，2008：490.

"外延扩张式",即"嫁接"好工程技术文化,而工程技术类高校可将自己定位于"内涵提升式",即充分挖掘提炼好已有的工程技术文化;三是要注重对组织转型中所呈现组织氛围的及时总结、提炼并予以推广和宣传,因为未来将形成的应用技术型组织文化内涵,极有可能是基于当前各高校所呈现出的特异性文化特征和文化内容的不断演变和升华。此外,学校还可以尝试在学校内增添能象征应用技术型文化的物质标签,如通过对物质载体的修缮来形成学校"工"的特色,以及通过对宣传标语的悬挂,增强全校师生员工的视觉感受,形成心理引导等。

第二节 国家层面

一、明确应用技术型高校在高等教育体系中的战略定位

引导一批地方普通本科高校向应用技术型高校转型,加快推进应用技术型高校建设,这在国家教育政策视野中显然已居于重要位置。对此,在国家决策实际中,理应进一步优化政策环境,为各待转型高校实现更好的转型发展提供坚实保障。

所谓明确应用技术型高校的战略地位,一方面应如本书图2关于"国际分类高等教育层级分类框架"所示,在完善我国高等教育办学体系时,应明确应用技术型高校在我国高等教育体系中所处的序列和位置,另一方面还应该让应用技术型高校能独立承担起高等教育体系运作中的特定任务和分工,并出台一系列能有效支持应用技术型高校发展和办学的措施,特别是在教师职称评定、科研项目申报、经费投入等方面能结合应用技术型高校的发展实际,形成有差别且具有应用技术型高校特点的体制机制。[①]

之所以要明确应用技术型高校在我国高等教育体系中的战略地位,是因为根据社会学制度主义同构逻辑,其主要强调宏观社会结构对社会组织及制度发展的限制作用。[②]作为社会组织形式之一的地方普通高校,在实现向应用技术型转型

---

① 刘尧飞.台湾应用技术型本科教育对大陆独立学院的启示[J].齐齐哈尔工程学院学报,2012(12):72.
② 易鹏,程诗婷.从控制到自主:台湾地区大学自治政策变迁的制度解释[J].台湾研究,2016(5):83.

时，其组织上的多项变革及制度安排，就必然要受制于以国家高等教育结构和体系为代表的宏观社会结构。这意味着，只有明确了应用技术型高校在国家高等教育体系中的地位，才能形成适合于应用技术型高校良性发展的办学土壤，进一步优化利于应用技术型高校发展的制度机制，切实规避如案例高校贵工程所反映的"因在校外教育厅和人社厅所设定职称评价制度没有改变，所以学校内部也只能遵循职称评审主要看论文的机制"[①]的现实。

从声誉制度的角度，制度学派的观点认为，社会承认是声誉的基础，而"合法性"机制是社会承认逻辑的基础。[②]明显地，国家对应用技术型高校战略地位的明确，对社会关于应用技术型高校的承认和"合法性"观念的引导必然会起到强有力的推动作用，进而有利于提升组织声望。从经济学的角度，往往还把声誉等同于信息，并将声誉简化为一维性"商品"，主要包含高低（产品质量）、好坏（行为诚实与欺骗）、合作与投机等，这样便可简化人们对于声誉投资的决定。[③]因此，在国家明确应用技术型高校所处高等教育体系办学地位的背景下，随着我国应用技术型高校办学声誉的提高，应用技术型高校会对更多合作者或投资人具有更大的吸引力，越来越多的行业、企业对应用技术型高校充满高度信任，愿意与之开展产教融合和校企合作，向其寻求技术服务，也有越来越多的地方政府机构能认识到应用技术型高校的独特地位，主动愿意把相关的地方经济社会发展的研究课题委托给对方，而不至于出现如上应大所反映的"上海市自然科学基金，要投一个亿，尽管对复旦这类学校已经有重复投资，已拿到国家很多的资源，因为信任，依然偏于投给他们"的情况。[④]这在一定程度上还能助力解决地方高校在转型办学中面临资源紧张的问题，也为产教融合的进一步实施创造了良好环境，更加有利于应用技术型人才的培养。

二、完善应用技术型高校办学的国家标准

如前文研究内容，在当前地方普通本科高校向应用技术型高校转型的实施过程中，主要形成了"后发转型高校"向"先发转型高校"学习，而"先发转型高校"又向"国际经验"学习的基本模式。本质上看，这样的一种学习形式其实是一种

---

① 资料来源：贵州工程应用技术学院部处机关负责人座谈会访谈内容，2016-10-21.
② 周雪光.组织社会学十讲[M].北京：社会科学文献出版社，2003：266.
③ 周雪光.组织社会学十讲[M].北京：社会科学文献出版社，2003：252-259.
④ 资料来源：上海应用技术大学理学院院长访谈内容，2016-10-21.

"由组织领导者引入并推动组织学习，进而影响其他组织要素变革"的形式，[①]可以说是一种领导者基于"经验式"主观体验为主而推动转型发展的实施方式。从长远来看，随着转型的不断深入，各高校虽然能模糊地把握应用技术型高校的部分办学特征，但由于缺乏来自顶层和科学的"办学与转型设计"，诸多高校又往往会陷入不知所措的境地，甚至在一些关键的方面，依然弄不清楚应用技术型高校的办学和其他类型高校之间的主要区别，最典型的如师资队伍的建设、课程建设和教师职称评定等方面，部分转型高校在青年教师招聘时仍然存在唯学历、重学术、轻实践的现象，所使用课程教材基本与研究型大学无异，教师职称评定仍主要"重学术论文发表，轻社会服务"等。这就需要出台具有顶层设计意义的"应用技术型高校办学的国家标准"，在切实尊重各高校办学特色的基础上，给各实施转型发展的高校形成指导。

在"应用技术型高校办学国家标准"的设计上，张学敏等（2007）就曾基于国内办学内容分类的相关法规资料与来自台湾地区的《专科学校设置标准》，以及国外如日本的《大学设置基准》与《学校教育法》等，尝试在内容上进行办学标准的划分，提出了涵盖办学理念、物质条件、经费、学生、师资与管理队伍、专业与课程、组织与制度七个维度框架，并认为在纵向上这七方面具有层级性，主要围绕着学生培养目标向下延伸；横向上，它们是基于理念、物质、制度这三个紧密相关且平行的内容所构成。[②]在未来设置我国应用技术型高校办学的国家标准时，此七个维度框架可尝试作为参考。通过充分吸收国际上关于应用技术型高校办学的经验并结合我国应用技术型高校建设实际，对前述七个维度框架予以进一步充实和完善，进而形成既能与国际发展接轨，又能扎根中国大地的"应用技术型高校办学国家标准"。

三、完善资源配置体系

教育的投入是教育事业改革和发展的物质基础。[③]就当前我国高等教育资源配置体系而言，明显不利于地方高校的建设和发展。我国高等教育实行的是"基

---

① 周志光，郭建如.高职院校组织转型：要素和分析框架——以某高职示范校建设为例[J].职业技术教育，2013（7）：38.
② 张学敏，田晓伟.高等学校办学标准探微[J].江苏高教，2007（2）：4.
③ 李立国，易鹏，薛新龙.跨越中等收入陷阱要求增加教育投入——经济发展不同阶段国家教育投入的特征与启示[J].中国高教研究，2016（9）：60.

本支出预算＋项目支出预算"的单一拨款方式，而且项目支出预算的数量呈现出越来越多的趋势。同时，在"以大量资源办少量优质教育"价值观念的引导下，项目拨款标准往往有利于研究型大学，基本与地方高校无缘。① 这也就正好解释了为什么案例高校会面临办学资源紧张、在待改善转型维度中资源配置转型会处于第一位的现象。在当前研究型大学受到资源配置优待，而地方普通高校又往往处于劣势的背景下，要保障各项转型事业的顺利推进和成功实现，国家应加快完善高等教育资源配置体系并建立有利于其办学资源获取的机制。

从完善国家高等教育办学资源配置体系的角度，应努力建立起一个公平、公开、合理的竞争性高等教育办学资源配置体系。也就是说，国家对于高等教育办学资源的配置，应该使那些付出更多努力、做得更好的大学获取更多的资源，而不应该对大学"论资排辈"，在主观上把一些大学排除在国家对高等教育办学资源的配置之外。国家在保障好建设世界一流大学和国家级大学重点项目的同时，对于其他项目的资金分配，应对所有大学开放，增强拨款的竞争性、公平性，使得获得资助的单位属于那些最有竞争力、最有实力和最合适的高校或团队。② 这样，处于转型发展中的地方高校就能有公平获得与研究型大学同台竞技的机会，这无论是对提高地方高校在建设应用技术型大学的积极性和热情，还是对于进一步提升资源的利用效率等都能起到推动作用。

从建立利于应用技术型高校办学资源获取机制的角度，应积极为其在拓宽办学资源获取渠道的体制机制上松绑。当前，我国高等教育已经进入普及化阶段，未来伴随着我国高等教育规模的持续扩大，财政需求仍将不断扩增，特别在经济下行压力不断增大的背景下，若仅依靠政府支持，势必会影响我国高等教育各项改革事业的推进。在当前已有国家投入和学生学费这两项基本办学资金来源的基础上，国家还可以适度鼓励各应用技术型高校探索形成多元化的办学资源筹措途径，这些途径包括捐赠、企业或社会组织资助、通过技术服务获得内部创收、通过固定投资获取一定收入等。③

---

① 陈霞玲.创业型大学组织变革路径研究[D].北京：北京航空航天大学，2013：162.
② 陈霞玲.创业型大学组织变革路径研究[D].北京：北京航空航天大学，2013：161-162.
③ 毛建军，高杰.国内外高等教育投入比较研究[J].商业时代，2010(18)：91-92.

参考文献

中 文 文 献

[1] L.V.贝塔朗菲.普通系统论的历史和现状[M]//中国社会科学院情报研究所.科学学译文集.北京:科学出版社,1980.

[2] MBA智库百科.组织战略[EB/OL].[2016-07-18].http://wiki.mbalib.com/wiki/组织战略.

[3] 伯顿·克拉克.建立创业型大学:组织上转型的途径[M].王承绪,译.北京:人民教育出版社,2003:158.

[4] 曹燕南,张男星.欧美高等教育的分类体系变迁及启示[J].大学(学术版),2013(11).

[5] 曹晔.地方本科高校转型发展是应势之举[J].河北师范大学学报(教育科学版),2015(1).

[6] 陈其荣.自然辩证法导论——自然论、科学论和方法论的新综合[M].上海:复旦大学出版社,1995:46.

[7] 陈霞玲.创业型大学组织变革路径研究[M].北京:北京理工大学出版社,2015.

[8] 陈向明.质的研究方法与社会科学研究[M].北京:教育科学出版社,2000.

[9] 丹尼尔·雷恩.管理思想的演变[M].孙耀君,等,译.北京:中国社会科学出版社,1986.

[10] 邓光平.如何识读现代大学组织特性——罗伯特·伯恩鲍姆的大学组织结构观[J].复旦教育论坛,2005(2).

[11] 丁俊苗.地方本科高校转型发展的五个基本问题及顾虑[J].巢湖学院学报,2015(15).

[12] 方泽强,谢笑天.应用技术大学建设的系统思维[J].职业技术教育,

2015(4).

[13] 弗莱蒙特·E.卡斯特,詹姆斯·E.罗森茨韦克.组织与管理——系统方法与权变方法[M].傅严,李柱流,等,译.北京:中国社会科学出版社,2000.

[14] 付晓培.德美两国技术应用型人才培养的课程体系研究[D].上海:华东师范大学,2015.

[15] 高飞.组织学视野下的创业型大学转型研究[J].现代教育管理,2011(9).

[16] 韩高军,郭建如.划转院校组织转型研究——以湖北某高校为例[J].教育学术月刊,2011(5).

[17] 郝雪.人才市场需求导向的应用技术大学专业设置研究[D].哈尔滨:哈尔滨理工大学,2015.

[18] 侯长林,罗静,叶丹.应用型大学视域下新建本科院校办学定位选择[J].教育研究,2015(4).

[19] 侯长林.应用型大学不等于应用技术大学[N].人民日报,2015-08-13(18).

[20] 胡程.地方本科高校转型发展的内在逻辑与价值诉求[J].池州学院学报,2015(2).

[21] 胡春光,黄文彬.创业型大学的组织转型及其启示[J].北京教育(高教版),2005(Z1).

[22] 胡天佑.建设"应用技术大学"的理论问题[J].职教论坛,2014(25).

[23] 胡宇辰,蔡文著,杨建锋.组织行为学[M].上海:复旦大学出版社,2012.

[24] 杰弗里·菲佛,杰勒尔德·R.萨兰基克.组织的外部控制——对组织资源依赖的分析[M].闫蕊,译.北京:东方出版社,2006.

[25] 荆楚理工学院教务处.高等教育应用技术型本科教学研究[M].湖北:华中科技大学出版社,2014.

[26] 雷达图分析法[EB/OL].http://wiki.mbalib.com/wiki/%E9%9B%B7%E8%BE%BE%E5%9B%BE%E5%88%86%E6%9E%90%E6%B3%95.

[27] 李会军,席酉民,葛京.松散耦合研究对协同创新的启示[J].科学学与科学技术管理,2015(12).

[28] 李建忠.芬兰应用技术大学办学特色与经验[J].大学(学术版),

2014(2).

[29] 李立国, 易鹏, 薛新龙. 跨越中等收入陷阱要求增加教育投入——经济发展不同阶段国家教育投入的特征与启示[J]. 中国高教研究, 2016(9).

[30] 李婉. 欧洲应用技术大学国别研究分析及借鉴[J]. 职业教育研究, 2014(12).

[31] 李秀娟. 上海电机学院建设应用技术大学的实践研究[D]. 保定: 河北大学, 2015.

[32] 李延喜, 吴笛, 肖峰雷, 姚宏. 声誉理论研究述评[J]. 管理评论, 2010(10).

[33] 李永强. 城市竞争力评价的结构方程模型研究[M]. 成都: 西南财经大学出版社, 2006.

[34] 刘刚, 林晓忠, 高洁云. 地方本科高校转型发展的战略定位思考[J]. 科技风, 2014(22).

[35] 刘凯. 新建地方本科院校向应用技术类高校转型的路径研究[D]. 兰州: 兰州大学, 2015.

[36] 刘文华, 夏建国, 易丽. 论应用技术大学的高等教育属性[J]. 中国高教研究, 2014(10).

[37] 刘献君. 论高校战略管理[J]. 高等教育研究, 2006(2).

[38] 刘向兵, 陈姚. 科学传播的框架: 中国应用技术型大学功能的再思考[J]. 国家教育行政学院学报, 2015(10).

[39] 刘延平. 多维审视下的组织理论[M]. 北京: 清华大学出版社, 2007.

[40] 刘尧飞. 台湾应用技术型本科教育对大陆独立学院的启示[J]. 中国石油大学胜利学院学报, 2012(12).

[41] 龙飞. 德国应用技术大学(FH)对我国新建本科高校转型的启示[D]. 重庆: 西南大学, 2015.

[42] 马陆亭. 应用技术大学建设的若干思考[J]. 中国高等教育, 2014(10).

[43] 马迎贤. 资源依赖理论的发展和贡献评析[J]. 甘肃社会科学, 2005(1).

[44] 毛建军, 高杰. 国内外高等教育投入比较研究[J]. 商业时代, 2010(18).

[45] 孟庆国. 应用技术大学办学现实性与特色分析[J]. 职业技术教育,

2014(10).

[46] 牟延林.思考应用技术大学的中国价值[J].中国高教研究,2015(6).

[47] 潘懋元.应用型人才培养的理论与实践[M].厦门:厦门大学出版社,2011.

[48] 钱平凡.组织转型[M].北京:浙江人民出版社,1999.

[49] 邱国钦,李素箱,廖添进.应用绩效评估矩阵方法探讨民宿业服务质量之研究[J].中小企业发展季刊,2008(16).

[50] 邱皓政.量化研究与统计分析[M].台北:五南图书出版股份有限公司,2007.

[51] 曲一帆,史薇.中国应用技术大学路向何方——基于英国与芬兰多科技术学院不同发展路径的比较研究[J].清华大学教育研究,2014(4).

[52] 任玉珊.大学组织转型研究评述[J].国家教育行政学院学报,2008(9).

[53] 任玉珊.应用型工程大学的组织转型[J].高等工程教育研究,2010(6).

[54] 任玉珊.大学组织转型与要素变革——以应用型本科大学为例[D].北京:北京大学,2009.

[55] 斯蒂芬·P.罗宾斯,蒂莫西·A.贾奇.组织行为学:第12版[M].李原,孙健敏,译.北京:中国人民大学出版社,2008.

[56] 宋俊骥.高职(专科)院校转型研究[D].武汉:华中师范大学,2015.

[57] 宋新刚.关于应用型本科高校转型的思考[J].机械职业教育,2014(12).

[58] 宋正恒.建设应用技术大学[D].西安:陕西师范大学,2015.

[59] 孙诚,杜云英.欧洲应用技术大学的发展思路[J].中国高等教育,2014(12).

[60] 孙敏.英国多科技术学院调研报告[J].世界教育信息,2013(9).

[61] 孙泽文,刘文帆.地方本科院校向应用技术大学转型研究[J].教育与职业,2015(2).

[62] 孙泽文.应用技术大学发展动因与运行机制探寻[J].职业技术教育,2013(13).

[63] 汪文婷.我国应用技术大学双师型师资队伍建设研究[D].哈尔滨:哈尔滨理工大学,2015.

[64] 王宝玺,迪尔特·欧拉.什么是欧洲应用科技大学——瑞士圣加仑大学

迪尔特·欧拉教授访谈录[J].高校教育管理,2015(4).

[65]王仓,唐新林.松散耦合视角下的高校组织结构效率研究——以学工系统为例[J].中国成人教育,2016(20).

[66]王春雷.地方本科高校转型有利于提升职业教育层次[J].高校教育管理,2015(3).

[67]王福明.地方本科高校转型发展视域下的产学研合作——以泉州师范学院为例[J].泉州师范学院学报,2015(4).

[68]王富伟.个案研究的意义和限度——基于知识的增长[J].社会学研究,2012(5).

[69]王慧英.建构新型校企合作模式的逻辑选择与实施策略[J].黑龙江高教研究,2015(1).

[70]王军胜.创业型大学视角下民办本科高校转型路径研究[D].天津:天津大学,2013.

[71]王新华,程从柱.地方性高校办学定位的理论思考[J].现代教育科学,2005(9).

[72]王志军.就业质量视域下高校专业设置问题及其审视——基于"应用技术大学(学院)联盟"中34所院校的分析[J].黑龙江高教研究,2014(4).

[73]温德尔·L.弗伦奇,小塞西尔·H.贝尔,罗伯特·A.扎瓦茨基.组织发展与转型——有效的变革管理[M],阎海峰,秦一琼,等,译.北京:机械工业出版社,2006.

[74]温景文.我国应用技术大学定位研究[J].国家教育行政学院学报,2015(7).

[75]许青云.普通本科高等学校转型的思考[J].国家教育行政学院学报,2015(3).

[76]杨雄珍.转型发展背景下新建本科院校办学定位的思考与发展探索——以贺州学院为例[J].贺州学院学报,2014(3).

[77]佚名.为什么建设应用技术大学[J].天津中德职业技术学院学报,2015(2).

[78]佚名.新制度理论与教育研究[J].北京大学教育评论,2007(1).

[79]易鹏,程诗婷.从控制到自主:台湾地区大学自治政策变迁的制度解释[J].台湾研究,2016(5).

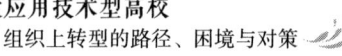

[80] 詹姆斯·杜德斯达,弗瑞斯·沃马克.美国公立大学的未来[M].刘济良,译.北京:北京大学出版社,2006.

[81] 詹姆斯·杜德斯达.21世纪的大学[M].刘彤,译.北京:北京大学出版社,2005.

[82] 张兄武,许庆豫.关于地方本科院校转型发展的思考[J].中国高教研究,2014(10).

[83] 张学敏,田晓伟.高等学校办学标准探微[J].江苏高教,2007(2).

[84] 张应强,蒋华林.关于地方本科高校转型发展若干问题的思考[J].现代大学教育,2014(6).

[85] 张有龙,赵爱荣.德国应用科技大学办学特色分析[J].中国职业技术教育,2007(5).

[86] 张智.奥地利应用技术大学发展研究[J].大学(学术版),2013(9).

[87] 赵莉,严中华.基于"社会创业"理论的高职院校组织转型研究[J].职教通讯,2012(19).

[88] 郑薇薇.我国应用技术型大学基础组织结构研究[J].教育与职业,2016(4).

[89] 中国教育科学研究院课题组.欧洲应用技术大学国别研究报告[R].(2013-12-10).

[90] 周光礼.中国大学办学自主权(1952—2012):政策变迁的制度解释[J].中国地质大学学报(社会科学版),2012(3).

[91] 周玲.研究型大学的组织变革与转型[J].现代教育管理,2009(11).

[92] 周雪光.组织社会学十讲[M].北京:社会科学文献出版社,2009.

[93] 周志光,郭建如.高职院校组织转型:要素和分析框架——以某高职示范校建设为例[J].职业技术教育,2013(7).

[94] 朱丰良.我国自主创新型大学组织转型的途径——以华中科技大学为例[J].医学教育探索,2006(9).

[95] 朱智怡.美国创业型大学科研组织的个案研究[D].金华:浙江师范大学,2013.

[96] 左远志.应用技术大学发展:挑战、机遇与对策[J].职业技术教育,2015(13).

外 文 文 献

[97] Bess.J.L.&Dee, J.R., Understanding College and University Organization: Theories for Effective policy and Pracitice [M].Sterling, VA: Stylus, 2008, VI.

[98] Carnegie Foundation for the Advancement of Teaching .The Carnegie Classification of Institutions of Higher Education, 2000 edition [EB/OL].http://classificaitions.carnegiefoundation.org/resources/, 2016-6-13.

[99] De Boer.Public Sector Reform in DUTCH Higher Education: The Organizational Transformation of the University [J].Public Administration, 2007(3).

[100] Gorczycka.Changes at the University in Transition Period as an Example of Transformation into a Learning and Developing Organization[J]. Knowledge-Based Economy: Management of Creation & Development, 2005(3).

[101] Hu, Yanjuan; van der Rijst, Roeland; van Veen, Klaas; Verloop, Nico.The Role of Research in Teaching: A Comparison of Teachers from Research Universities and Those from Universities of Applied Sciences [J]. Higher Education Policy, 2015(12).

[102] Lepori, Benedetto; Kyvik, Svein.The Research Mission of Universities of Applied Sciences and the Future Configuration of Higher Education Systems in Europe [J].Higher Education Policy, 2010(9).

[103] Manlow.Inventing the Future: Using Social Media to Transform a University from a Teaching Organization to a Learning Organization [J]. Journal of Interactive Learning Research, 2010(21).

[104] Steven Brint, Jerome Karabel.The Diverted Dream: Community Colleges and the Promise of Educational Opportunity in America, 1900-1985 [M].New York Oxford: Oxford University Press, 1989.

[105] Strotebeck, Falk.Running with the Pack? The Role of Universities of Applied Science in a German Research Network [J].Review of

Regional Research, 2014(10).

[106] Ulukan, Cemil.Transformation of University Organizations: Leadership and Managerial Implications[J].Online Submission, 2005(11).

[107] United Nations Educational, Scientific and Cultural Organization. International Standard Classification of Education[R].UNESCO Institute for Statistics, 1997.

[108] Vuori, Johanna.Enacting the Common Script: Management Ideas at Finnish Universities of Applied Sciences[J].Educational Management Administration & Leadership, 2015(7).

[109] Zahedi, Ensieh.Development Center Network Strategic Plan Tehran University of Applied Science and Technology[J].Life Science Journal-ACTA Zhengzhou University Overseas Edition, 2012(3).

图表索引

图

图 1　研究架构图 …………………………………………………… 18
图 2　1997年第二版"国际分类"中高等教育层级分类框架 ………… 25
图 3　卡斯特和罗森茨韦克的组织系统示意图 …………………… 36
图 4　由战略、协调和作业子系统组合而成的组织 ……………… 36
图 5　关于战略—管理者搭配的框架结构 ………………………… 39
图 6　组织转型分析框架 …………………………………………… 40
图 7　贵州工程应用技术学院2013至2015年科研经费总量 ……… 60
图 8　贵州工程应用技术学院转型前后二级学院设置 …………… 65
图 9　"257"专业结构模式 ………………………………………… 66
图 10　"12224"人才培养模式图 …………………………………… 68
图 11　"4443"实践育人体系图 ……………………………………… 71
图 12　上海应用技术大学院系设置图 ……………………………… 93
图 13　我国地方普通高校向应用技术类转型组织上的共同特征 … 117
图 14　地方普通高校向应用技术类转型的差异化路径分析 ……… 129
图 15　实证分析的研究流程设计图 ………………………………… 139
图 16　高校组织转型评价指标体系 ………………………………… 142
图 17　绩效评估矩阵的坐标点分析与管制线确定 ………………… 143
图 18　贵州工程应用技术学院组织转型现状的雷达图分析 ……… 146
图 19　贵州工程应用技术学院组织转型现状的绩效评估矩阵分析 … 147
图 20　上海应用技术大学组织转型现状的雷达图分析 …………… 150
图 21　上海应用技术大学组织转型现状的绩效评估矩阵分析 …… 151

图22 我国地方普通高校向应用技术类高校转型所存在问题的"倒金字塔"模式图 ………………………………………………………… 153

图23 以组织流程转型为核心的六要素相关关系图 …………………… 162

图24 以改革人才培养模式为核心的应用技术型高校组织转型的路径 …… 178

图25 Helsabeck(1973)关于高等教育机构"集分权事项"分布的四象限表 ………………………………………………………… 192

表

表1 耦合形式 ……………………………………………………… 47

表2 上海应用技术大学2014年教学经费投入情况 ……………… 92

表3 贵州工程应用技术学院调查样本情况 ………………………… 145

表4 贵州工程应用技术学院问卷信度检验 ………………………… 146

表5 上海应用技术大学调查样本情况 ……………………………… 149

表6 上海应用技术大学信度检验 …………………………………… 150

表7 应用技术型高校组织转型与其他类型高校组织转型的差异分析 …… 184

续　记

　　写在一本书之后，一般称"后记"才更符合逻辑。但毕竟对学理的求索永无止境，研究的终点亦是研究的起点，在"格物"的道路上，能做到接"续"研究，实现"致知"的进步，应为研究者必备的学术态度。故本书不采用"后"来收笔，而以"续"来总结展望，也算是对自己在未来学术道路上的一种鞭策。

　　本书成稿的基础是我于2017年6月完成的博士学位论文。依然清晰地记得，在确定选题的那几年，有关"推动地方普通本科高校转型""建设应用技术大学"等研究可谓炙手可热。在网络上、学术资料库里等，均不乏学术大家的真知灼见。因此，我的导师李立国教授就提醒我，对这种热门政策进行研究，若缺乏系统思维，不能在理论和方法上实现一定的创新和突破，研究注定会失败。因为作为一名初"入行"的博士研究生，毕竟不及政论专家们政策视野的广度，也没有学术先辈们研究思考的深度。因而，在导师的循循善诱下，我确定把系统的观念引入对研究对象的考察，并着手开展现代系统理论学术史及系统的分析方法在现代组织分析应用情况的研究，最终确定了以"卡斯特和罗森茨韦克的系统分析方法"为理论基础，进而构建出组织转型的分析框架。这种分析方法的应用在高校组织转型的研究中尚属首次，而由其所构建出的组织转型分析框架或能为未来研究者在开展高校组织转型研究上提供参考。在研究方法上，我尝试改变传统研究中主要仅用案例分析、现象观察、质性访谈等开展大学组织转型研究的范式，力图"让数据来说话"，开发出针对地方普通本科高校向应用技术型高校转型的分析量表，开展问卷调查，并引入"雷达图"和"绩效评估矩阵"这两种定量的分析方法对案例高校转型现状进行实证分析，让转型的现状和存在的问题得以精准客观地呈现，进一步提高研究结论及政策建议在下一步实施中的可操作性。

当然，在研究过程中也存在明显不足：一方面表现为案例高校数量的不足。限于客观条件，仅能选择两所案例高校作为分析对象，所得结论能否达成普遍适用的目标，会陷入备受质疑的境地。另一方面表现为在实证研究中缺乏对案例高校的第三次回访。在运用"雷达图分析"和"绩效评估矩阵分析"得出案例高校转型中存在的问题后，若能组织第三次回访，进一步了解是什么原因导致所存在的问题，在研究内容上将显得更为完整，同时也能使结论建议更具指导性和针对性。对这些问题，在未来的研究中，需要予以重点完善。

在本书付梓之际，回望研究历程，还要感恩我的师长、朋友和家人。

我要感谢我的恩师李立国教授。老师的睿智、博学、谦和、严谨与豁达，无不令我等师门弟子高山仰止、获益良多。老师不止在学术上给予了我大量指导，更让我在人生感悟上收获了许多启迪，特别在博士论文的撰写过程中，常常是老师的一句轻言细语，便让我茅塞顿开，行文思路如遇源头活水。老师在对我博士论文的指导上，不止贯穿于论文的选题、结构的设计、内容的更新与结论的完善，还无私地为我提供了赴各地调研考察所需的研究经费，甚至遇到一些有特殊要求的单位，老师更不辞辛劳，带着我亲自"上阵"，让我深深感动。从学校毕业后，老师在学习、工作和生活上依旧给予我诸多关心和帮助，对老师的恩情，没齿难忘。

我还要感谢教育部发展规划司、国家发展改革委社会发展司、贵州工程应用技术学院、上海应用技术大学和天津中德应用技术大学的部分领导和老师，感谢他们在我的调研考察中所提供的诸多便利与帮助。同时，要感谢本书所引用和参阅的那些文献的编著者们，感谢他们的劳动成果和学术思想为本书的写作打下了坚实的理论和研究基础。

　　最后，要特别感谢我的家人。我要感谢我的父母，感谢他们对我求学路上始终如一的支持，尊重我的自由发展，让我的目光有足够底气和力量来坚定前方。我要感谢我的妻子徐文慧女士，在忙碌的工作和漫长的研究过程中，我牺牲了对她的陪伴，她仍用她善良、真诚、包容和理解构筑起了我事业发展的坚强后盾。我要感谢我的岳父岳母，感谢他们为我培养了一名优秀的贤内助，对小家庭的建设更是倾力相助，让我得以在优越幸福的港湾中工作、学习和成长。

易　鹏

写于易楚卿小朋友的出生日

2022年4月23日于广西南宁